中国农村法治论坛　第4卷

深化农村改革法律问题研究

主编／胡元聪

法律出版社 | LAW PRESS

前　言

为了繁荣农村经济法治研究，寻求化解“三农”问题的法律对策，中央与地方共建项目、重庆市首批重点人文社科基地——西南政法大学中国农村经济法制创新研究中心和国家级重点学科西南政法大学经济法学科、经济法学院、经济法研究中心从2009年起决定举办“中国农村法治论坛”系列，优秀参会论文于会后由出版社集辑正式出版。本书主要为2012～2015年期间第四、五、六、七届“中国农村法治论坛”的论文选编。

本书以繁荣农村经济法治研究和寻求化解“三农”问题的法律对策为宗旨，紧密结合我国当前社会主义新农村建设中的集体资产管理、乡村治理、三权分置、城镇化建设以及农村金融等热点和难点问题，在检视现有法律制度利弊之基础上，深入探索和研究中国农村法治问题。这些研究成果对于我国农村法制建设以及当前实施的“乡村振兴”战略均具有重要的理论价值和现实意义。

西南政法大学
中国农村经济法制创新研究中心
2018年4月

目　录

农村集体资产管理的法律思考

张　怡*　李　丹**

目　　次

一、引言

农村集体资产是广大农民多年辛勤努力积累的宝贵成果,它是农村经济发展的物质保障,也是劳动人民不懈努力的动力。根据国务院《关于加强农村集体资产管理工作的通知》的规定:"集体资产包括:集体所有的土地和法律规定属于集体所有的森林、山岭、草原、荒地、滩涂、水面等自然资源;集体所有的各种流动资产、长期投资、固定资产、无形资产和其他资产。"

农村集体资产不仅是老百姓最根本的利益,而且是治理主体开展高质量的乡村治理活动的强大物质保障。在乡村治理的大舞台上,治理主体依托集体土地进行房屋建设、道路建设;依托山岭、草原、湖泊等自然资源开发鱼塘、农家乐;依托森林、家畜养殖开办企业、合作社等集体经济组织。这一系列活动不仅扩大了乡村治理主体的范围,而且让农村集体资产急剧壮大,同时萌发了阅览室、医务室、福利院等高质量的公益服务,为乡村建设了一个和谐稳定的生活环境。

建设社会主义新农村,提高乡村治理水平,要求合理地管理好庞大的农村集体资产,使农村经济快速发展,增加农民收入,构建和谐乡村环境。

二、农村集体资产管理现状

2011 年,重庆农村集体"三资"清理工作全面启动;2012 年,广东省纪委赴全省各地农村拍摄

---

* 西南政法大学经济法学院教授、博士研究生导师,中国农村经济法制创新研究中心研究员,西南政法大学财税法研究中心主任,经济学博士。

** 北京市中银(重庆)律师事务所执业律师。

暗访片。农村集体资产管理问题频发,会严重影响广大农民的根本权益,威胁社会的稳定团结。尽管农村股份合作制、废除农业税等改革措施相继被提出,但是农村集体资产管理仍存在一些突出问题。

(一)农村集体资产流失严重

1. 某些基层干部贪污、挪用集体资产

随着社会经济不断发展,农村土地也在城镇化和市场化的进程中价值剧增,这使基层干部手中的"隐形权力"越来越大,但他们受到的社会监管却有漏洞,从而导致某些基层干部有空间发挥其"隐形权力",以权谋私。农村贪污腐败主要表现在某些基层干部,一是收钱不入账,挪用贫困村民慰问金和最低生活保障款。二是截留、挪用公益补偿资金,侵占各种补贴。三是倒买农村优惠指标。四是非法开采矿产资源,损坏农村生态环境。五是未经合理程序,非法征用耕地,谋取利益。六是在单位机构和乡村企业改制过程中,私分公款,或者不进行合理的资产评估。故意作低集体资产价格,变相侵吞集体资产。七是擅自将集体资产变卖或巧立名目无偿转移,并将违法所得放入自己的"小金库"。

2. 大量集体资产被无偿占用

农村资源丰富,疏于管理,导致大量资产被无偿占用,包括镇办企业和镇办学校无偿占用农村集体土地;国有企业、事业单位无偿占用农村集体资源。这造成大量集体资产流失,严重损害村民权益。

3. 乡村企业经营不善,某些领导干部肆意挥霍

首先,乡村企业掌握着大量集体资产,能够推动农村经济发展,而部分基层干部随意干预或直接插手成为乡村企业的经营管理者,由于市场经济知识与商业经验的缺失,盲目投资,与市场脱节,导致严重亏损。其次,一些基层干部缺乏法律知识,以集体资产做抵押担保,让集体资产背上沉重的债务。最后,某些基层干部大肆挥霍集体资产。例如,江苏省灌南县上亿元惠民工程变成政府办公楼,温州某村将村务会议开到西湖国宾馆。乡村企业政经不分,基层干部权力集中,集体资产流失就在虚假项目的掩盖下成为法律和法规政策的监管盲区。

(二)农村集体资产产权划分不清

近年来的农村改革极大地改善了农民的生活状态。我国农村已逐渐形成"以家庭承包为基础、统分结合的双层经营体制"的集体经济组织形式,焕发了农村经济发展活力,但同时也引发一些改革遗留问题,导致集体资产"人人有份,人人不问"的局面。

1. 土地产权归属不明确

根据有关法律规定,土地的所有权归属于农村集体经济组织,由全体村民共同所有。而国家基层政权组织乡政府、村民自治组织村民委员会和村民自治小组管理着农村集体土地。同时村民也没有足够的意识和力量去维护集体土地。集体土地的产权归属错位,主要表现在以下方面:一是农村城镇化建设进程中,处于城郊接合部的集体土地不断地被征用,而原附属于该集体土地的集体资产不能得到明确的产权划分;二是农村集体资产承包的过程中,集体经济组织或者其他主体没有按照法律规定填写承包合同,或者在合同中没有详细地标明集体资产,埋下了产权难分的隐患;三是在最初土地划分时遗留下的产权划分不明确等问题。

2. 产权主体界定模糊

产权主体界定模糊表现在以下方面：一是在由国家扶持，或者由集体投资、集资的兴建的基础设施，公益设施产权界定不明确；二是由个人投资兴建、改造的集体资产产权主体不明；三是有的农村基层行政管理领导者，运用行政职权干涉、代行农村集体经济组织的职能，以政代经，混淆了集体资产的所有主体。

（三）集体资产财务混乱

在农村集体财产使用过程中没有严格的财务制度，部分基层干部财务管理意识单薄，收支不入账，不按照规范的财务规章制度行事，造成乡村集体资产财务混乱。

1. 财务核算不规范

财务核算不规范表现在以下方面：一是乡村治理费用审批手续不规范。经手人与审批人缺位或是模糊不清，申请项目含糊随意。二是票据不规范。在进行财务收支的过程当中，部分基层干部认为只要不把钱装进自己腰包即可，开支随意，存在白条入账的情况。三是会计核算不及时。集体财务收支申报拖延，无视相关条例对财务申报的规定，一年申报一次，甚至几年申报一次的情况普遍存在。四是专项资金使用混乱。例如，扶贫、道路建设、水利建设等专项资金未按照专项资金管理办法使用，报账程序不规范，审计不合理。

2. 不良资产大量存在

农村集体财务管理混乱，造成大量集体资产流失已是农村审计工作中一个突出的问题。一是没有建立合理的计提折旧机制，固定资产的正常耗损贬值没能通过合理的计提折旧机制来补偿，使资产总值不能得以维持，农村集体资产不断减少并难以挽回。二是没有进行合理的坏账损失核算，未建立应收应付账款管理制度，使财务管理混乱，农村集体资产受损。三是大量资金沉淀，以集体资产为村民垫付各种资金并收款不及时，造成集体资产坏死。

3. 非生产性支出无节制，收支分配不均

非生产性支出无节制，收入分配不均表现在以下方面：一是福利费用名目繁多，补贴标准不一；二是干部报酬、招待费用居高不下；三是管理费用、差旅费用层出不穷。农村集体资产不能得其所用，生产性支出比例不能满足农村经济快速发展的需要。

三、农村集体资产管理问题成因分析

对于集体资产管理不重视是农村集体资产管理问题频发的思想根源。虽然社会在改革、经济在发展，但是部分领导干部的思想并没有跟着进步，仍然停留在完成上级交代的任务指标上，认为只要自己不贪污、不腐败就能管理好集体资产。同时，乡村环境复杂，资源庞大，人数众多，幅员辽阔，让一些具体制度难以有效实施。

（一）农村集体资产管理制度缺陷

1. 集体资产管理缺乏民主决策机制

从“财产所有者即财产管理的最终（最高）权利者”的原则出发，农村集体资产的最高管理者应当是农村集体经济组织，具体表现为村民会议。[1] 尽管《中华人民共和国村民委员会组织法》（以下简称《村民委员会组织法》）规定了集体资产八个重要方面的处理须提请村民委员会讨论决定，但是在实际处理中，基层干部仍然对集体资产处理拥有绝对的“拍板权”。广东一村支书就利用其这样的绝对权力，在道路改造涉及的拆迁村民安置工作中，采取透露标的、重复招标、转让股权等方式，公开索取或诱骗开发商好处费，并且在申报审批的过程中，只要辅以公章，就一路“绿灯”。而公章的掌握者恰好就是这样的某些基层干部。以权谋私，就变得这样简单容易。如果缺少民主参与的决策机制，让集体资产的所有者丧失了对集体资产的处分权力，集体资产变成利益同盟者的“香饽饽”，造成整个集体资产管理秩序的混乱。

2. 集体资产管理缺乏合理监督制度

守住集体资产重在监督。《村民委员会组织法》设置了村务公开制度，《中华人民共和国土地管理法》（以下简称《土地管理法》）、《中华人民共和国刑法》（以下简称《刑法》）等相关法律也规定了村民对于农村集体财产管理中存在问题有向有权机关反映和举报的权利。但事实上，村民缺少直接参与监督的机会，也缺少直接监督的能力。现实中，一是基层工作人员效率低下以及其与上级领导间千丝万缕的关系，让民众不愿也不敢去有关部门投诉；二是村民缺乏法律知识和自我维权的能力，无法收集足够的证据去法院举报，同时又担心会因此得罪基层干部和村里的有权势力而只能选择隐忍；三是村民不能有效地组织起来参与民主监督，就算集合起来也会因为组织不合理和权利冲突而没有好的效果；四是我国《刑法》中没有侵犯集体资产的专门罪名，只能依靠贪污罪、非法占用耕地罪等罪名来进行间接规制。监督制度的缺陷，会放纵权力者对集体资产的非法侵害，没有监管的权力，也必然会对村民和社会带来无止境的损害。

3. 集体资产管理缺乏严格财务制度

农村财务管理涉及村民根本利益，关系着农村社会的稳定与发展。[2] 尽管我国就规范农村财务管理制定了一系列政策法规，例如，通过实施村级会计委托代理制、农村财务公开制度、农村民主理财等制度来保障村民的知情权、管理权、监督权，但是农村财务管理问题仍然不断出现。一是会计制度的缺失。我国一直没有制定有关村民委员会财务管理的会计核算制度。我国《村民委员会组织法》规定村民委员会是基层群众性自治组织，可以依照法律规定管理本村农民集体所有的土地和其他资产。根据《中华人民共和国农业法》规定，农村集体经济组织可以依法独立进行经济活动，其资产属于本村集体所有，并接受村民委员会的管理。村民委员会主要核算村民委员会日常收支，集体经济组织主要核算集体资产经营管理状况。在2004年财务部颁发了《村集体经济组织会计制度》，加强了集体经济组织的会计核算和财务管理。但是我国却一直没有制定有关村民委员会财务管理的会计核算制度。在实践中，出现集体经济组织和村民委员会在同一账簿上核算管理，导致财务管理混乱。这不仅让集体资产会计核算不清，也让集体资产管理不善，大量资产流失。二是农村集体资产管理体制模糊。《中华人民共和国会计法》与《村集体经济组织会计制度》同时规定村财务会计工作由财政部管理和农村经营管理部门指导监督，造成农

---

[1] 李振义：《论我国农村集体资产管理制度中的缺陷及对策》，载《农业经济》2007年第4期。

[2] 陈有发：《我国农村财务管理制度性缺陷研究》，载《广东财会》2011年第8期。

村财务管理冲突,责任模糊不清。

(二)缺少合理健全的法律保障机制

1. 立法不完善,集体资产保护出现法律空白

立法不完善表现在以下方面:一是对农村土地、水流等资源,户籍改革,以及特有的农村集体经济组织没有具体的法律规定。二是对于村干部职务犯罪主体界定模糊,其中包括村民委员会、党委会成员、村民小组成员、集体经济组织成员。我国《刑法》没有规定具体的犯罪主体资格,也没有区分职务犯罪行为和经营管理行为,这使部分村干部规避法律,大肆损害农村集体资产。

2. 司法救济缺少合理途径

我国法律规定禁止任何人破坏农村集体资产,但是口号式的宣言对集体资产的保护并未产生实际效果。目前我国仍然没有建立独立的公益诉讼制度,村民在寻求农村集体资产保护的司法救济时困难重重。

(三)某些基层干部集体资产管理意识淡薄,素质较差

某些基层干部集体资产管理意识淡薄,素质较差表现在以下方面:一是随着改革的深入以及长久以来实行的行政管理制度,一些基层干部在城镇化建设进程中,只注重对上级任务的完成,忽视对集体资产的管理,更重要的是资产管理缺乏一套有效激励机制和监督检查机制,因此基层组织在指导监督集体资产管理上得过且过,没有积极性。[1] 他们也没有意识到集体资产管理不仅能发展壮大集体经济,促进公益设施建设,还能密切农村党群干群关系,促进农村社会稳定。[2] 二是某些基层干部管理知识匮乏,缺乏有效的市场管理经验,不能准确判断市场风险,注重家庭联产承包的个人发展,忽视集体经济的保值增值。

四、农村集体资产管理对策及建议

要从根本上完善对农村集体资产的管理,首先,必须守住集体资产,堵住集体资产流失的漏洞;其次,必须深化集体资产管理制度改革,让制度能高效执行;再次,必须加强农村财务管理,让农村集体资产能够在合理明晰的财务管理下保值增值;最后,必须加强农村基层干部教育培训,提高基本管理素质。

(一)守住集体资产重在监管

2011 年 7 月 13 日,《农村基层干部廉洁履行职责若干规定(试行)》发布,该规定要求进一步加强农村党风廉政建设,遏制农村贪污腐败风气。基层权力集中,诱惑巨大,便容易练成大腐败。为了守住集体资产,必须让基层权力得到监督。

1. 设立"村账镇代管制度"

大量资金的涌入,资产监管机制的不完善,基层干部面对着巨大的诱惑。实行"村账镇代管

[1] 张爱萍:《加强农村集体资产管理　促进农村经济发展》,载《中华学术论文》2011 年第 6 期。

[2] 刘菊香:《加强农村集体资产管理的思考》,载《中国农业会计》2008 年第 9 期。

制度”，建立同一银行账户，进行统一支出审核，进行统一代理记账。

2. 引入第三方监管平台，实行村务公开

随着互联网的进步发展，其广泛的影响力，自由网络环境，为集体资产提供了一个广阔、公正的监管平台。第三方的生命力独立且强大，不由村干部摆布，不受行政指令约束，忠于事实。一是村务公开的重要内容是财务公开，主要包括财务计划及实施情况、各项债权债务、财务收支情况、收益分配与集资项目的收入情况。二是公开的时间依据不同事项，可以分成定期公开与随时公开。三是建立村务公开监督小组，及时认真审查村务公开内容是否真实全面，公开程序是否规范合理，公开时间是否及时。做到让每一笔收支都及时录入，全面清产核算，建立台账，将集体资产信息输入网络管理系统，进行村务公开，实现动态管理。

3. 引入民众监督机制

广大农民是集体资产的所有者，加上集体资产具有广泛性和复杂性，因此需要结合农民的力量，将全体农民参与监督管理与社区集体经济组织代行管理结合起来进行。一是民主管理制度，凡涉及集体资产运营等与群众利益密切相关的重大事项，都必须经过村民代表大会讨论决定[1]。二是民主决策机制。民主决策内容包括土地补偿费分配方案制定、土地承包经营权流转、村干部报酬、低保户及五保户的确定、医疗保险、养老保险等事项。建立由农民代表组成的集体资产管理机构，使其参与到与广大农民密切相关的集体资产管理的日常决策中来。

（二）进行集体资产产权改革

为了规避在城市化进程中的集体资产处置纠纷与冲突，重庆市分村社自发地进行了集体资产股份化改革的实验，将农民变成股东，建立较稳定的分红机制。这引发了我们对集体资产产权改革的思考。

1. 摸清家底，清产核资

进行集体资产产权改革，首先必须做到“一清、两建、三确权”。一是尊重历史事实，由镇组建资产清算领导小组，根据《乡镇集体经济组织清产核资办法》对土地资源、集体合同、固定资产等集体资产进行逐项盘查，合理界定集体资源性、经营性和非经营性资产的范围，进行资产评估，对资产清算结果按照合理程序进行登记造册。占有、使用集体资产的个人和单位，要定期向集体资产管理机构报送资产情况表，严格做到账实、账账、账表、账证、证证“五相符”和资产财务明细、债权债务明细“两清晰”，及时反映资产的使用及变动情况。[2] 二是清理村内现有人员。根据户籍登记和村规民约，对村内现有人员的身份进行确定，进行产权分配。集体经济组织成员主要是指户籍与实际居住都在村内的现有人员，他们享有集体资产。最后将确定结果予以公示，并进行登记。

2. 改革农村集体产权制度

一是改革农村土地产权。土地是农村最重要的资源性资产，是村民生存之本，社会发展之基。《中华人民共和国宪法》规定，农村土地归农民集体所有。《中华人民共和国物权法》规定，

---

[1] 流水长：《农村集体资产管理立法若干问题探析》，载《农村合作经济经营管理》2001年第6期。

[2] 林秀：《农村集体资产管理的现状与对策》，载《发展研究》2008年第12期。

所有权包括使用权、收益权、处分权，这三项基本权利应确切分配给农民，让农民成为土地真正的主人。作为土地产权所有者，村民可以依据法律规定，对土地依法进行抵押、出租、转让、继承，遏制部分基层干部侵犯集体土地资源的腐败现象。"三项"产权落实之后，让土地按照市场竞争机制进行流转，不仅可以搞活农村集体经济发展，也可以保障农民土地权益。

二是改革集体经济组织产权。集体经济组织产权改革目前最好的方式是进行股份合作制，参照《中华人民共和国公司法》《中华人民共和国合伙企业法》的相关规定，细化股份合作具体制度，还权于民，将集体资产按照农民身份及贡献程度具体量化到个人。首先，合理设置集体股与个人股。由集体经济组织社员大会根据本组织实际情况制订方案，实行一村一策。按照集体资产净额一定比例设置集体股，并由全体成员共同所有，同时设置个人股，实行可继承转让的股权流动制度。其次，按照现代企业制度要求，完善治理结构，明晰集体财产，让集体财产得到统一管理，发展农村规模经济。建议将乡镇一级集体资产评估界定到下属村充当法人股，乡镇集体经济组织充当投资公司。最后，创新股权登记管理。第一，界定农村集体经济组织成员，包括持股成员、未持股成员以及持股非成员，建立股民个人档案并建立股民档案库进行统一管理。第二，固化股权，将农村集体经济组织成员股权固化30年，避免因城乡统筹发展和领导层的波动而给"农转城"村民和出嫁女的合法权益造成损害。集体经济组织产权改革应主要做到"农民利益不受损、集体资产不流失、集体经济不萎缩、社会秩序不混乱"。[1]

三是改革农村集体企业产权，实现公司制。政企不分、监管不力、资产流失是乡镇企业经营效率低下、贪污腐败问题频发的主要诱因。经历数十年的乡镇企业改革之路，乡镇企业走上公司制，集体产权改制成多元化的股权结构，股份合作制优化为股份制企业股权结构，形成长期有效的激励机制。

3. 建立农村产权交易市场体系

建立覆盖全国的农村集体资产产权交易市场体系，农民享有推出与加入农村集体资产市场的自由选择权。建议建立两级产权交易中心，提供配套资产评估、合同鉴定、产权流转法律咨询。设立产权纠纷仲裁调解机制，区县设仲裁委员会，乡镇设仲裁庭，协助产权纠纷解决，保障产权制度改革健康发展。

（三）加强财务管理，规范财务手续

1. 建立集体资产财务会计制度

村民委员会与农村集体经济组织分账核算，村民委员会因其属民间非营利组织的特殊性质，依据《民间非营利会计组织制度》建账核算。村集体经济组织按照《村集体经济组织会计制度》建账核算。改变村民委员会代行集体经济组织管理职能的局面，账务层次明晰，资产流动监管分明。

2. 建立双层财务人员核算机制

一是由乡镇政府统一组织和指挥，对村民小组财务人员进行专业考核，实施合格者在村民小

---

[1] 方志权、章黎东、陈怡云：《农村集体资产管理的法律问题研究》，载《上海政府法制研究》2011年第4期。

组之间进行互派的制度，改变单一由本村“两委”直接指定财务人员的制度，加强互相监督。二是由乡镇统一组织培训一批高素质财务人员，并要求其熟悉集体经济运行且业务实践能力强。一方面对农村集体经济资产进行定期与不定期审查；另一方面对各基层组织互派财务人员进行培训，让其熟悉各地经济组织实际财务状况，提升财务管理技能，适应社会主义新农村建设与改革需要。实现双层财务监督管理体制，不仅可以让集体资产在宏观层面得到全面管理，还能为基层培养大量高素质财务人员，提升基层整体财务管理水平。

3. 建立资金账户，用款申报制度

基层干部插手干预财务管理，让钱账一体，大量集体资产不入账，造成集体资产管理混乱并流失。因此，建议设立专门资金账户，完善内部控制，提高资金使用效率。一是设立基本账户与土地专项账户，对集体资金分类管理。二是建立用款分级申报制度，对于大额用款，必须由基层组织提交用款申请，再由乡镇主管部门审核批示，从而改变基层组织拥有大量资金库的情况，减少不合理开支。

4. 建立票据监管制度，规范财务收支

一是规范农村集体资产票据管理，在国家规定的发票和行政收据外，发行当地农村集体经济组织统一收据，禁止使用、购买其他种类票据进行资产收支活动。二是规范集体财务支出报销程序。依据地区具体情况，建立地区农村集体资产费用支出报销凭证，所有原始单据都要进行会计审核，填制会计凭证，再由经办会计人员依据会计的真实、合理、合法原则进行报销，审核每笔开支用途，避免集体资产肆意挥霍和乡村财务管理“打白条”行为。

5. 建立村级财务预决算制度

一是制定集体资产预算方案，对集体资产的整体预算应当符合法律法规，重大项目预算方案要具体详细、诚实可靠，并且还应将预算方案交由村民大会审核决定，接受民主监督。二是年末将集体资产实际收支情况编制决算方案，并结合预算方案作出分析，交由村民大会审议。[1]

（四）加大农村集体资产的法律保护

尽管农村集体资产管理问题频发，但是不仅缺乏对集体资产全面的法律规定，也没有合理有效的司法救济途径。城乡发展不平衡的根源是法治的不平衡。[2] 笔者建议，完善集体资产管理制度创新的同时，应加大对集体资产管理的法律保护，完善集体资产分配立法，将集体资产分配问题引入刑法保护领域。

1. 完善立法，扩大集体资产法律保护范围

一是在土地保护方面，重新界定征地范围，严格控制征地数量。首先，职务土地犯罪主体由单位改为个人，防止个人利用单位集体讨论、决策的方式来规避法律。其次，完善刑法中的非法占用农地罪，细化量刑幅度，提高法定最低刑，将土地管理法规与刑法相结合，降低刑法介入标准，加大刑法对土地的保护力度。

二是加大户籍立法。户籍改革必须得到立法保障。同时，完善转户农民具体赔偿标准，如强

---

〔1〕 陈有发：《我国农村集体经济财务管理及其问题研究》，载《当代经济》2008年第2期。

〔2〕 佟丽华：《农村困境的法治出路》，载《法治研究》2010年第39期。

侵占、贪污"农转非"村民转户补偿金的法律规制。

三是完善集体经济组织立法。农村集体经济组织是我国农村集体资产的管理者,中共中央《关于加强农业和农村工作若干重大问题的决定》规定"农村集体经济组织要管理好农村集体资产"。同时《中华人民共和国乡镇企业法》《中华人民共和国农业法》等也作了明确。参照相关法律和政策,可以将农村集体经济组织定义为:以乡镇、村行政区域为范围,以土地等生产资料集体所有为基础,融管理与经营为一体,实行独立核算的社区性、综合性农村合作经济组织。[1] 为了让集体经济组织充分有效地发挥所长,我们应设立集体经济组织申报登记制度,同时加强对集体经济组织的税制改革,减轻集体经济组织工商登记的税收负担。

四是完善村干部职务犯罪立法。我国村干部虽然属于国家编制的国家工作人员,但其从事的工作多种多样。其一我国规定村民委员会等村基层组织人员协助人民政府从事"土地征用补偿费用的管理"工作,属于"其他依照法律从事公务的人员",即按照"准公务员"标准对其适用有关法律规定。其二最具争议的农村集体经济组织成员能否成为职务犯罪主体。笔者认为,当其代表国家进行社会管理职能,损害村民合法权益时,毫无疑问应当适用职务犯罪的规定,但当其在进行村级经营活动时,就要分析行为性质,适用具体规定。

2. 畅通司法,建立公正有效的司法救济程序

一是提高侵犯集体资产案件的受案率。法院应当严格依照相关法律和司法解释,受理集体资产分配案件,使司法成为维护农民权利的屏障。

二是建立农村集体资产保护公益诉讼制度。在农村集体经济组织缺少诉讼行为能力的情况下,依据代表人诉讼制度,赋予村民代表诉讼的权利。但由于大多数村民缺少专业的法律素养和完备的法律知识,笔者建议赋予检察院提起农村集体资产保护公益诉讼的权利,维护社会公共利益。

(五)加强廉洁党风建设,净化乡村治理环境

如果基层权力的行使不当会直接损害村民自治。2011 年,我国颁发了《农村基层干部廉洁履行职责若干规定(试行)》,倡导加强廉洁党风建设。一是加大基层干部管理培训,进行法律知识教育,学习政策法规、业务规范,提高干部素质。二是加大基层干部贪腐案件的处置力度,以一儆百,取信于民。三是明确责任,在基层干部参与基层集体经济组织活动时,明确其职责,包括经济责任和职务犯罪上的法律责任。

为了让农村集体资产更好地发挥其带动农村经济增长、支持农村公益设施建设的功效,笔者认为,应当尽快明确土地产权,健全财务管理制度,加快农村集体资产管理相关立法,同时提高基层干部管理素质,为农村集体资产管理提供一个良好的运行环境。

---

〔1〕 刘水长:《农村集体资产管理立法若干问题探析》,载《农村经营管理》2011 年第 6 期。

农村集体资产管理存在的问题及对策研究

曹明睿*

目　次

一、农村集体资产管理的现状

农村集体资产是由村民投资或长期劳动积累所形成的共有资产，归集体经济组织全体成员共同所有。农村集体资产可广义定义为乡（镇）、村集体经济组织成员在合作化初期以土地、耕畜、农具入股及以后长期生产经营积累形成的公共资产。农村集体资产按性质分为经营性资产、公益性资产和资源性资产三大类。在财务核算上，村组集体资产包括各种流动资产、农业资产、长期投资、固定资产等。集体资产所有权受国家法律保护，任何单位和个人不得侵占、平调和挪用。农村集体资产是广大农民多年来辛勤劳动的成果，是发展壮大农村经济和实现农民共同富裕的重要物质基础。

党的十一届三中全会以来，我国农村集体经济改变了过去"三级所有、队为基础"的基本经济体制，村级集体经济成为农村基本的经济组成部分。并且随着家庭联产承包责任制的推行，村级集体经济改变了过去"集体所有、统一经营"体制一统天下的格局，在家庭分散经营与集体统一经营相结合的双层经营体制基础上，衍生出了多种实现形式。尤其是在家庭联产承包责任制基础上，一些农民顺应市场经济的发展需要，在农村社区或者突破社区界限，自发成立了农民专业合作社以及股份制、股份合作制等多种形式的经济组织，提高了组织化程度和收入水平。[1]

农村集体资产管理主要围绕产权管理开展工作，切实维护乡（镇）、村集体经济组织的所有权以及收益权；以实施综合管理为内容，要对资产的增量与存量、动态与静态实施管理与监督；以建立新的管理体制和运行机制为目标，要把这项工作与建立社会主义市场经济体制联系起来，立

---

* 郑州大学法学院副教授，法学博士。

〔1〕 何伟明：《加强农村集体资产规范化管理的做法与成效》，载《新农村》2008年第9期。

足从根本上加强管理。农村集体资产管理的发展，不仅关系农民的切身利益，关系农村改革和发展的大局，而且关系中国广大农民坚持走社会主义道路这一根本问题。管好、用好农村集体资产对我国农业和农村经济发展具有特殊意义：一是农村集体资产在农业与农村经济发展中占主导地位；二是农村集体投资兴建的学校、卫生站、敬老院、文化体育场所等公益性设施是农村社区公益事业的支柱，关系农村社会的发展和基层政权的巩固；三是农村集体投资兴建的排灌设施、乡村道路、低压电路、房屋、农机具等基础性设施不仅是家庭承包经营的农业生产设施，而且为多种所有制经济的发展提供了基本条件；四是农村集体土地是农民收入的基本来源，是农业生产的基本要素，其在小城镇和国家现代化建设过程中也发挥着越来越重要的作用；五是乡村集体企业资产不仅为农业剩余劳动力提供了就业机会，而且为增加农民收入、实现农民共同富裕提供了物质保障。在农村改革和发展的过程中，我们必须不断解放思想，实事求是，一切从实际出发，积极探索农村集体资产的多种实践形式，积极探索发展村级集体经济的多种途径，坚定广大农民走社会主义道路的信心与决心，引导他们走上共同富裕的道路。

二、农村集体资产管理存在的问题

多年来，特别是农村税费制度改革以来，农村集体资产管理相对薄弱，很多地方的集体资产管理一直处于滞后甚至停滞状态，造成了集体资产的严重流失。究其原因，一是农村集体资产管理起步较晚，没有健全的配套法规制度；二是在实际工作中，农村集体经济组织在集体资产管理上，还存在管理手段落后、没有建立集体资产运营机制等问题；三是农村集体资产管理部门地位弱势，监管手段乏力等；四是对造成农村集体资产流失的行为未建立完善的责任追究制。具体来说，在农村集体资产管理上存在以下突出问题。

（一）农村集体资产产权关系不清

农村集体资产产权关系不清问题由来已久，到目前为止，突出表现在以下方面：一是集体在国家行政事业单位的资产绝大部分被这些单位登记为国有资产，集体经济组织没有使用权、收益权。如有的地方在合村并校过程中，村小学的校田地、校舍被教育部门强行划走；在合村并校过程中，没有办理任何征占手续的情况下，将本应属于集体经济组织的土地办理了国有土地使用证，因此，导致村支部书记在与村小学校长对簿公堂，主张该宗土地所有权时，法庭以学校持有国有土地使用证为由，宣判该村败诉。二是集体经济组织投资、出资建设的固定资产产权关系不清。一些国家投资的项目，集体虽然投资、投劳建设，却没有产权。如修建道路、桥涵、水库、低压电网改造、电信线路建设等。三是国家、集体、农民共同兴建的农村公益设施，集体的产权被侵蚀。如农村乡镇中小学、敬老院等。四是农村集体合作形成的资产产权丧失。各地农村集体经济组织和农民在1949年后，以合作化形式形成的信用社、供销社、合作医疗的资产和权益全部丧失。[1]

（二）集体资产的管理权力过于集中

现行的农村集体资产管理体系与我国改革开放初期采取的乡经济联合社不同，过去乡镇、村

---

〔1〕 参见毛义：《农村集体资产管理存在的问题及解决对策》，载《吉林省经济管理干部学院学报》2008年第1期。

组的领导都是集体资产的直接掌管者和经营者，现在许多地方成立了资产经营公司。以乡镇为例，乡镇资产经营公司下设若干营利性公司，并将非营利性资产委托行政和事业单位管理。这种管理体制与政企分开、政资分开和建立现代企业制度的要求相差甚远。目前多数乡镇集体经济组织还没有形成现代企业制度，集体决策、科学决策的机制没有形成。[1]

(三)农村集体资产流失现象较突出

从目前情况看，农村集体资产流失既有集体经济组织自身的原因，也有一些客观的因素；既有历史遗留问题，也有现实无法突破的瓶颈。主要表现在四个方面：一是集体和农民投资、投劳形成的资产，被其他部门占用，集体和农民没有获得相应的资产使用权和收益权，所有权也随之被剥夺。二是农村土地征占用过程中，征地部门普遍存在低估地价、土地补偿费长期拖欠等问题，使集体资产无形中流失或使其价值大打折扣。如有的企业买地以后，价格低不算，还只交了部分款，只圈地不建，随着土地升值又转卖。三是集体所有的耕地、林地、"四荒"、水面等资源性资产长期被其他部门占用，随着时间的推移，产权也归属于其他部门。主要表现为农村集体经济组织与林业、水利等部门之间的资产权属纠纷。四是农村小城镇建设、撤并乡镇、合村并校以及村庄改居过程中挪用、侵占、私分集体资产的现象还时有发生。[2]

(四)农村集体资产的运行缺乏监督

目前，在农村各级经济组织中，一般都没有规范的资产监督机构和人员，没有形成正常的监督机制。而上级的资产管理部门也普遍放松对这一层面的管理，包括资产年度财务年检、改制审计、企业负责人的离任审计等，即使有这方面的管理行为，通常也流于形式。农村集体资产监督管理方面往往存在以下几个突出问题：一是一些农村集体资产被挪用、侵占、拖欠、损坏、挥霍浪费的现象在一些地方仍然不同程度的存在；二是一些地方农村集体资产经营程序不规范，有些集体经济组织在农村集体资产承包、变卖、折股等过程中，不履行民主议事程序，不进行资产评估，不按规定及时进行财务公开，低价发包现象时有发生；三是有的地方农村集体资产在发包、拍卖、流转、入股、联营过程中，所有权和受益权被随意改变；四是农村集体资产的经营机制尚不健全，集体资源尚未得到有效配置和利用，资产的利用率较低，无法从根本上实现农村集体资产的保值增值。

三、加强农村集体资产管理的对策

(一)加强农村集体资产产权改革

产权，西伯特认为可以被定义为一组明确稀缺资源和物品使用权的规则；[3]菲吕博腾等总结了产权权威的定义："产权不是指人与物之间的关系，而是指由物的存在及关于它们的使用所引起的人们之间相互认可的行为。关系产权安排确定了每个人相应于物时的行为规范，每个人

[1] 参见孙洪杰、刘淑珍：《浅谈农村集体资产管理的发展趋势》，载《吉林农业》2010年第5期。
[2] 参见李振义：《论我国农村集体资产管理制度中的缺陷及对策》，载《农业经济》2007年第4期。
[3] [德]霍斯特·希伯特：《环境经济学》，蒋敏元译，中国林业出版社2002年版，第286页。

都必须遵守他与其他人之间的相互关系，或承担不遵守这种关系的成本。”[1]道格拉斯·C.诺斯在《制度、制度变迁与经济绩效》一书中认为“制度是一个社会的游戏规则，更规范地说，它们是决定人们的相互关系而人为设定的一些制约”。产权，就是人们拥有的对资源的用途、收入和可让渡性的权利。产权制度就是划分、界定、实施、保护和调节产权的规则，是确认和处理各个产权主体的责、权、利关系的规则。

目前主要集中在沿海及经济发达地区、城镇郊区的农村集体经济组织产权制度改革，实质上是我国农村城镇化和工业化发展的新形势下，农村生产关系和上层建筑积极适应农业生产力发展的客观反映，是深化农村经营体制改革和建立社会主义市场经济体制的必然性要求。我国农村村级集体经济组织有近68万个（不含西藏自治区），资产总额达9600多亿元，平均每个村集体经济组织拥有资产147.9万元。随着农村改革的深入，无论是基层干部，还是农民群众都迫切要求充分发挥这笔物质财富在促进农民增收方面的作用。[2] 明晰集体资产产权，使集体经济组织成为真正的、有效率的市场主体，是完善我国农村市场经济体的重要内容。农村集体资产产权制度改革是发展农村生产力和完善农村市场经济体制的需要，对解决城镇化、工业化过程中面临的新问题、新挑战，切实维护农民和集体合法权益，推进社会主义新农村建设具有重大意义。党的十七大对农村集体资产产权制度改革高度重视，提出了推进集体企业改革，发展多种形式的集体经济、合作经济的制度创新要求。农村集体资产产权制度改革是在坚持家庭承包经营的基础上，以科学发展观为指导，以保护农村集体经济组织和农民合法权益为核心，以农村集体经济组织产权制度创新为主线，逐步建立起适应社会主义市场经济的农村集体经济组织运营机制和分配机制，增强集体服务功能，提高管理水平，促进农民增收、农村社会和谐、集体经济可持续发展。

在推进农村集体经济组织产权制度改革中，要遵循以下原则：一是坚持民主决策，农民自愿。要充分保障农民的知情权、决策权、参与权和监督权，尊重农民群众的选择。二是坚持将公开、公正、公平精神贯穿于改革的全过程。三是坚持规范操作，加强指导。改革方案要进行充分的民主讨论并进行可行性论证，整个改革工作的各个环节必须经过合法的民主程序。四是坚持因地制宜，分类指导。要根据各地经济发展水平和实际情况，选择广大农民群众普遍接受的改革方式。五是坚持广泛协商，稳步推进。推动农村集体经济组织进行产权制度改革，必须获得广大农民群众的支持；必须调动基层干部的主动性和积极性；必须依靠党委、政府的有力领导和主管部门的业务指导，成熟一个，进行一个，不得强迫命令。[3]

农村集体资产产权制度改革的主要做法包括：(1)清产核资。农村集体资产必须要清产核资，主要理清国有资产、集体资产、外来非公资产。通过清产核资，搞清集体资产的存量和资产的真实情况，真正搞清集体资产的家底。在这一基础上，进行产权登记，建档立案，建立台账。一般经过三个方面的程序。①由上级政府有关部门和村民主理财小组联合组成清产核资小组，对村

〔1〕［美］E.G.菲吕博腾、S·配杰威齐：《产权与经济理论：近期文献的一个综述》，载［美］R·科斯等著：《财产权利与制度变迁——产权学派与新制度学派译文集》，上海人民出版社1994年版，第98页。

〔2〕参见青岛市农业委员会：《创新发展思路：探索村集体经济发展长效机制》，载《农村经营管理》2006年第1期。

〔3〕参见吴光玲：《关于农村产权制度改革的若干思考》，载《经济与社会发展》2009年第7期。

经济合作社所有的各类资产进行全面清理核实，搞实资产家底；②在登记造册的基础上，经具有评估资质的中介机构进行资产评估，依法界定资产所有权归属关系；③召开村民代表大会，公示清产核资工作，对清核资产及评估后的资产予以审核确认。[1]（2）资产量化。在清产核资的基础上，根据本村实际情况，合理确定可以折股量化的资产。一般来说，各地主要是对经营性资产进行量化折股。（3）股权设置。在股权设置上，一般设置集体股、个人股和募集股三种，集体股是按照集体资产净额的一定比例折股量化，由全体村民共同所有的资产，一般集体股占总股本的20%～30%；个人股也称合作股或分配股是按集体资产净额的一定比例折股量化，无偿或部分有偿的由符合条件的本社全体社员按份享有；募集股是符合条件的社员，一般是改制后入社的新社员以现金投入的形式新增加的增量股金。按照股份制、合作制的原则，将集体资产折股量化到人，由农民共同共有产权制度转变为农民按份共有的产权制度，实行现代企业制度的公司化运作，农民变股民，按份享受集体资产的收益分配。（4）股权界定，即对股东资格及其权利的确定，主要涉及：①多数采取了固化股权的办法，及配股实行“生不增，死不减；迁入不增，迁出不减”。②依据具体情况划分股东类型，不同股东享有不同的权利。③对股权的流转也都作出较先前宽松的规定。一般允许个人股、募集股股权经过一定程序可以转让、继承和赠与他人，但不得抽回。④股权分配。一般以营利共享、风险共担，效益决定分配为原则。税后盈利按下列顺序进行分配：弥补亏损、提取公积金、提取公益金、集体股和合作股及募集股分红。⑤成立股份合作经济组织，建立法人治理结构。改革后的股份合作经济组织，均要制定本经济组织章程，并在此基础上成立股东大会或股东代表大会，选举董事会、监事会等机构，确立起法人治理的框架；实行民主管理、民主决策、民主监督的经营管理体制；完善分配制度、财务制度等各项管理制度，确定净收益分配的程序和办法；健全激励与约束相结合的现代企业运行机制。[2]

（二）加强农村集体资产的日常管理

一是加强流动资产的管理。加强村级银行账户管理，规范基本结算账户开设，实行支票户结算，定期核对银行存款余额；加强现金收支管理，现金收支必须由村报账员负责统一办理，现金使用必须遵循规范的审批程序；加强债权债务管理，要设立登记簿，对债权债务详细登记，财务公开时应将债权债务情况向村民公开。二是加强固定资产和在建工程的管理。建立固定资产台账制度，规范固定资产明细核算，做到账账相符；固定资产的变卖和报废，须经村“两委”讨论，并提交村民（代表）会议通过，固定资产报废的残值收入要入账；建立固定资产明细账、出租及租费收缴情况要及时向村民公开；落实工程招投标制度。三是加强资源性资产的管理。机动地、“四荒”、河沙、水面、滩涂等集体资源性资产，其承包经营权的招标、拍卖、公开协商的方案必须经村民（代表）大会讨论通过，并向全体村民公开，做到公开、公正、公平，严禁“暗箱”操作。[3]

（三）开展农村集体资产管理的机制建设

加强农村集体资产管理的总目标是：“还权于民，为民增值。”根据农村经济的实际情况，应

---

[1] 参见史成斌：《进一步加强农村集体资产管理的思考》，载《民营科技》2012年第7期。

[2] 参见侯希红编著：《农村集体资产管理》，中国社会出版社2010年版，第35页。

[3] 参见楼金雨：《加强农村集体资产管理的对策研究》，载《金融经济》2009年第6期。

该强化以下四方面工作，作为当前加强农村集体经济管理的重要举措。一是健全村经济合作社，明确村集体资产管理职责。二是探索村级集体资产股份合作制改革。以村经济合作社为载体，按照“依法、自愿、民主、公正”的原则，把村集体资产量化到人，明晰产权，强化管理，促进集体经济发展。三是完善村级会计委托代理制。规范村级财务流程，严格执行报账日制度和财务公开日制度，并在会计电算化基础上逐步建立市、乡、村三级计算机监管网络，实现村级财务运行实时监管。四是加强农村集体经济审计。对村集体经济组织的经济活动进行全面审计，对占有、使用村集体资产的单位实行专项审计，建立村主职干部实施任期经济责任审计制度，把村级集体资产保值增值作为衡量村主要干部工作业绩的重要指标，增强村主要干部的责任意识。〔1〕

（四）加强对农村集体资产的审计和监督

加强农村集体资产审计，是对农村集体资产管理进行行政监督的有效手段，要依法开展多种形式的审计监督。对集体资产的管理和运营进行定期审计，对农民群众反映强烈的要进行重点审计，对干部的任职和离任进行专项审计。县乡审计部门要对农村集体资产审计的公开内容进行全面的监督检查。完善农村集体资产的监督制度，要以农村干部经济责任审计为平台，加强农村集体资产的监督。一要完善民主管理制度。村集体经济组织要成立民主理财小组，定期召开民主理财会议，重大事项要由全体村民代表大会讨论并通过，实行民主管理、民主决策，集体资产的管理、使用、增加或减少，都要通过村务公开栏的形式接受全体成员的监督。二要加强行业监督。区、乡、村各级农村集体资产管理机构，要严格按程序和规章办事，对下一级集体资产管理机构的工作内容和程序进行监管，充分发挥制度的内控作用。〔2〕

（五）完善农村集体资产管理的法律体系

完善农村集体资产管理法律体系是构建有效的农村集体资产监督、管理、运营机制的重要保证，是搞好农村集体资产管理工作的核心问题，也是分清不同层面、主体、部门之间职责的法律依据。通过完善农村集体资产管理法律体系来明确农村集体资产的责任部门、责任人，划清政府部门就农村集体资产管理方面的职责和权限；明确年度农村集体企业经营者的责任目标、奖惩的形式、奖惩的范围、奖惩的数额等；关于加强对农村集体资产监督方面的规章，向农村集体企业派出不同身份的监督人员。同时按规定行使监督职权，对监督人员进行规范管理，严格考核，对监督报告及时处理等；关于农村集体资产收益、集体股权管理、农村集体资产流失查处、农村集体资产处置等方面的规章，服务农村集体企业改革，维护国家所有者的权益，确保农村集体资产的安全。所以，应加快农村集体资产管理方面的立法工作，依法管理，切实维护集体经济组织的所有权以及收益权，逐步建立起产权明晰、权责明确、民主监督、科学管理的集体资产管理法律体系和运行机制。

一方面，应在法律上明确农村集体资产的管理主体。解决这一法律问题的首选是推动国家立法，为集体资产的经营管理创设一个法律主体，并明确农村集体经济组织对农村集体所有的资产享有占有、使用、收益和处分的权利，自主经营，自负盈亏，独立承担民事责任。在国家现有立法尚没有对农村集体资产管理主体法律地位明确的情况下，按照已有地方经验，也可探索进行地

〔1〕 参见朱典光、刘小英：《多措并举强化农村集体资产管理》，载《农村经营管理》2009年第2期。

〔2〕 参见何伟明：《加强农村集体资产规范化管理的做法与成效》，载《新农村》2008年第9期。

方立法,如浙江省2007年9月省人大常委会修订通过了《浙江省村经济合作社组织条例》,规定县级人民政府免费向村经济合作社颁发证明书,村经济合作社凭证明书办理组织机构法人代码证,并规定村经济合作社也可向工商部门申领法人营业执照。此外,一些省市通过制定规章和规范性文件,对管理主体作了明确,但层面较低,可作为一些工作措施予以推进。

另一方面,应明确农村集体资产管理主体的职能。必须使村社会管理职能与农村集体经济组织的经济职能分离。可通过国家立法,明确农村集体经济组织的成员范围、组织形式、组织机构、议事规则、责任财产范围和责任形式等内容,使农村集体经济组织实名化、实体化、法人化。同时,明确农村集体经济组织的活动宗旨及原则是在坚持社会主义集体所有制的前提下,在法律法规和政策范围内组织开展经济活动,依法实行民主选举、民主决策、民主管理、民主监督,促进集体资产保值增值,为其成员提供公共产品和公共服务,实现共同富裕。农村集体经济组织主要是承担集体土地的发包,集体资产的管理,发展集体经济,指导社员发展家庭经营,为农户提供产前、产中和产后各项服务,研究和处理集体积累与分配,按照预算向村委员会提交预算款,定期向村委会报告财务情况,经批准后将财务公开,并协助村委会做好公共事务和公益事业等职能。[1]

(六)加强农村集体资产管理队伍建设

一要配足配强农经干部,确保每个乡镇有一名专职农经员从事农村财务管理和监督工作。落实岗位责任,完善农经干部考核机制,把村级集体经济财务管理等业务工作实绩作为乡镇年度考核的重要内容。二要加强代理会计队伍建设。乡镇村级财务管理服务中心应配备专职会计、出纳人员,实行专职化工作、职业化管理,负责村集体经济组织的会计核算工作。三要加强村级财会队伍建设。稳定村级财会队伍,加强相关培训,保证村报账员享受村主职干部同等工资报酬和福利待遇,参加养老保险。

---

[1] 参见方志权:《农村集体资产管理若干问题研究》,载《科学发展》2011年第8期。

论农村集体资产管理的软法之治

周 雯[*] 黄茂钦[**]

目 次

一、农村集体资产管理模式的局限与软法治理模式的兴起

(一)农村集体资产管理的行政主导模式及其局限

20世纪80年代以来,国家在乡镇一级实行行政管理,在村实行基层民主自治,形成了计划经济条件下农村管理体制的重构。[1]《中华人民共和国宪法》(以下简称《宪法》)规定,农村实行基层民主自治制度,而农村集体资产是全体村民所有的财产。因此,其应当属于村民自治的范畴。与此相应的是,乡政府在农村集体资产管理上应当扮演指导与协助的角色。然而,在实践中,乡政府在很多时候却扮演了行政管理者的角色,在处理集体资产管理问题时,其态度也主要表现为命令的方式。更进一步讲,村委会在很多时候享有经营的权力。因此,村委会就在很大程度上承担了农村集体资产的管理职责。而有些乡镇则通过非法介入村委会选举来控制集体资产的管理。根据有关资料显示,在村委会选举有关案件中,乡镇政府直接指定或委派的违法案件最多。另外还有直接介入村集体的财务管理,如目前很流行的村财乡管、村财乡代、村财乡监即适其例。这些做法的初衷可能是为了维护农村社会稳定,是以乡政府对村级财务的宏观监管来维护村庄集体利益。但是,这种做法实际上侵犯了村集体的自治权利。过分干预会导致村委会异化为乡镇政府的下属机构,在处理集体资产问题时,采用简单的命令执行模式,这就容易忽视村民的诉求,引发社会矛盾。更为严重的是,在这种模式下,由于缺乏民主监督,往往容易造成权力

---

* 北京市天元律师事务所反垄断部律师。
** 西南政法大学经济法学院教授、博士研究生导师,法学博士。

〔1〕 卢福营:《论村民自治发展中的制度偏离》,载《浙江社会科学》2011年第10期。

的腐败。在我国不断扩大农村集体资产规模[1]的同时,涉及农村集体资产管理的违法犯罪行为也不断滋生。[2]

（二）农村集体资产管理的股份合作模式及其局限

当前,我国农村集体资产管理大多采用的是股份合作制。农民变身为股民,享有股份表决权。在这种方式下,农民被吸收到利益决策的位置。作为农村集体资产的管理主体,农民的民主权利得到了很大的落实;在管理方式上,有成熟的市场化的公司制度经验可吸取,可操作性强。因此,各地在处理农村集体资产问题上一般采用这一方式。但是,在这种情况下,村集体将公共事务的运作与公司管理混淆起来,一味追求高效的同时容易忽略本身承担的公共服务职能。例如,目前在发达地区农村存在的农村经济精英治理,就是将农村集体资产的管理运作方式与高效的公司运作等同起来。这种情况会导致以下情形出现:一是农村的精英政治使村民自治无法落实;二是即使村民可以充分行使有效的表决权,但仍会存在多数人暴政的可能。前一种情况较典型的表现就是农村集体资产管理的权力集中在村干部或者某些经济地位较强的村民手中。有学者指出,这种自治事实上已经异化为"权威型的自治"而非村民自治。[3] 后者典型的表现是农村成员资格的确定问题,如外嫁女、入赘女婿的成员资格虽然在法律有明确规定,却在村集体中被民主的方式剥夺,甚至有的村民身份被其他村民以民主多数决的方式剥夺。[4] 这样以简单的民主方式来决定涉及人生存根本利益的行为显然是过于粗暴的,是民主的异化。村集体经济的运作并不能等同于一个公司,它的民主实现形式也不应当是简单的投票表决,它肩负实现成员公共权利的义务和集体资产增值保值的双重义务。因此,每个人的权利都必须得到同等的对待和尊重,而不能以多数人的暴政来侵犯少数人的权利。

（三）从两类传统管理模式的困境到软法治理模式的兴起

无论是以行政主导模式还是以公司化运作模式来管理农村集体资产,在当前都产生了很多问题,二者都有不可避免的缺陷。事实上,我国农村集体资产管理的进程在一定程度上反映了政治变化的历程。在最初的公共行政模式下,政府是全能政府,积极干预集体资产的管理;在市场经济发展到一定阶段,政府转变为公共管理政府,以市场机构的方式来履行自己的职能时,却忽视了经济职能以外社会职能的实现。因此,按照这一发展轨迹,我国的农村集体资产管理须借助公共治理的理论来加以推进。而在这种模式下,软法就是重要的治理手段。[5]

---

[1] 截至2010年,我国村级集体经济组织账面资产(不包括土地、山林等资源性资产)总额为18,480.8亿元,比2005年增长55.5%,年均递增11.1%,农民人均1966.0元,村均311.7万元;净资产11,107.6亿元,村均180.4万元,比2005年增长68.3%,年均递增13.7%。数据来源余葵:《有的放矢强化"三资"管理——全国农村集体"三资"管理现状调查》,载《农村经营管理》2012年第4期。

[2] 2010年以来,湖北省查处违纪违规案件410件,查处违纪违规涉案人员316人,查出违纪金额1609万元,处理收回金额1343万元;安徽省查处"三资"方面违纪违法案件267件,挽回经济损失256.64万元。数据来源余葵:《有的放矢强化"三资"管理——全国农村集体"三资"管理现状调查》,载《农村经营管理》2012年第4期。

[3] 张静:《村民自治与国家建设》,载黄宗智主编:《中国乡村研究》(第1辑),商务印书馆2003年版,第214页。

[4] 冉金:《奇案:"民主投票"剥夺农民身份》,载《政府法制》2010年第3期。

[5] 程维:《软法概念的构造与功能》,载罗豪才主编:《软法的理论与实践》,北京大学出版社2010年版,第13页。

软法[1]兴起的背景就是公共治理和协商民主的需求,以及响应市民社会参与治理的需求,其是由社会成员经过充分讨论和协商达成合意,以成员自愿的方式来实施的行为规范。目前,我国的市场经济已经发展到相对成熟阶段,与此相对应的是,我国的社会开始成长壮大。同时,社会的参与治理能力也得到进一步加强,民众的权利意识越来越强,对主体地位也越来越重视。因此,社会有实现自治的要求。社会和政治国家解决问题的重心各有侧重。国家干预的领域应当是社会无力自行调节的领域,[2]社会则主要调整市场和社会中个殊利益和集团利益,以自我规制为主,以协商民主为主要途径。[3] 而软法的核心和效力来源就在于协商民主,[4]因此软法是社会实现参与治理的重要手段。

我国《宪法》规定,农村实行村民自治制度,而集体资产来源于村民多年来劳动积累与资源利用,属于全体成员共同所有的财产,村民是当然的权利主体,农村集体资产的管理当然应体现村民的意志。因此,涉及农村集体资产的重大事项应当由村民通过民主协商决定。[5] 而由农民直接参与,通过充分协商而取得合意,并且由非国家强制力保障实施的行为规范,就属于软法的领域。

二、农村集体资产管理中的问题与软法治理的回应

当前,我国的农村集体资产管理问题较突出地体现在经济发达地区以及城市郊区的农村地区。农村集体资产的来源可以主要分为两种形式:一种是经过集体企业经营所得积累;另一种是农村土地被征用所获得的大量资产收入,或者农村土地被规划入城市发展内,土地增值较快,因此村集体依靠土地出租或者建造房屋出租获得收入。前一种集体经济下的资产由于是由市场经济下企业经营所得,因此分配和管理都经历了一个发展过程,目前已经达到了较成熟的阶段,这部分农村集中在苏南地区。[6] 在后一种模式下,农村集体资产的突然增多,使各成员对集体资产的管理往往不知所措,缺乏一个资产积累和经验积累的过程。

---

[1] 软法不同于传统意义上以国家强制力保证实施的法律规范。罗豪才教授认为,软法是以各种约束力保证实施的,由部分国家法律规范与其他社会行为规范构成的规范总和。参见罗豪才、宋功德:《软法亦法——公共治理呼唤软法之治》,法律出版社2009年版,导言第9页。在外延上,软法可以分为国家软法、社会软法和国际软法。其中,社会软法是国内公共领域软法的主要生存和作用空间。在农村资产管理方面,以"条例"(如《吉林省农村资产管理条例》)、"办法"(如《东莞市违反农村集体资产管理行为责任追究办法》)、"意见"(如《辽宁省农村集体资产管理和处置意见》)等形式存在的规范农村集体资产管理的制度均是软法的具体表现。

[2] 邓正来:《市民社会理论的研究》,中国政法大学出版社2002年版,第15页。

[3] 李志强:《转型社会治理中的法律结构》,载罗豪才主编:《软法的理论与实践》,北京大学出版社2010年版,第33~45页。

[4] 毕雁英:《社会公法中的软法责任——一种对软法及其责任形式的研究》,载罗豪才等:《软法与公共治理》,北京大学出版社2006年版,第260页。

[5] 当前各省、自治区、直辖市制定的农村资产管理条例中也充分肯定了社员的权利,规定了必须经全体社员或大多数社员同意的事项,如《吉林省农村资产管理条例》《甘肃省农村集体资产管理条例》《北京市农村集体资产管理条例》等均对此有所规定。

[6] 这部分农村集体经济的主要问题就是股份制改革的问题。

（一）当前农村集体资产管理中的主要问题

尽管各地都针对农村集体资产的管理制定了实施方案，各地也纷纷进行了股份合作社的改革，但是在实践中还是存在很多问题，具体如下。

1. 村社合一导致的农村集体资产管理问题

尽管很多地区的农村都进行了股份制改革，建立了与现代公司制相对应的董事会、监事会、股东代表大会，但是在实践中还是普遍存在村社不分的情况，如东莞市南城区胜和大朗村农村集体资产管理采取“村社合一”的方式，即村党支部、村民小组与经济社的管理人员交叉任职，是“一套人马，三块牌子”。这种村社合一的做法具有很大的隐患：[1]一方面，村干部没有专业的管理知识和技能，缺乏现代管理理念和商业思维，会给集体资产的保值增值带来很多的问题；另一方面，就是政治权力和经济权力都集中在村干部的手中，导致集体资产的运行缺乏透明度，为腐败的滋生提供了机会。还有些地方的做法是通过村委会直接控制董事会的方式来干预集体资产的管理，典型的就是《宁波市江北区的农村股份经济合作社章程》第29条明确指出：“董事会成员由村党支部提名，由镇党委和政府考察审核后，再由股东代表大会选举产生。”其实质也是村社合一影响农村集体资产管理。

2. 农村集体资产管理中存在重分配、轻积累问题

按照现行的会计准则，收益中的大部分应当用来发展生产，小部分用于集体福利。但是在实践中，却普遍存在将大部分收益都用来分配的情况，农村集体资产用于未来经济发展的积累很少。在大部分地区的农村集体资产管理条例中，年终收益分配方案都是股东代表大会的自治事项。[2] 而作为股民的村民在对待这一问题上的态度大部分都是希望分配得越多越好。一项针对宁波市江北区农民的调查显示，在如何处置村集体资产这一问题上，有近四成村民赞成直接分掉，高出赞成利用资产经营村民近两倍。[3] 因此，在目前村民与村干部之间信任关系紧张的背景下，村民对待集体资产收益的态度是分配到自己的才是最令人放心的。因此，也就造成了农村集体资产重分配、轻积累的局面。即便有些地方的集体资产管理的条例中明确规定了集体资产的分配与积累之间的关系，但这种局面还是普遍存在，如《东莞市农村（社区）集体资产管理实施办法》第61条规定“股权未量化的集体经济组织全年公益福利开支和社员分配总额控制在70%以内”。[4] 根据调查发现，东莞市的大朗村作为未量化股权集体经济组织，在2008年，每个人分

---

[1] 周润书、曹时礼：《东莞市“城中村”集体资产管理研究——以南城区胜和大朗村为例》，载《特区经济》2012年第3期。

[2] 如《广东省农村集体资产管理条例》第19条、《吉林省农村集体资产管理条例》第24条、《天津市农村集体资产管理条例》第11条、《北京市农村集体资产管理条例》第21条、《苏州市农村集体资产管理办法》第24条。

[3] 具体数据如下：赞成直接分配的村民占39.5%，赞成搞股份制的村民占21.8%，赞成保持现状的有10.5%，赞成其他处理方式的有18.5%，有9.7%的数据缺失。详见俞乒乒：《宁波市江北区农村集体资产处置与股份合作制改革的实践》，中国农业科学院研究生院2010年硕士学位论文，第8页。

[4] 《东莞市农村（社区）集体资产管理实施办法》第61条。

红分配占到全年可分配收益的71%,2009年这一数据继续增长到71.92%。[1] 而这一情况无疑是不利于集体经济的可持续发展的,从长期来讲也不利于村民自身利益的实现。

3. 三资管理不规范、财务管理不规范

一直以来,农村集体资产的财务管理都是中央和各地政府工作的重点。截至2012年11月,农业部共发布关于农村集体资产管理的意见或通知21个,其中,经营管理方面7个、财务管理方面11个、党政廉政建设方面3个。[2] 由此可见,村级民主监督和财政管理在集体资产管理中具有重要地位。但是,目前还是有很多的乡村还没有实行财务公开,实行了公开的也仅仅是形式上的公开,就公开的内容、公开的时间、公开的方式都没有进行规定,或者规定了也没有严格遵守。虽然农村"三资"管理要求实行"五统一"(统一制度、统一审核、统一核算、统一公开、统一归档),但是,这一要求在现实中并没有得到很好的落实。统一审核方面家底不清、产权不明、有账无资、有资无账的现象仍然存在;有的资金管理不善、使用不当,未实行专项专户;集体资产管理遗漏;有的集体资源如"四荒"地、矿山等资源性资产未被纳入集体资源管理的范畴。

(二)农村集体资产管理问题的主要成因

1. 农村经济由传统向现代转型中的不适应容易引发问题

传统的农村经济是自给自足的小农经济,与市场联系较少。每个人只需管理好自己的资产便可,而且农民个人资产规模较小,没有进行市场化经营,管理就很容易。而在转向现代农村经济的管理方式时,则产生了一些不适应的问题:一是农民的不适应。农民习惯于独善其身的管理方式,缺少对共有财产管理的经验,缺乏对集体生活参与的热情。集体资产的管理是一种可以搭便车的行为,因此农民更愿意从别人的付出中获益,而不是让自己的投入使他人获益。对于公共的程序性管理而言,农民更加注重实质的、直接可以分配到自己利益的获得。因此,在日益增多的集体资产管理面前,农民传统的资产管理观念就无法适应目前的集体资产管理。二是专业管理上的不适应。在建立现代股份合作经济社的同时,财务会计制度也必须采用现代企业的会计机制,而这种制度是十分严格和复杂的,必须要专业的会计人员才可以实行。但是,农村缺少专业的会计人员可以对集体资产进行专门的管理,因此就普遍出现了财务信息的混乱。三是村干部的不适应。村干部在经济转型过程中,没有能够接受从农村事务的全面管理到仅管理农村公共事务的角色转变,仍然习惯于插手农村集体资产的管理,造成各地村社合一现象的普遍存在,进一步阻碍了农村经济向现代经济的转型。

2. 多方利益主体之间的博弈产生问题

农民要求将集体资产尽可能分到自己手中的根本原因,在于不信任集体经济可以得到稳定的发展。事实上,近年来集体资产的不断流失也证明了农民这种心态的合理性。一方面,有的村干部继续干预集体资产的管理,并在相当多的集体中直接控制集体资产的管理;另一方面,有的村民对村干部信任不足,不愿意参与资产的管理,而要求更多的分红。在这种情况下,实际上存

---

[1] 周润书、曹时礼:《东莞市"城中村"集体资产管理研究——以南城区胜和大朗村为例》,载《特区经济》2012年第3期。

[2] 数据来源为北大法宝。

在多个利益主体之间的博弈:其一,不同村民之间有不同利益需求。因此,不同的村民之间存在博弈。其二,村民与村组织之间存在利益博弈。村民与村集体经济之间存在利益博弈。其三,村组织与村集体经济之间也存在利益博弈。在没有一个有效的机制来协调各方利益的时候,各方都只会追求己方利益的最大化,而这种利益追求往往具有短视性。在长期意义上,农村集体资产的管理很难实现保值增值的目标。农民对集体经济的发展信心不足,对村干部的信任不足,最后导致集体资产收益重分配、轻收益情况的出现。一项针对宁波市江北区农村所作的调查反映,认为农村集体资产管理与经济发展"好与较好"的村民只占10.4%,认为集体经济可以解决困难农户基本保障问题的村民只占34.8%。[1]可见,协调好各方利益,加强各方之间的信任是当前处理好集体资产管理的重要方面。

以上问题的出现,归根结底是由于各方之间的不信任,个人理性没有能够很好地转变为集体理性,导致在农村集体资产管理中非理性行为时常发生,软法则可以很好地回应这些问题。

(三)软法对农村集体资产管理问题的回应

1.软法兴起于利益多元化的背景

软法兴起的背景就在于多元主体背景下,硬法在协调各方利益上的乏力。在当前多元化的社会背景下,由于社会利益的分化,各阶层具有不同的利益诉求,难以简单地用硬法进行统一的规定,必须要经过各利益群体之间的博弈才可以获得各方满意的结果,而这个博弈的核心就是协商民主的过程。哈贝马斯的交互行为理论最为形象地解释了多元主体之间的协商。"交往行为"理论即将"以符号为媒介的相互作用理解为交往活动,相互作用是按照必须遵守的规范进行的,而必须遵守的规范规定着相互的行为期待,并且必须得到至少两个行动的主体的理解和承认"。[2]因此,以软法来管理目前多元主体并存的农村社会具有可行性。通过对多元主体之间的利益进行协调,可以促使农村社会成员之间在相互理解的基础上达成共识,而软法的制定就是这个博弈的结果。软法的制定过程就是为集体资产管理中的不同利益主体提供一个博弈机制。这种协商制定的过程不再是经典理论下的金字塔形结构,即从下至上不断刷选和集中民意的过程。相反,各群体都直接参与这个过程中来,所有的理由都会被给予同等的重视。[3]同意的来源是网状的,多方的,而非简单的多数决。因此,以软法治理农村集体资产可以平衡各方利益,为各方提供利益诉求平台。

2.软法的协商民主创制方式可以达成集体理性

当前,我国的农村集体资产主要依靠各省市制定农村集体资产管理条例和办法来进行管理。这些文件都对要求征得村民同意的事项作出了明确的规定。但是,由于这些规定只是以某些法

---

[1] 俞乒乒:《宁波市江北区农村集体资产处置与股份合作制改革的实践》,中国农业科学院研究生院2010年硕士学位论文。

[2] [德]尤尔根·哈贝马斯:《作为"意识形态"的技术与科学》,李黎、郭官译,学林出版社1999年版,第49页。

[3] 颜勇:《协商民主:乡村治理模式的改革与发展——兼论大学生村官的嵌入》,载《前沿》2012年第6期。

条的形式存在，大多只规定了具体的内容，而没有形成真正的制度。[1] 因此，这些规定难以真正发挥民主的功效，容易使民主流于形式。这从目前农村集体资产管理中的大量上访事件就可见一二。[2] 这方面最主要的原因就是在法律形成过程中没有征得法律相对方的充分同意。在缺少事前协商和农民直接参与的情况下，一部法律要能够完全获得农民的拥护是十分困难的。但是，首先，每一部条例或法律的制定都由农民直接参与，就存在社会成本过高、难以实施的问题。其次，当前农村发展迅速，社会成员对规则要求也越来越强烈，但是要求政府部门经常更新法律显然具有不可操作性，而且与法律的稳定性相悖。最后，各地乃至各村的农村集体资产管理状况差异都很大，难以用统一的规则进行管理。因此，传统意义上的国家法要解决这一问题遇到了困境，需要依靠新的制度方案。

从理性"经济人"的假设出发，个人是自身利益的最佳阐释者，这是个人理性，也是目前农村集体资产管理中各方坚持自己利益的出发点。但是，个人的最大理性会形成集体的非理性。只有在个人之间通过充分的交流和协商后，制定对每一个人有利从而对共同体也有利的规则，并在有利可图的前提下进行自我约束，才可以实现集体理性。而要求个人之间形成集体理性的前提就是要求个人对这一规范内容有清楚的了解，并能预测遵守规范能为自己带来的利益。协商民主是软法实施机制的核心，其强调各方在法定程序中进行沟通、对话或者商谈，在程序中转换自身偏好，最终达成共识。农村集体资产管理是与农民的利益最密切相关的，关系到农民的生存之本，所有受集体决策影响的人或代表都应参与其中，这是民主的面向；所有决策都应通过持理性与无私价值的参与者讨论决定，这是协商的面向。因此，要真正管理好农村集体资产，就必须在农民之间充分协商民主达成合意的基础上进行管理。只有经过协商民主，才可以达成集体理性，达成共识与信任，作出长期性的决策。

三、关于实施农村集体资产软法治理的思考

协商民主是应多元社会中持久的道德冲突和广泛的政治冷漠以及少数群体参与的不平等问题提出的，其目的是通过公民的参与和协商，培养公共生活的美德，并实现所有公民对政治决策过程与结果的平等控制。[3] 软法之治的核心即在于协商民主，因此，在软法的制定和实施过程中，必须实现协商民主的应有之义。

（一）以软法治理方式确保主体之间的平等

软法的制定主体具有平等性，要求利益相关主体能够参与到软法的制定过程中。每一个参与者具有相同的待遇，具有相同的意见表达权，因此，协商民主是"一种具有巨大潜能的民主治理

---

〔1〕 当前各省、自治区、直辖市制定的农村资产管理条例中也充分肯定了社员的权利，规定了必须经全体社员或大多数社员同意的事项，如《吉林省农村资产管理条例》《甘肃省农村集体资产管理条例》《北京市农村集体资产管理条例》等对此的规定。

〔2〕 2010年，广东省农业厅共受理农民上访案件524件，其中涉及农村集体资产管理和分配问题的占上访量的94%。详见《农村集体资产管理难在哪》，载《南方月刊》2011年3月9日。

〔3〕 石佑启、朱最新：《论民主协商的软法之治》，载《岭南学刊》2011年第2期。

形式，它能够有效回应文化间对话和多元文化社会认知的某些核心问题。它尤其强调对于公共利益的责任、促进政治话语的相互理解、辨别所有政治意愿，以及支持那些重视所有人需求与利益的具有集体约束力的政策”。[1] 从当前农村集体资产管理的现实出发，要确保农村集体资产管理软法的制定的正当性，从而获得成员认同而实施，必须从以下两个方面入手。

1. 厘清村委会和集体经济组织之间的关系

农村集体经济组织是由社员带着共有财产而组成的经济法人，其承担着农村集体资产的管理。而村委会是农村群众性自治组织，主要负责农村的公共服务。村社合一或者由村委会来控制集体经济组织，会造成村干部与村民在集体资产管理地位上的不平等，使村干部对资产管理有很大的决定权与控制权。部分村干部甚至随意地对集体资产的“集体所有”性质进行改变，尤其是乡村以及村与个人联合承办的股份制企业，往往存在侵占集体利润、蚕吞集体股份的问题。在集体资产管理地位上的不平等，使农民对于集体资产管理的参与积极性很低。因此，应将村委会与集体经济组织分开，集体经济组织成员平等地共同决定集体资产的管理。只有将村社分离，村干部和村民在集体资产管理上地位平等，才可以激发农民对农村集体资产管理的参与热情。

2. 对不同利益集团的诉求给予同等对待

20 世纪 80 年代以来，农村的小农经济在不断受到市场经济的冲击，农民之间也开始产生分化。部分农民弃农从商，部分农民进城打工，部分农民发展新兴农业，也有部分农民仍从事传统的农业劳作。因此，农民之间的经济地位出现分化，利益诉求也出现分化，有学者将这种状况称为“群山格局”。[2] 因此，在占有不同社会资源、持有不同利益的情况下，农民群体开始分化为各个团体，在包括集体资产等事务上进行多元博弈。当前农村问题的出现，很多时候都是因为没有协调好各方之间的利益，尤其是在集体资产增加的背景下，出于个人利益的考虑，集体经济组织成员有剥夺少数人权益的倾向，因为越多人参与分红，每个人获得的利益就越少。虽然这往往也是民主得出的结果，但是事实上是一种多数人的暴政。利益受到侵害的少数人，如被剥夺成员权益的外嫁女，就会选择通过上访等方式来维护自己的权益。但是，软法的制定强调协商民主，平等对待参与主体，充分尊重各方意见。通过不断的信息交换、说服和协商来达到各方一致同意的方案，这就能够给予少数人以平等对待和保护。

（二）以软法治理方式确保信息的充分与公平

涉及农村集体资产的重大事项应当由村民通过民主协商决定。[3] 但是，民主并不仅仅是投票表决的过程。民主的行使有赖于对信息的充分掌握与交换。只有建立在充分的信息披露与充分讨论基础上的民主，才不会流于形式。但是，当前在农村集体资产管理中的民主很多时候只是表面民主，农村集体资产的管理问题并没有做到真正的充分协商。一方面，充分协商的前提条件

---

[1] 陈家刚：《协商民主：概念、要素与价值》，载《中共天津市委党校学报》2005 年第 3 期。

[2] 卢福营：《群山格局：社会分化视野下的农村社会成员结构》，载《学术月刊》2007 年第 11 期。

[3] 当前各省、自治区、直辖市制定的农村资产管理条例中也充分肯定了社员的权利，规定了必须经全体社员或大多数社员同意的事项，如《吉林省农村资产管理条例》《甘肃省农村集体资产管理条例》《北京市农村集体资产管理条例》等的相关规定。

是信息的充分披露,但是,当前农村集体资产会计制度仍然比较混乱,村民无法真正掌握村集体资产的真正情况,也就无法作出正确的决策。而且,一些村干部将民主协商形式化,擅自处置村集体资产,侵害农民的权益。[1] 要实现宪法下的村民自治,就必须赋予农民充分民主协商的权利,这就要求制定农村的村规或者涉及集体资产管理的条约这类软法时,必须事先披露目前农村集体资产的情况,组织多次讨论会,最后通过充分协商征得村民同意。只有这样才能真正实现村民的自治。另一方面,需要农村集体资产的财务管理制度与会计制度的完善与公开,尤其是已经建立监事会的农村经济组织,必须真正发挥监督的职能,纠正和防范村经济组织财务会计以及财务公开的错误。

(三)软法治理须注重协商过程的民主性与妥协性

软法的正当性来源于共识、合意与自愿服从。共识与合意是自愿服从的前提。因此,集体资产软法治理的关键在于在各方之间达成共识与合意,而这又有赖于充分的讨论与交流。通过赋予民主实践的参与,人们对自身、对他人有一个更加客观全面的认识,这有利于参与者调整或者巩固自己的意愿,民主投票仅仅是这一活动的终点而非全部。[2] 通过各方博弈,最终形成一个既有利于集体和个人的决策。例如,针对农村外嫁女是否有资格分得集体资产收益的问题,澳大利亚迪肯大学的何包钢教授对佛山市南海区的某村民小组进行了协商民主实验。通过量化的方法,对讨论前的民意和讨论后的民意进行对比,发现两者之间有较大差别,对于外嫁女可以分得的权益总体上有了很大的提高。[3] 因此,实验证明通过协商,各利益主体可以进行博弈,并做出妥协,最终形成一个既有利于集体也有利于个人的决策。这一实验结果同时证明了民意具有不稳定性,只有充分的民主协商才可能使村民意识到自己的需求,同时与他人的利益做出平衡,从而各方达成合意。美国斯坦福大学的詹姆斯·菲什金(James Fishkin)教授通过政治实验发现,协商民主有利于促进互信、扩大共识,从而有助于解决和控制社会冲突。[4] 因此,协商民主是平衡各方利益的有效方式。软法的制定必须保障制定过程经过了充分的协商民主讨论与沟通,从而就所达成的共识形成软法。而且这种方式是将权利主体进行实质化,不再被动接受政治精英的各种决策,而是直接参与到决策过程中来,这既可以增加农民对于集体资产管理参与的积极性,也保障了软法的顺利实施。

---

[1] 2010年,广东省农业厅共受理农民上访案件524件,其中涉及农村集体资产管理和分配问题的占上访量的94%。详见《农村集体资产管理难在哪》,载《南方月刊》2011年3月9日。

[2] 程迈:《软法概念的构造与功能》,载罗豪才主编:《软法的理论与实践》,北京大学出版社2010年版,第15页。

[3] 在0到10的度量上,0代表非常不重要,10代表非常重要,5代表中间,并进行四个项目的测量,分别为一次性补偿、平等分配、比例分配和股份制,结果表明,讨论前数值分别为5.06、0.66、1.49、0.69;讨论后分别为5.08、3.95、2.73、2.39,各自均有增长,总体上从7.9增加到14.15,平均值从1.975增长到3.54。详见何包钢:《协商民主和协商治理:建构一个理性且成熟的公民社会》,载《开放时代》2012年第4期。

[4] James Fishkin, Tony Gallagher, Robert Luskin, Jennifer McGrady, Ian O'Flynn, and David Russell, "A Deliberative Poll on Education: What Provisions do Informed Parents in Northern Ireland Want", see http://cdd.stanford.edu/polls/nireland/2007/omagh-report.pdf, accessed on 15 May 2018.

美国城市衰落区的征收与补偿及启示

李伯侨[*]　孙月芸[**]

目　次

一、美国城市的衰落区征收制度

(一)衰落区征收的法律标准

在美国,《宪法第五修正案》规定:"非经公众补偿,任何人不得为了公共使用而征收私人所有财产。"这一条款限制了美国联邦政府征收私人财产的权力。此外,《宪法第十四修正案》规定:"各州不得制定或者施行剥夺公民特权的法律;亦不得未经正当程序而剥夺其生命,自由和财产。"《宪法第五修正案》的征收条款和《宪法第十四修正案》的施行,限制了征收的条件,为被征收财产所有人提供了适当的法律依据;联邦和各州政府长期形成的大量的判例则更清楚地阐释了相关的法律内涵。为了公共利益而行使征收权已经被应用了数百年。美国政府可以利用征收修建铁路、学校、公园、居民住宅等。1954 年美国联邦最高法院对伯尔曼案的判决,则为美国的城市重建和更新开创了新的道路。

从该判决中可以看出,1945 年国会通过的《哥伦比亚特区重建法案》是符合宪法的。根据美国《宪法第五修正案》,在哥伦比亚特区私人财产所有者在获得公正的补偿后,特区政府即可获得该财产权。如果国会决定这个国家的首都应该是美丽、干净的,那么美国《宪法第五修正案》并非是挡路之石。该判决认可了《哥伦比亚特区重建法案》授权有关机关不仅有权清除贫民窟,并且重建有可能演变为贫民窟的衰落区。

在"伯尔曼案"中,法院支持行使征收权以改善不符合标准住宅和衰落区的行为,并确认在重建区域内对非衰落财产的征收是符合公共目的、是合宪的。从该案的判决中可以看出,法院认为其在确认征收权是否符合公共使用方面的权力是有限的,征收权是否符合公共使用应该由立

---

* 暨南大学法学院教授、硕士研究生导师。
** 中国工商银行股份有限公司广州分行法律事务部法律顾问。

法机关来界定。在城市重建的特定背景下,政府不一定为了修建铁路、政府大楼、公园等传统的公共目的而确认某一特定区域状况恶化和衰落。为了消除特定某一区域的衰落现象,政府可以和私人开发商合作,开发城市居民住宅区、商业区等。在开发的过程中,如果被开发区域内土地所有权人拒绝将其土地出售给开发商,在此情况下,政府可以行使征收权进行征收。非经合理的补偿,任何人不能取得公民的合法财产,征收权的行使实际上是政府可以利用的最小的伤害方式。如果仅仅为了传统的公共使用才行使征收权,而严格限制为了经济发展目的而行使的征收权,后果是难以想象的。从现实角度来看,如果限制政府为了经济的发展而行使的征收权,将导致城市内衰落区的改建面临重重困难。如果严格限制征收权的行使,为了消除城市的衰落现象,只能通过政府或者是私人开发商和财产所有人进行一对一的讨价还价,征收成本将会是高昂和耗时的。如果没有征收权,财产所有者的毫无节制的要价最终会破坏公共福利,妨碍衰落区的重建,最终导致整个衰落区域持续处于衰落状态,甚至进一步发展成为贫民窟。

根据美国《宪法第五修正案》和美国《宪法第十四修正案》的规定,明确了政府启动征收程序必须满足“公共使用”(公共利益)和“公正补偿”这两个条件。对于“公共使用”的内涵,其在美国经历了一个从严格限制到宽泛解释的过程,同时一直伴随着不同的争议声。伯尔曼的判决结果为城市更新计划的扩张开辟了先河。自从20世纪早期开始,城市更新计划的推崇者不断向公众阐释他们的观点,即只有财产法的变革,才能阻止美国城市进一步的衰落。[1] 城市更新计划的推崇者一般是房地产开发商、城市规划建设师、开明政客等。他们对城市的发展有各自的利益目标,他们支持为了征收衰落区域的财产,并允许将征收后的衰落区域的财产转让给私人开发商进行改造,这无疑是扩大了“公共使用”条款的意义。“伯尔曼案”中百货商店所有者跟哥伦比亚特区政府间的矛盾跟其他城市更新中的斗争是一样的,即保护个人财产和社会公共利益之间的矛盾。在伯尔曼案中,美国联邦最高法院同意为了城市的更新而使用征收权为城市的重建打开了大门,然而美国大多数学者都质疑该判决中对公共使用条款的解释过于宽泛。在该案中,法院给予了立法机关充分的尊重,对于其本身具有的司法审查权未能充分使用,这无疑是给予立法机关太多的行政裁量权。城市更新和重建计划本来是为了城市的可持续发展,通过城市开发公私合作的途径。行政机关拥有过多的行政裁量权容易导致政府官员和开发商利益集体勾结,使少数房地产开发商团体或者政客容易利用这些自由裁量权,从而扭曲私人财产的谈判市场。

而2005年美国联邦最高法院对“基洛案”的判决,则引起了全美上下对如何界定“公共使用”的内涵与范围的探讨。[2] 在“基洛诉新伦敦案”(Kelo v. New London)中,财产所有人基洛对新伦敦市政府为了经济的发展,增加就业机会和政府税收而征收其财产不服,上诉至美国联邦最高法院,基洛认为政府征收私人财产后转售给另一私人团体的行为并不符合公共利益的要求。该案判决新伦敦政府胜诉。美国联邦最高法院的判决引来一片片争论,民众对于政府借用发展经济为名征收土地为私用表示担忧。基洛判决出后,超过90%的民众认为该判决荒谬不已,与

---

〔1〕 William Fischel, "Taking: Federalism and Regulatory Norms", *Law, Economic and Politics*, 1995.

〔2〕 Abraham Bell, "The Uselessness of Public Use", 106. *Colum. L. Rev*, 2006.

此同时,美国42个州纷纷投票通过相关法案,限制政府仅仅为了经济发展而行使征收权。[1] 无论是仅仅为了增加就业、促进经济发展还是重建衰落区,很多法院扩张解释了公共使用的条款以适应促进经济发展的法案,但是立法机构依然事先要求重建机构制定一系列的法规来确定何为衰落区的标准,并且要求征收机构在征收衰落区前确定其为衰落区域。[2]

（二）衰落区征收程序

在美国,法律的地位至高无上,而程序在法律中的地位又是举足轻重的。公正的程序有利于保护公民的合法权利,制约政府公权力。作为联邦制的国家,美国联邦政府并没有专门的关于土地征收方面的法律。其强制征收程序主要由美国《统一法律委员会征收法》(the Uniform Law Commissioners' Model Eminent Domain)进行规定。美国实行双轨制的法律制度,各州都有各自的征收法律,大部分州对征收提供全面而又严格的权利保护体系。尽管各州和联邦政府在征地程序上有不同的征地程序,但是一般都要经过听证、评估、司法审查等程序。

征收权作为一项重要的权力,它在城市重建的过程中扮演着重要的角色。城市重建计划快速而有效地改变美国城市的面貌,55个州和哥伦比亚特区都已经立法允许市政府实施城市重建方案。大部分的城市重建计划包括清除贫民窟和重建衰落区。重建项目主要包括三个步骤:规划、购买土地、清除。一旦重建计划被通过,为了清除衰落区或者将土地出售给私人团体进行开发,大批的城市土地将被购买。但是一般土地所有者并不情愿将土地按照土地规划机构提供的价格出售。为了快速而有效率地实行城市重建,政府会进行对土地的征收程序。

在美国,政府动用征收权是受到宪法和各州法律法规的严格限制的,美国《宪法第五修正案》规定对征收权进行了规定,即非经公正补偿,任何人不得征收私人的财产。在纽约,《不动产征收程序法》和《纽约市行政法》规定政府征收私人财产必须遵循征收程序。在城市重建运动中,纽约市作为城市经济空心化最严重的城市之一,其衰落现象是触目惊心的。纽约市的哈莱姆就是典型的衰败区,据20世纪60年代的调查,哈莱姆几乎一半以上的住宅是1900年前修建的。纽约市其他地方的衰败也很严重,比如梅尔罗斯公地、布鲁克林等地方。在梅尔罗斯公地的征收案中,纽约市政府遵循严格的征收程序。该案案情大致如下:梅尔罗斯公地位于纽约市扬基火车站附近,面积大概为18.6万平方米。梅尔罗斯公地一直以来处于非常混乱的状态,街道拥挤、公共卫生环境差、居民区与工业区混杂。该地许多房屋年久失修,一部分的房屋因为欠政府的房地产税而归政府所有。[3] 纽约市政府经过考察决定征收该衰败区进行城市重建。该地区毗邻的30个街区皆为被征收的区域。纽约市政府决定征收梅尔罗斯公地后,在征收过程中遵守了以下的程序:(1)听证。纽约市政府根据1976年颁布的《纽约市土地使用统一审议程序》,一共举行了社区委员会听证会、市规划委员会听证会、市政府听证会等6次听证会。(2)评估。政府在行使征收权之前,对拟被征收的财产进行评估。评估结束后,政府向被征收人送交评估报告,尝试和财产所有人通过协议的方式取得财产。在双方无法达成购买协议的情况下,政府部门应该向

---

[1] 王静:《中美土地征收和土地纠纷解决机制研讨会综述》,载《行政法学研究》2008年第4期。

[2] Daniel Cole,"Why Kelo is not Good News for Local Developers and Developers",22 *Ga. St. U. L. Rev.* 2006.

[3] 参见 http://blog. sina. com. cn/s/blog_40d97b8b0102dzda. html。

法院提出征收申请。在诉讼程序前,政府应该以登报、邮寄等确认知悉的方式送达被征收人。在申请书中必须包含征地的公共目的、拟征地块的具体描述、征地的补偿标准、利用规划等方面的内容。在法庭审理过程中,法庭可以要求政府部门根据估计的补偿额提交保证金。[1]

严格的征收程序可以充分地保护财产所有人的正当程序权利,起到严格防止土地征收权被滥用的作用,但是整个征收程序无疑是费时而又烦琐的。目前各州通过立法,在保证财产所有人权利的前提下,加速征收程序。根据原有的法律,在法院对补偿的问题作出最后判决前,财产所有人有权对征收的合法性提出异议。除快速征收机制以外,美国个别州还实行替代性加速征收机制(alternative expedited mechanism),尽管实行加速征收的程序,但是法律会提供财产所有者所期待的法律保护程序。目前已经启动土地加速征收机制的12个州对财产所有人提供听证和对抗性的权利,和正常的民事程序一样。比如在亚拉巴马州,如果财产所有人反对征收,征收者应当提供合理的价格购买或者双方协商达成协议。如果双方达不成协议,征收者应向有权受理的法院提交一份关于该财产的文件。法院把诉讼正式通知被征收人,被征收人有权要求举行听证。由法院对听证的结论作出决定,即受理或是拒绝该诉求。如果征收获得同意,将由三名法官组成的合议庭对征收对财产的破坏程度和补偿等问题进行评估。在财产所有人获得补偿后,被征收的财产权利通过法院的命令转移给征收人。[2]

总的来说,整个征收程序都保证了被征收者的知情权、听证权、起诉权、异议权等各种权利,确保了程序的公正。在梅尔罗斯公地案中,整个征收程序从1993年开始直到1998年,最后的产权才转移到市政府的手中。但是这一过程无疑是费时而又麻烦的。但是公正和透明的程序有利于遏制征收权的滥用,防止政府和私人开发商之间权力寻租现象的出现。整个征收的过程向公众说明了为何征收此地,征收后的规划以及双方就补偿的标准进行协商等,整个征收过程都确保双方的参与权,有利于征收的顺利进行,提高决策的效率,降低公众对征收的抵制情绪。整个征收过程也体现了三权分立的原则。立法机关授权征地,行政机关请求法院对征地的合法性进行审查,法院对征收的程序和补偿标准等进行审查。立法机关、行政机关和司法机关三者权力的相互制衡有利于保护公民的财产权,抑制腐败现象。

(三)衰落区征收补偿制度

美国《宪法第五修正案》规定,非经公正补偿,任何人不得以公共使用为目的征收私人财产。公正的补偿作为美国政府确认征收而作出的一项基本原则,它对政府公权力起着实质的约束作用。如果没有公正补偿的法律要求,相对于其他获取土地的方式,政府可能更倾向于利用征收权,这容易导致征收权的滥用,侵犯公民的财产权。"公正补偿"虽然是一个比较模糊和不确定的概念,但是作为市场经济比较发达的国家,美国有较为完善的市场价值评估机制。法院在对公正补偿进行认定时,一般遵循公平的市场价值原则(fair market value)、财产的最高和最佳用途(the highest and the best use)。政府一般不对财产所有人对财产的感情价值进行补偿,即对财产所有者的补偿不是100%的。在对土地的最佳和最高用途进行认定时,法院会考虑该地价值在

---

[1] 丽莎:《接收征地中的各方声音》,载《中国改革》2008年第5期。

[2] D Zachary Hudson, "Eminent Domain Due Process", *The Yale Law Journal*, 2010.

未来是否有上升的可能，而不局限于当前的财产用途。此外法院会对该土地被征收后的用途进行合法性和合理性评估。政府在向法院提交征地陈诉状时提交征收补偿的评估结果，由法院对评估价格是否公平作出裁判。[1]

在"梅尔罗斯公地案"中，在市政府决定征收该地时，应当根据公平补偿价值原则，以该不动产的最高和最佳用途来确定补偿的数额。政府并不局限于通过当前的土地用途来报价。市政府在征收前会给财产所有人发出要约信，提出补偿的数额。如果财产所有人认为补偿数额过低，可以同政府进行协商。如果财产所有人对该财产具有太深厚的感情或者对于补偿数额存在过高的期望，在双方无法达成和解的情况下，可以向法院起诉，由法院对最终的补偿数额进行裁判。由于每一项不动产都是独立的个体，补偿数额会存在差距。相邻财产的另一方不得以自己获得补偿数额比邻居低而起诉。一旦财产所有人获得补偿后在法院规定的期限内没有起诉，意味着财产所有人默认该补偿是公正的补偿，财产所有人不得再次向法院提起诉讼。法院签署相关文件，赋予政府财产所有权后，财产权就正式转移至政府名下。在整个梅尔罗斯公地的征收过程中，在政府支付公正补偿后，依然有被征收者拒绝离开被征收财产，此时，政府可以行使强制措施，由警察等公权力部门强制被征收人离开。对于政府而言，整个征收过程越长时越耗费成本。根据《纽约市征收程序法》，在征收开始到财产所有人实际获得补偿额期间存在时间差，政府须对财产所有人支付补偿金额的利息。在整个梅尔罗斯公地项目中，政府支付律师费、评估师费、谈判费、预付金费、不动产补偿金额等，纽约市政府一共花费了3600万美元，这无疑大大加重了政府的财政负担。

尽管目前学界对公正补偿问题存在争议，美国联邦最高法院也曾承认利用市场价值进行补偿也不尽准确合理。学界要求应该给予被征收人更加充裕的补偿，从而遏制政府滥用征收权。[2]

值得注意的是，在"基洛诉新伦敦案"（Kelo v. New London）后，一些州在征收补偿上采用了高于市场价值的补偿标准。在密歇根州，征收机构须对被征收的财产按照正常的市场价值的125%的补偿。如果被征收人在被征收房屋里居住满50年，那么补偿数额为正常价值的150%。另外，密苏里州和印第安纳州等新修改的征收法则按照正常价值的125%至200%不等进行征收补偿。[3] 对于被征收人给予高额的补偿，有利于缓解被征收人的抵抗情绪，维护社会的稳定，同时也弥补了按照市场公正价格补偿带来的偏差。但是过高的补偿对于纳税人来说也是不公平的，同时对于大规模的旧城改造运动而言，过高的补偿也会加重政府的财政负担，影响政府进行旧城改造的积极性。

（四）衰落区征收救济制度

作为法治程度高度发达的资本主义国家，美国在法律上为公民的权利进行了详细而又全面的保护。在城市重建过程中，征收衰落区的土地用于改造也是适用相关的救济制度。依据美国

---

〔1〕 章彦英：《土地征收救济机制研究》，法律出版社2011年版，第76页。

〔2〕 Ilya Somin, "Referendum Initiatives Prevent Eminent Domain Abuse", *The Daily Caller*, 2011.

〔3〕 许迎春：《中美土地征收制度比较研究》，西北农林科技大学出版社2011年版。

《宪法第五修正案》、《宪法第十四修正案》、各州的宪法、法律和相关的判例等,为被征收人构建了完善的权利救济制度。司法救济制度、监察专员监督制度和诉讼外的救济制度三大救济机制构成了美国土地征收救济的主要手段。

由于实行三权分立的体制,司法权独立于行政权和立法权,三者之间形成制衡,美国的司法机构具有很高的公信力。美国民众选择解决土地征收纠纷最主要的救济方式是司法救济。在土地征收过程中,被征收人如果对政府征收的"公共目的"有异议,土地所有人可以向地方法院起诉,也可以直接向联邦地方法院起诉。如果对地方法院的裁判结果不符,土地所有人可以向美国联邦最高法院提起诉讼。在"基洛诉新伦敦案"(Kelo v. New London)中,财产所有人对新伦敦市政府为了经济的发展,增加就业机会和政府税收而征收其财产不服,上诉至美国联邦最高法院,基洛认为政府征收私人财产后转售给另一私人团体的行为并不符合公共利益的要求。新伦敦市政府的做法是违反宪法的。虽然美国联邦最高法院判决新伦敦市政府胜诉,但是此案在美国引起民众强烈的抗议。该案被认为是任意扩大美国《宪法第五修正案》中"公共使用"的内涵,滥用政府征收权,侵犯公民财产权利。基洛案后美国各州纷纷对其征收法案进行了修正,限制政府仅仅为了经济发展而征收公民财产。这表明了民众对自有财产的保护意识和民意对政府征收权的滥用进行了有力的监督。由于土地征收的问题大部分集中在补偿数额上,在土地征收的过程中,如果被征收者对征收补偿数额存在异议,被征收者可以请求法院作出裁判。各州法院对补偿额的争议处理方式各有不同,但是大多数州的做法都是通过陪审团、法官或者评审委员会来决定补偿数额是否合理。[1] 无论是从征收是否符合"公共利益"的要求还是补偿标准是否合理的判断,法院在征收过程中始终扮演着公民财产保护者的角色。法院在土地征收的过程中扮演着极其重要的角色,在被征收者认为征收者侵犯自己权利的情况下,可以诉诸法院,寻求司法救济。公民财产权益的保护离不开司法救济。司法救济自身所具有的权利救济和权力制约的双重功能,决定其能够成为土地纠纷解决中最重要的救济手段。

为了节省司法成本,提高征收效率,除司法救济以外,美国还实行非诉讼纠纷解决方法。1925 年美国颁布了《联邦仲裁法案》开始实行替代性纠纷解决机制(alternative dispute resolution)。在不断的实践过程中,替代性纠纷解决机制日益完善。1988 年由时任美国总统克林顿签署的美国《替代性纠纷解决法案》(Alternative Dispute Resolution Act)正式生效。替代性纠纷解决法案是建立在双方权益和权利基础上的,该法案规定可以由中立人协商、微型审理等方式解决当事人之间的纠纷。[2] 在中立人的选择上,各州的联邦法院会对中立人的任职资格进行规定。替代性纠纷解决机制在权利救济中发挥着重要的作用,其简易陪审、微型审判的模式大大减少了诉讼的时间和成本。和漫长又耗时的诉讼程序相比,替代性纠纷解决机制方便、快捷。由中立人从中负责协商和调解,在一定程度上有利于土地所有人了解征收的相关信息,减缓被征收者对征收的抵触情绪,促进双方当事人之间的沟通。替代性纠纷解决机制无疑对双方来说都具有很大吸引力。

---

〔1〕 David L. Callies, "Takings: Physical and Regulatory", *Asia Pac. L. Rev.*, 2007.

〔2〕 Elizabeth Mehren, "States Acting to Protect Private Property", *L. A. Times*, 2006.

二、美国城市的衰落区法律制度对我国的启示

(一)明确合法的征收目的

《中华人民共和国宪法》规定:“国家为了公共利益的需要,可以依照法律规定对土地实行征收或者征用,并给予补偿。”但是何为“公共利益”,法律条文并未对其进行明确的解释。在征收中,对于征收是否符合“公共利益”的判定是由行政机构决定的。由于固有的土地所有权制度,虽然我国已经步入市场经济社会,但是在征地方面依然按照之前计划经济的做法,导致了实践中“公共利益”的条文不断被扩大化。我国虽然未将“公共利益”的判断权赋予法院,鉴于“公共利益”是整个土地征收环节中最关键的一环,但是应该严格地限制“公共利益”的范围,以规制国家的权力。在“公共利益”的界定方面,应该交由人民代表大会来讨论决定。人民代表大会有其民意选择、程序民主方面的优势,由其界定何为“公共利益”具有可行性,也反映了人民的利益。在“公共利益”的界定过程中,可以设立“公共利益”听证程序,集思广益;在征收过程中,允许司法机关的介入。由于行政机关在征收过程中拥有行政裁量权,而法院常常以征收文件是抽象性行政行为而拒绝受理,这导致行政机关的权力缺少有效的制约,加上我国行政机关和司法机关地位上的严重不对等,容易导致政府滥用征收权。

(二)制定透明的征收程序

虽然我国法律对土地征收中的公告和听证程序进行了法律规定,但是由于法律术语表述含混,加上程序观念浅薄,土地征收的程序并没有得到有效的遵守。加上我国的征地过程缺乏透明性和公开性,导致被征收人的参与程度不高,被征收人的权利无法得到有效的保障。因此,完善我国的土地征收程序、保障征收过程的透明和公正是必要的。首先,在公告方面,改善公告程序。目前我国的公告程序只是简单地规定由县级以上人民政府对已经确定的征收方案、补偿安置方案给予公告。这剥夺了被征收方的异议权,形式上的“公告”相当于“通知”,导致被征收方无法主张自己的权利。为此,在立法上,应该加强征地程序的民主化,避免“暗箱”操作征地过程。在公告的方式上,可以借鉴美国的“直接送达”方法,改“公告”为“直接送达”,确保每一位征收者知悉土地征收的相关内容。同时,可以利用现代网络技术,扩大公告的范围,让民众知悉征收情况,确保民众的参与权。其次,在听证方面,在土地利用规划阶段,举行听证,鼓励民众的参与。美国各州在土地规划阶段都有听证程序,以使规划更具前瞻性,避免征收活动过于频繁。同时,我国应该对征收行为是否符合“公共利益”进行听证,增加“公共利益”听证程序,避免“私人利益”或者“商业利益”混淆为“公共利益”而启动征收程序。无论是在启动土地征收阶段还是在征收补偿阶段,政府应当举行听证会,充分尊重和倾听被征收方的意见,听证程序和听证后的救济方式均应完善,避免听证流于形式。在听证的方式上,可以采取网络听证的方式,对听证的过程通过网络或者媒体向公众传播,让听证接受公众的监督。最后,可以借鉴美国个别州的做法,建立快速征收机制。由于按照正常的征收程序,在特殊的情况下,可能不利于公共利益的实现,为了某些特殊的公共利益而实行的征收,可以启动快速征收机制。但是在立法上,应该制定清晰明了的法律法规规定快速征收的适用范围,避免政府机关滥用权力。在具体的操作过程中,借鉴美国的快速征收机制,结合我国的具体国情,在程序方面应该分为:(1)公布征收方案,告知被征收人;

(2)向法院提出申请;(3)向法院预存补偿金。公正的征收程序可以避免政府征收权的滥用,缓解被征收者的对立情绪,避免暴力抗拒拆迁等悲剧的发生,也可以提高征地的效率。正如美国联邦法院法官所言:“程序公正与规范是自由不可或缺的内容。苛刻的实体法如果公正地不偏不倚地适用是可以忍受的。”[1]

(三)确立合理的补偿标准

在我国,根据2004年《宪法修正案》第20条,该条首次在宪法上明确规定,在土地征收上应当予以被征收人补偿。然而在实践过程中,依据现行的《中华人民共和国土地管理法》,在征地补偿制度上存在被补偿主体不确定、补偿范围窄、补偿标准低等难题。[2] 我国的征收补偿一直都采用“年产量倍数法”,政府对补偿金的多少具有决定权,政府的土地出让金和被征收方的土地补偿金之间存在巨大的差额。在补偿标准方面,如果被征收方对补偿的标准有异议,被征收方无法直接到法院提起诉讼,一般只能通过与政府进行协商或者要求法院裁判。在被补偿主体方面,由于我国特殊的土地制度,土地产权的权属不明确,往往使补偿金的分配问题复杂化。我国目前的征收补偿方法明显不能弥补被征收人的损失。为此,可以借鉴美国的经验:首先,设立具有中立性质的土地价格评估机构。在美国,如果被征收方对征收方提出的补偿价格不满意,被征收方可以向法院提起诉讼,最后由陪审团或者法院根据双方提供的证据作出判决。在征地前,由政府、被征收方、开发商共同委托具有中立性质的第三方评估机构来受理。待时机成熟时,我国可以开放土地市场,让征地方和被征收方通过市场交易的方式来进行土地交易,这有利于从根本上根治政府的征地腐败。其次,提高补偿的标准,以“公平市场价值”为标准。我国的“年产量倍数”补偿标准并没有考虑到土地的预期价值,在实践中,补偿的倍数取值随意性较大,加上缺少有效的监督,被征收方实际拿到手的补偿金额较低,容易导致社会矛盾的激化。虽然我国没有直接的一级土地交易市场,但是多年的征收经验可以完全依据市场价值来补偿被征收方应得的补偿金额。最后,确立事先补偿原则。由于我国对于何时补偿没有引起足够的重视,确立事先补偿的标准能够更有效地减少拖欠被征收方补偿金的问题,有利于减少征收过程中被征收方的不满情绪。

(四)完善多元的救济渠道

沿袭判例法的传统,美国联邦及各州在不断的司法实践过程中发展、完善其救济制度。秉持“司法是社会公正的最后一道防线”的司法原则,在土地的征收过程中,允许被征收方在征收过程中因权利受到侵害、补偿金额不合理等问题向法院提起诉讼。除司法途径外,其他的救济方式,如调解、微型争议解决方式等也是救济的途径。对于通过诉讼或者诉讼外的途径解决因征收而引起的纠纷,美国的学界和实务界并没有太大的分歧。但是根据美国联邦最高法院的判定,在土地征收过程中因征收赔偿而引起的纠纷,首先必须在州法院提起诉讼。除个别争议较大的案件外,被征收人在通告司法途径维护自身的财产利益时,面临着管辖权限制的问题。为此有学者

[1] [英]威廉·韦德:《行政法》,楚建译,中国大百科全书出版社1997年版,第128页。

[2] 邓瑾秋:《我国土地征收立法若干问题浅析》,载《法学杂志》2005年第1期。

诟病其规定,认为大多数的案件使很多案件未能起诉到联邦地区法院。[1]

对于因为土地征收而引发的争议,被征收人应当采取怎样的行政、民事和司法救济途径,目前我国的现行的法律和地方性法规并没有明确和全面的规定。在征收纠纷中,救济途径不明、征收仲裁缺位等问题严重,我国应根据我国国情。首先,设立事先救济的机制。在我国,根据《中华人民共和国土地管理法实施条例》第25条的规定,在征收过程中如果对征收补偿等不满与征收方发生纠纷,并不影响征收方案的实施。这意味着征收程序一旦启动就无法对其进行阻却。因此,被征收方只能被动地接受征收的现实。其次,建立多元化的诉讼外救济途径。诉讼外的救济机制避免了诉诸司法途径的耗时。我国可以强化基层调解制度,在基层调解组织中增设群众调解员等,加强其执行力。另外,还可以考虑建立征收仲裁制度,在立法中增设土地征收纠纷仲裁的内容。最后,推广法律援助的范围。借鉴美国的"正义协会"(the Institute of Justice)之类的公益性的征收救济机构,可以考虑有条件的社会组织设立此类机构,为权益受到侵犯的被征收方提供法律援助。另外,可以考虑建立公益诉讼制度。在我国的土地征收过程中,被征收方往往是法律意识淡薄、权利观念不强的农民,他们在自己的权利受到侵犯时往往未能运用法律的武器来保护自己。允许公益诉讼的存在,可以从某种程度上保护被征收方的权利。

---

〔1〕 John J. Delaney, "Who will Clean up the 'Ripeness Mess'? A Call for Reform so Taking Plaintiffs can Enter the Federal Courthouse", SF 64 *ALI-ABA* 57, 2001, pp. 64 – 65.

农村土地收益分配的冲突与协调

陈　志*　贺亚华**

目　次

"土地是财富之母"，是人类赖以生存的最基础物质要素之一，是农业的根基更是农民的生命。近年来，"三农"问题备受社会各界关注，土地问题则是其中最基础的问题，围绕土地收益分配而产生的矛盾和冲突显得更具体和激烈。随着城镇化进程的推进、土地资源的开发、土地规模经营的扩展，农村土地被征收、征用、承包、流转等现象日益频繁，因征收补偿、对外承包等而产生的土地收益如何分配已成为农村的"头等大事"，影响农村社会的和谐稳定。农村土地收益分配问题实质上是参与农村土地收益分配主体之间利益的博弈，反映着相关主体的利益选择与价值取向。随着市场经济的快速发展，利益主体呈现多元化的发展趋势，完善我国现行的土地收益分配格局，对利益分配进行制度创新具有重要的理论意义与现实意义。

一、农村土地收益分配的实践

（一）农村土地收益分配的内涵解读

从历史上看，"收益"一词最早出现在经济学中，亚当·斯密在《国富论》中，将收益定义为"那部分不予侵蚀的可予消费的数额"，把收益看作财富的增加，这一经济学观念被随后的经济学家继承并得以发展。20世纪初期，美国著名经济学家尔文·费雪发展了经济收益理论，将收益区分为三种不同的形态，即精神收益、实际收益与货币收益。[1] 土地作为稀缺资源和财产，其

* 西南政法大学经济法学院教授、硕士研究生导师，法学博士。

** 西南政法大学经济法专业2012级法学硕士。

〔1〕 精神收益即精神上得到满足；实际收益是指物质财富的增加；货币收益是指增加货币的资产价值。在这三种收益类型中，精神收益由于主观性太强而无法计量，而货币收益因不考虑币值变化的静态概念而容易计量。所以，实践中侧重于对实际收益的研究。

动态的和静态的价值均可形成收益。任何经济活动都离不开土地，涉及土地的经营主体不同，其从土地上获得的收益及其构成要素体系也是不同的。[1]

我国实行社会主义公有制，根据土地所有制的不同，可以将土地收益区分为国有土地收益和集体土地收益；根据土地收益来源的不同，可以将土地收益分为生产经营收益和土地经营权流转收益。[2] 我国农村集体土地收益主要有三种表现形式：第一，农村集体土地所有权因国有化土地征收而获得的土地补偿费用；第二，农村集体经济组织成员因土地承包经营所得收益；第三，农村土地经营权流转收益，主要包括以转包、出租、互换、转让或者其他方式流转所得收益。

（二）农村土地收益分配的现行模式

1. 农村土地收益分配的现行理论和制度规定

按照产权经济学的分配原则，农地收益应在土地所有权、承包权、使用权等主体之间进行分配。换言之，土地所有者、承包者和使用者在既定的分配制度下应各自拥有相应的收益分配权利。[3]

农村集体土地"所有权"并不同于物权法上的"所有权"。物权法上的所有权是一种绝对权，所有权主体明确并且对标的物享有占有、使用、收益、处分等权能，既可以实现所有权与使用权的分离，也可以实现所有权与使用权的合一。而集体土地所有权和使用权却总是处于分离状态。《中华人民共和国土地管理法》（以下简称《土地管理法》）明确规定"农村和城市郊区的土地，除由法律规定属于国家所有的以外，属于农民集体所有；宅基地和自留地、自留山，属于农民集体所有"，由此可见，"农民集体"是农村土地所有权最重要的主体。

农村土地的使用者一般是本集体经济组织的成员，通过承包经营取得土地的使用权。作为土地所有权主体的"农民集体"，将土地使用权以一定年限让渡给土地使用者从而获取土地收益，土地收益既包括土地本身的价值也包括土地的增值收益。农村土地的承包经营者有权对承包地使用、收益和进行土地承包经营权的流转，在承包地被征收的情况下，还可以依法获得相应的土地补偿费用。

依据我国现行法律规定，参与土地收益分配的主体不仅包括土地的所有者、占有者、使用者，作为管理者的政府及其他相关部门也可以参与到农村土地收益分配之中，主要有两种途径：一是向土地经营者或使用者收缴土地税，二是将征收的农地通过出让的方式获得土地出让金。

2. 失衡的农村土地收益分配格局

在所有权与经营权分离的体制下，我国农村土地收益分配格局出现了严重失衡。一方面，根据《土地管理法》第 10 条规定，集体所有的土地既可以属于村集体所有，也可以属于乡集体所有，这就造成集体土地产权多元化。加之法律对"集体"没有做出明确的释义，作为集体组织成员的农民却并不能单独行使所有权能，不能直接参与土地收益的分配过程中，而只能依靠作为村民代理人的村民委员会经营、管理集体土地，实现土地收益的分配。村民委员会作为一个管理机构，

---

〔1〕何进日、刘云、梁承明：《广义收益分配论》，载《时代财会》2003 年第 12 期。

〔2〕姚峰：《论中国农村土地收益分配体系现状及完善对策》，吉林大学 2007 年硕士学位论文，第 8 页。

〔3〕乡村论坛杂志社编：《农民土地权益与农村基层民主建设研究》，中国社会出版社 2007 年版，第 156 页。

其也有相应的利益诉求,在实践中,其并不能完全代表和维护农民的利益,其行使职权也容易受到乡镇政权的不当干预,从而造成集体土地收益的流失。另一方面,代表国家管理土地的政府掌握着强大的行政力量,拥有土地的收益分配权,在农村土地收益的分配比例中,政府所得收益占相当大的比例。总体来看,这些主体的地位是极不平等的。但是,无论在何种情况下,农民都是处于最弱势的地位。

以土地征收为例,根据法律规定,国家可以基于公共利益[1]的需要,依法对土地实行征收或者征用并给予补偿,并且可以将征收来的土地以市场价格进行出让。虽然根据《土地管理法》和《中华人民共和国物权法》(以下简称《物权法》)的相关规定,要严格限制农用地转化为建设用地,但随着我国市场经济的高速发展和城市化进程的不断加快,对土地资源的需求也越来越大,譬如房地产行业,近几年来,房地产行业炙手可热,与此伴随的土地征收和出让的规模也逐年增加,农用地在转化为建设用地后利益陡增,随之而来的问题便是如何实现对农村土地征收利益的合理分配。党的十八大报告[2]提出"改革征地制度,提高农民在土地增值收益中的分配比例",并进一步提出要依法维护农民的"集体收益分配权",不仅表明党和国家对农村土地收益分配问题高度关注和重视,也说明解决农村土地收益分配冲突问题已经刻不容缓,势在必行。

二、农村土地收益分配出现冲突的深层原因

我国农村土地收益分配中之所以出现前述问题,一方面源于附着在农村土地资源上的利益主体众多,这些主体之间的法律地位悬殊;另一方面是因为土地收益分配中相关主体的价值追求不同,土地收益分配的不公平和低效率导致不同主体之间的冲突加剧。此外,我国农村土地产权制度和土地征收补偿制度也不尽完善和合理。

(一)参与土地收益分配的主体法律地位悬殊

1. 农村土地收益分配中的利益主体

首先是各级政府。美国经济学家诺斯认为,政府有两个基本目的:一是在要素和产品市场上界定所有权结构,使统治者的租金最大化;二是在第一个目的框架中降低交易费用以使社会产出最大化,从而增加国家的税收。[3] 政府是市场经济的参与者,虽然其扮演的是管理者的角色,但也存在自利性,会追逐自身利益。一方面,政府为农村提供足够的公共资源,如进行农业科学技术的指导、加强农村生态资源的保护、乡村道路的建设等,在促进农村经济发展的同时也大大提升了土地的价值,政府再通过征收土地税的方式参与土地收益的分配;另一方面,农村集体所有的土地的流转仅限于集体所有的范围,而不能直接转让给建设单位或者个人,因此必须首先经过

---

[1] 公共利益,从字面上理解就是"公共"的利益,与私益相对,其内容具有不确定性,表现为受益对象、公众范围、利益内容的不确定。

[2] 党的十八大报告进一步提出坚持和完善农村基本经营制度,依法维护农民土地承包经营权、宅基地使用权、集体收益分配权,壮大集体经济实力,发展多种形式规模经营,构建集约化、专业化、组织化、社会化相结合的新型农业经营体系。改革征地制度,有利于提高农民在土地增值收益中的分配比例。

[3] 叶麒麟、郑庆基:《论乡镇政府在征地中的角色定位——从乡镇政府行政行为的逻辑谈起》,载《湖北社会科学》2006年第10期。

国家征收，把农用地转化为建设用地，然后再由政府进行出让，收取土地出让金。

其次是农村集体经济组织。农村集体经济组织是农村集体土地的所有者，其理所当然享有农村土地收益的分配权。农村土地由农村集体经济组织或者村民委员会管理或者经营，它们可以把土地这一稀缺资源作为一项资产来管理，发挥土地的市场价值，从而获取一定的经济利益。在国有化征收过程中，《土地管理法》明确规定“国家为了公共利益的需要，可以依法对土地实行征收或者征用并给与补偿”，“征收土地，按土地的原有用途进行补偿”，“征收耕地的补偿费用包括土地补偿费、安置补助费和青苗的补偿费”，《中华人民共和国土地管理法实施条例》第26条明确规定“土地补偿费归农村集体经济组织享有”。可见，集体经济组织也可以享受因土地征收而带来的利益。

最后是农村土地的承包者或经营者。承包经营权是农民一项重要的财产权利，农民对土地的依赖程度很高，它不仅是农民的基本生产资料和生活来源，还承担着社会保障功能。[1] 我国《土地管理法》第14条规定，农民集体所有的土地由本村集体经济组织的成员承包经营，从事种植业、畜牧业、渔业生产；《物权法》规定“承包经营的土地者享有占有、使用和收益的权益，有权从事种植业、林业、畜牧业等农业生产”。由此可见，农民对承包经营所得收益享有完全的支配权。对于土地流转收益，根据相关法律规定，流转的收益归承包方所有，任何组织和个人不得截留、扣缴。此外，农民还享有因土地征收而获得补偿，补偿项目除《土地管理法》所规定的土地补偿费、安置补助费、地上附着物及青苗补偿等补偿费用外，《物权法》将农民的社会保障费用也纳入征收补偿的范围中，这也体现了国家对农民利益的高度重视。

2. 多元主体之间利益冲突的主要表现

作为主体的个人、群体在使土地满足其需要的过程中，都会形成一定的利益，土地中的利益反映了土地对主体的存在和发展的肯定性关系，是主体需要与满足主体需要的土地在利用行为下的统一。[2] 市场经济具有趋利性，它促使每个参与市场经济的主体都竞相追逐自身利益的最大化，这就必然导致人与人之间的利益出现分裂，不仅主体多元、内容各异、形式多样，而且各种利益主体之间还会出现对抗与冲突。就农村土地收益分配中的利益冲突而论，主要表现为两个方面：

一是政府与农民之间的利益冲突。政府的强势地位与农民的弱势地位形成强烈的反差，这是农民与政府产生冲突的主要原因。法律一方面赋予农民享有长期而稳定的承包经营权，但另一方面赋予政府可以征收农地的权利，在国家取消农业税后，地方政府的财政收入受到严重的影响，为了摆脱财政不足的困境，土地收益则成为地方财政的主要收益来源之一，农民的土地随时可能会因为“公益性”用地而被征收或征用，从而丧失对土地的使用权。土地征收的主体是国家，这种征收是国家行政行为，具有强制性，农民虽是土地的使用者，但在征收之下，却无法实现和政府的直接对话，对于征地的性质、范围、目的、补偿标准等方面没有充分表达其意志的机会，也不能争取足够的措施来保障其合法权益。而且双方主体的信息极其不对称，少数地方政府甚至

---

〔1〕 土地的社会保障功能是指农民的生、老、病、死都依赖于土地，即就业、医疗、养老等保障均由土地提供。

〔2〕 操小娟：《土地利用中利益衡平的法律问题研究》，人民出版社2006年版，第49页。

“暗箱”操作,很多农民在不完全了解征地政策或根本不知情的情况下,就丧失了土地的使用权。

二是集体经济组织与农民之间的利益冲突。由于“农村集体”概念的模糊性、无实体性,农民集体利益与个人利益经常会发生冲突。农村集体由作为个体的村民所组成,但是这并不意味着每个村民都可以按其意志处理集体事务,具体的农村集体事务是由村民委员会管理。村民委员会是村民自我管理、自我教育、自我服务的基层群众自治组织,是村民利益的维护者和代理人,但实践中其却未能充分维护村民的利益。在对土地进行管理和保护方面,村民委员会存在缺位现象,而在征地补偿款的发放时,却争当所有权主体,少数村干部以权谋私,截留、挪用、私分、拖欠发放村民的征地补偿款,对征地补偿款实行层层扣留,最后到村民手中征地补偿款已所剩无几。此外,由于“熟人社会”的特殊性,在对征地补偿款的分配方案上存在办人情事,不少村干部以亲疏、友好等评判标准进行补偿和利益分配。更重要的是,农民的维权意识日益增强,当他们认为自身利益受损时,必然会采取相应的行动与村干部“理论”,这就很容易引发分配纠纷,造成干群关系紧张。

(二)公平与效率对农村土地收益分配的影响

1. 公平与效率的基本关系

公平主要是指社会制度的公正、社会运行的平等和社会利益的平衡,这三个方面分别代表着起点公平、过程公平和结果公平。[1] 效率则一般是指投入与产出或成本与收益之间的关系。[2] 公平与效率是人类社会的价值诉求,公平代表着人们对分配过程的评价,效率则是人们对分配结果的评价。公平和效率是对立统一关系,实现公平可能以降低部分效率为代价,增进效率可能以牺牲部分公平为补偿。但效率和公平也存在统一的可能性,公平的分配能最大限度地唤起社会全体的创造欲和进取心从而提高效率;效率的增进又能在更高的程度上实现公平。[3] 二者相辅相成,尽管人们所追求的价值目标是公平与效率的和谐统一,但实践中更多地表现为公平与效率的对立。

2. 农村土地收益分配的不公平与低效率

农村土地收益分配不公平,源于农民的土地使用权和农村集体土地所有权得不到充分行使。农民的承包经营权和流转权利受到诸多限制,如对农地转让前提的限制,[4] 这些不合理的限制必然会影响交易价格,从而使农民的承包经营权转让收益下降。在土地征收中,有的政府打着“公共利益”的旗号,低价征收农民集体所有的土地,农民获得的征地补偿费主要包括土地补偿费、安置补助费以及地上附着物和青苗补助费用,且相关法律规定补偿费用只能按征收土地的原用途给予补偿,这意味着只能按照被征收土地用于种植、畜牧、渔业等效益比较低的农业用途所产生的收益进行补偿,这一补偿措施显失公正,因为仅凭这三项补助费用完全不能体现农民利用

---

〔1〕 汪军民:《土地权利配置论》,中国社会科学出版社2008年版,第66页。

〔2〕 樊纲:《市场机制与经济效率》,上海三联书店、上海人民出版社1995年版,第67页。

〔3〕 李昌麒:《中国改革发展成果分享法律机制》,人民出版社2011年版,第354页。

〔4〕《中华人民共和国农村土地承包法》第37条规定“土地承包经营权采取转让方式流转的,应当经发包方同意”,根据该条文可知,现行法律将“应当经发包人同意”作为农地使用权转让的前提。

土地所追求的价值，土地不仅是农民的主要生活来源而且也承担着社会保障的职能。特别是城郊土地，其市场价值已远远超过土地上农作物的价值。此外，农用地一旦转为建设用地，其价值会飙升几倍甚至几十倍，然而，这些高额的收益并非是集体土地转变为国有土地才升值的，它是由土地本身的地理位置以及开发程度决定的，但作为权利主体的农民却无法享受土地所带来的增值利益。

土地收益分配方面的不公平，必然会引发效率的降低和缺失，主要表现在以下方面：首先，不合理的征地行为导致土地资源利用效率降低，土地被征收后，一旦没有落实具体的投资项目，将导致大量土地闲置、抛荒，使本来就稀缺的土地资源更加"雪上加霜"；其次，农民获得补偿费用低，难以维持农民的长远生计，大大挫伤了农民的生产积极性，农民拥有的土地减少了，收入来源也相应变得更加狭窄，不利于农村经济的发展；最后，农民为了维护自身利益，开始由沉默转向维权抗争，给社会带来了很多不稳定的因素，激发社会矛盾，农民上访事件不断增加，不利于党和国家相关工作的展开。

（三）农村土地制度不尽完善、合理

1. 农村土地产权制度不完善

我国农村土地产权的不完善，主要表现为土地所有权性质不清、主体不明、所有权内容模糊。《中华人民共和国宪法》《中华人民共和国民法通则》《物权法》《土地管理法》等法律虽然都规定农村土地属于农民集体所有，但正如学者指出："法律明定集体土地所有权为农民集体所有权，那么农民集体属于何种民事主体，农民集体所有权依据何种民事规则得以确立，又依据何种规则行使此种所有权，却令人颇为困惑。"[1]这种模糊的所有权性质，导致村集体经济组织或村民委员会主要负责人代表农民集体处分土地的行为效力不确定，他们做出的处分行为是否代表村民集体的意志均无从而知。

如前所述，农地所有权的主体是"农民集体"，但现实中，我们只能把这样的集体理解为一定地域的成员集合。它看不见，摸不着，完全不同于物权法上的所有权人，因为它既不是自然人也不是法人，它缺乏自身的意思表达机制。虽然实践中农民集体有自己的代理人，即村民委员会，但这里的代理人不同于民法上的代理人，他们还充当着管理者的角色，所以，他们在处分农村土地或管理乡村事务时很可能不受"农民集体"意志的约束，甚至作为事实上的权利主体出现。更有甚者，所谓土地集体所有实际上成了乡村干部的小团体所有，有的甚至成为个别乡、村干部的个人所有。[2]

另外，我国农村土地所有权是一种在权能上受诸多限制的所有权，不管是所有权转移还是使用权流转，都处于被动状态，这也是政府能强制低价征收农村土地的制度根源。

2. 农村土地征收补偿制度不合理

我国农村土地征收补偿制度的不合理，主要表现在三个方面：

---

〔1〕 胡吕银：《论集体土地所有权的法律重构》，载孟勤国、黄莹主编：《中国物权法的理论探索》，武汉大学出版社 2004 年版，第 178 页。

〔2〕 王卫国：《中国土地权利研究》，中国政法大学出版社 1997 年版，第 99 页。

第一，征收目的不够具体，现行法律规定国家可以为了“公共利益”征收土地，但对公共利益的含义和内容没有界定，这就导致政府可以任意扩大“公共利益”的范围。且《土地管理法》第43条规定，“任何单位和个人进行建设，需要使用土地的，必须依法申请使用国有土地”，“前款所称依法申请使用的国有土地包括国家所有的土地和国家征收的原属于农民集体所有的土地”，这就说明任何单位和个人都可以申请使用原属于农民集体所有的土地，这显然与“公共利益”所确立的内涵是相悖的。

第二，征地补偿收益主体不明确，不能量化到具体的个人，且征地补偿标准相对于其他国家参照市场价格的补偿标准[1]来说是比较低的，以及标准计算的不科学性都是导致农民收益减少的原因。

第三，征收程序缺乏透明度，法律规定的公告程序、听证程序形同虚设，缺乏相应的配套措施来保障其实现。

三、协调农村土地收益分配的制度保障

农村土地收益分配中暴露的矛盾和冲突，依靠主体自觉、道德教化等是难以及时、有效解决的。笔者认为，需要对我国现行农村土地收益分配的格局做适当调整，主要通过相关法律制度的完善、公共政策的引导，并充分发挥村民自治机制在土地收益分配中的协调功能，最终实现农村土地收益分配的利益平衡。

（一）相关法律制度的完善

1. 农村土地产权制度的完善

首先，明确农村土地的所有权主体。如前所述，依据我国现行法律的规定，农地属于“农民集体”所有，但是法律未对“农民集体”的含义作出明确的规定，“农民集体”具体包括三个层次，即村民小组、村集体经济组织、乡镇农民集体。这三个层次的集体究竟以哪个为主，法律没有作出具体的规定，因此造成了实际认定农地所有权主体的混乱。笔者认为，这三级主体应以村集体经济组织为主，因为乡镇一级的农村集体经济组织基本上已经不存在了，乡镇政府在实践中更多是行使其行政管理职能，其行为在很大程度上体现了上级政府的意志。

其次，农村土地所有权的权力行使机构是村民会议。农民集体要按照集体共有的意志支配集体的财产，终究还是要靠自然人实现，但绝不是单个自然人的意志，它是由一定的自然人组成的权力机构。村民会议由该集体经济组织的成员构成，但为了保证农民意愿的真正实现，应排除村干部作为村民会议成员的资格。村民会议行使权力应该遵循民主决策、多数决议的原则。

最后，应明确农村土地所有权的执行主体为村民委员会，并由村民会议对村民委员会的所有权的行使进行限制和监督。之所以将村民委员会认定为所有权执行主体，除了考虑到历史原因，还有村民委员会自身的性质。村民委员会作为我国农村地区现存的由农民自主选举产生的群众性自治组织，与作为基层政权的乡镇政府相比，民主性特征明显；与村民小组相比，更具权威性。

---

〔1〕 如德国土地征收的补偿标准是土地及其他标的物的征收机关裁定征收申请当日的转移价值或市场价值。

通过立法明确其主体地位,可以简化土地流转的程序,明确土地收益的给付对象,在土地流转过程中可以更好地维护农民的利益。

2. 现行土地征收补偿制度的完善

首先是通过完善立法明确"公共利益"这一法律概念。这有利于限制政府通过任意解释该概念而导致的不合理的征地行为,保护农村集体组织的土地所有权和农民的土地使用权。例如,梁慧星教授起草的《物权法草案》第48条规定:"所谓公共利益,指公共道路交通、公共卫生、灾害防治、科学及文化教育事业、环境保护、文物古迹及风景名胜区的保护、公共水源及引水排水用地区域的保护、森林保护事业,以及国家法律规定的其他公共利益。"立法可以采用概括加列举的模式规定明确规定"公共利益"的范围。

其次是完善现行的征地补偿标准。《土地管理法》第47条规定了征地补偿的范围,但是其计算标准是依据征地前土地的价值,[1]即农民的土地经营收入。由于我国自1949年以来长期实行的政策,农产品价格普遍偏低,所以该补偿标准是很低的。加之土地被征收后,大多按照市场规则以"招拍挂"等方式出让,土地价格不菲。这种前后巨大的价值差异,即土地增值收益,并没有落到土地的所有权人和使用权人身上,而是归为国家的财政收入,失地农民得到的很少,甚至无法维持生计,导致公平效率的显著失衡。为改善这种局面,应该改革现行的征地补偿标准,在计算土地的价值时引入市场因素,即考虑土地征收前后的增值收益,这样就能保证农民能够参与增值收益的分配,协调政府和农民在土地收益分配过程中的利益冲突。

最后是增强征收程序的透明度,落实法律已规定的公告程序和听证程序。公告程序和听证程序早已在立法中得到了体现,但是实际执行力度不够,严重侵害了农民的知情权。应该通过立法细化公告程序和听证程序的执行过程和惩罚措施,确保在征地过程中,农民的意见得到充分的表达,在知情权得到实现的同时,可以确保他们对土地收益分配的监督权。

(二)公共政策的引导

公共政策作为我国经济社会发展战略的重要组成部分,在经济社会发展过程中具有重要的作用。尤其是中华人民共和国成立以来,土地政策在调整我国的土地关系中发挥的作用不可忽视。关于土地政策的定义,我国学术界尚未形成统一的观点。一般认为,土地政策是国家和政党等政治实体为了实现一定历史时期的土地管理任务和土地利用目标、围绕着特定的经济社会利益而规定的用以调整人地关系的一系列准则、方向和指南的总和。[2]

土地政策在我国经济发展过程中发挥了重要的作用。例如,20世纪50年代的"集体所有、集体统一所有"的农村土地政策,通过农业生产互助合作,使劳动力、农具的生产效率发挥到了最大化,大大降低了农户的成本,取得了一定的规模效应。[3] 再如,我国农村的家庭联产承包责任

---

[1] 如《土地管理法》第47条第2款规定"征收耕地的土地补偿费,为该耕地被征收前三年平均年产值的六到十倍"。

[2] 姜爱林:《论土地政策概念的界定》,载《绥化师专学报》2011年第1期。

[3] 规模效应又称规模经济,即因规模增大而带来的经济效益的提高,土地资源的稀缺性决定了土地必须节约使用,实现规模经济效益,才能满足社会各方对土地资源的需求。

制,最初是由农民自发进行了试点,国家通过《中共中央关于加快农业生产发展若干问题的决定》《进一步加强和完善农业生产责任制的几个问题的通知》等政策的形式逐步放松管制,将该制度进行试点和逐步推广。

与法律相比,公共政策具有灵活性和及时性,能够对我国土地问题进行针对性的指导。目前,在我国农村土地收益分配领域中,由于法律法规的不健全,更应该充分发挥公共政策的积极作用,以弥补现行法律的不足之处。公共政策对土地的作用主要体现在三个方面:

一是明晰土地产权,激励产权主体有效利用土地资源,提高土地利用效率,促进农村经济的发展。

二是引导与协调功能,引导农民积极开发利用土地,对需要国家扶持的贫困地区实行政策倾斜,以提高农民收入,还可以针对土地收益分配中出现的矛盾和冲突进行协调,以减少利益摩擦,维护社会稳定。

三是可以因地制宜。例如,关于农村土地征收的补偿标准如何确定的问题,不同地区由于地理位置、开发程度不同等原因,其土地价值是有很大差别的,而由于现行法律并没有对此进行区分,所以地方政府在制定关于补偿标准的政策时,就可以充分考虑这些因素,因"地"治宜,以实现农民土地收益的最大化。

为了保证公共政策充分发挥作用,避免"上有政策,下有对策"局面的出现,政府必须畅通农民对相关政策的了解渠道,如通过公告栏公布最新的土地政策,让农民能够及时了解最新的土地政策。但是,在制定公共政策时,相关主体一定要遵守现行的法律法规,遵守基本的法律精神,尊重农民的土地权益。

(三)村民自治机制的完善

村民自治是乡村治理机制中最核心的一项制度。我国"村民自治"的提法始见于1982年《中华人民共和国宪法》,随后,关于"村民自治"的法律法规相继出台,1988年颁布的《中华人民共和国村民委员会组织法》标志着农村基层民主法律制度的正式建立。但是,由于目前关于"村民自治"的相关配套法律体系还没有建立健全,实然层面的村民自治与应然层面的村民自治还存在很大的差距。譬如,不少人误以为村民自治就是选举制度,但是,"村民自治"并不等同于"民主选举",它还包括民主决策、民主管理、民主监督等。完善现有的村民自治制度,有利于协调农村土地收益分配的冲突。

首先是明确村民自治组织即村民委员会的角色定位。虽然《中华人民共和国村民委员会组织法》已经对村民委员会的性质和职能作了一个相对明确的定义,但是对其具体的职责权限以及法律地位规定得不明确,其行使职权很容易受到基层政权的不当干预,为了避免这种情况出现,有必要制定专门的村民自治法,以国家法律的形式规定村民自治的性质,尽可能明确村庄与基层政权尤其是乡镇政权的权利义务关系,为村民自治构筑法律屏障,从制度上减少基层政权对村民自治的干预。

其次是在土地收益分配过程中,要尊重农民的知情权和决策权。村民自治绝不应该是少数村干部的自治,而应是广大村民的自治。在分配方案的确定过程中,通过村民会议等形式充分听取农民的意见,积极吸收意见中的合理成分,只有当农民意识到村民自治确实为他们带来实质性利益的时候,这项制度才有继续发展壮大的可能。

再次是完善民主监督。法律不仅要赋予村民监督的权利,并且要保障权利在真正意义上得以实现,监督权是一项很重要的权利,但实践中往往最容易被忽视。所以,建议在农村地区专门设立一个村民监督机构,该机构由村民代表组成,对村民委员会的工作和财务状况进行监督,并直接向村民大会负责,不受村民委员会的领导和制约。

最后是提升乡村干部的素质。应重视农村干部的自我学习、自我教育,增强干部的人格修养。村干部在土地收益分配中,要着重加强对专业知识的学习,提高干部的法律素养、政治素养和道德素质。保证村干部以高素质的人格和工作能力实现村民自治组织的职能,确保农民的土地利益得到充分的维护。

四、结语

农村土地收益分配制度的建立健全绝不是一蹴而就的。在这一过程中,不仅需要明确参与分配的主体及其各自的权利义务关系,突出政府作为公共管理者的角色,注重保护作为弱势群体的农民的土地权益,提高农民的经济收入,拓宽收入的来源渠道,而且还要在制度体系的构建中处理好公平与效率的关系。公平与效率是评判法律制度的两个非常重要的价值标准,农村土地收益分配制度的完善应以实现公平为己任,同时在公平的基础上注重效率的提高。此外,必须充分注意到,完善的法律制度安排、科学的公共政策引导以及有效的村民自治机制,是实现农村土地收益分配的最终保障。

农地增值收益分配制度研究

——以流转和税收调节为基础

曾　野*

目　次

一、我国农地制度的特点

我国农地制度在形成的过程中体现了自身的特点,早期是希冀学习苏联的集体农庄的模式,搞社会化大生产而以人民公社为基础。之后,为了解决生产矛盾、调动农民的积极性,对基本生产关系进行改革,强调以家庭为单位的土地承包经营。我国的农村土地制度是由一系列的法律、法规、政策构成的完整体系:《中华人民共和国宪法》(以下简称《宪法》)是纲领,《宪法》第10条划分了国有土地和集体土地的界限,并规定了农村集体土地的使用原则;《中华人民共和国土地管理法》(以下简称《土地管理法》)、《中华人民共和国农村土地承包法》(以下简称《农地承包法》)则是主干,详细规定了农地的各项制度,是农地制度的基础;《中华人民共和国物权法》(以下简称《物权法》)则加强了对农地的保护。除上述法律外,我国农地制度的一个重要部分还有中央每年的1号文件,相关政策、部门规章,以及各地规范农地的行政法规。在这样的由法律、法规、政策构成的完整体系下,我国的农地制度有以下特点。

(一)双层经营

按照法律、政策的规定,我国实行家庭经营集体所有的"双层经营"的土地制度,即集体经营一部分,家庭经营一部分。这种经营制度也被有的学者形象地总结为,土地"三权分离"——"国

* 重庆交通大学经济与管理学院知识产权系教师,法学博士。

家的所有权,集体的永佃权,农户的有偿耕种权”。[1] 国家通过法律、法规对承包的期限、承包费的多少、土地的调整与整治等权利进行控制,取得事实上的土地所有权,而集体虽是名义上的所有权主体但事实上则是永佃权人,农户通过承包经营合同取得农地的有偿耕种的权利。

(二)严格控制

中央政策和法律对土地入市管理严格:一是严格限制农地非农化;二是要求土地使用的占补平衡;三是集体建设用地不能用于城市“招拍挂”,即所谓同地不同价,集体建设用地不能入市;四是建设用地实行总量控制。[2]

(三)生活保障

在我国的农地制度下,我国的农地不仅仅是农民的财产,也是农民重要的政治保障和生活保障。诚如有学者谈道:“我们现在实行的是一个不允许农民失去土地的制度。所谓不允许是两个含义:第一,不允许任何组织和个人剥夺农民的土地承包权;第二,也不允许农民为了眼前利益随随便便丢掉自己的土地。在整个社会没有别的手段替代土地做农民的保障的时候,土地你必须有着。”[3]

二、对农地增值收益分配制度的检视

前文述及我国的农地制度是以家庭为基础,集体所有的“双层经营”的土地制度。它的形成是为了保障农民的经济权利、政治权利和生存权利,而三种权利中最重要的,是土地作为一种财产经过农民承包经营后所产生的经济利益,即对农民经济权利的保障。农民需要利用土地得到发展、改善生活,现代的农民不仅仅满足于吃饱、穿暖,而应当分享改革开放所带来的经济收益,有一个小康的生活环境。

(一)农地增值收益的范围

在研究农地增值收益制度之前,首先需要明确的是,什么样的农民能够享受土地增值收益,什么样的土地能够增值从而提供增值收益,即增值收益的主体范围和客体范围。

1. 主体范围

我国改革开放40年,尤其是市场经的发展,我国的农民已经产生了分化。现在的农民大致可以分为两类:其一,利用土地务农的。这其中又可以分为三种,以务农为本的,农闲打工农忙耕

---

[1] 李昌平:《大气候》,陕西人民出版社2009年版,第101页。

[2] 《土地管理法》第4条规定,国家实行土地用途管制制度。国家编制土地利用总体规划,规定土地用途,将土地分为农用地、建设用地和未利用地。严格限制农用地转为建设用地。控制建设用地总量,对耕地实行特殊保护。第19条第5项规定:占用耕地与开发复垦耕地相平衡。第31条规定,国家保护耕地,严格控制耕地转为非耕地。国家实行占用耕地补偿制度,非农业建设经批准占用耕地的,按照“占多少,垦多少”的原则,由占用耕地的单位负责开垦与所占用耕地的数量和质量相当的耕地,没有条件开垦或者开垦的耕地不符合要求的应当按照省、自治区、直辖市的规定缴纳耕地开垦费,专款用于开垦新的耕地。省、自治区、直辖市人民政府应当制定开垦耕地计划,监督占用耕地的单位按照计划开垦耕地或者按照计划组织开垦耕地,并进行验收。《物权法》第43条规定,国家对耕地实行特殊保护,严格限制农用地转为建设用地,控制建设用地总量。不得违反法律规定的权限和程序征收集体所有的土地。

[3] 陈锡文:《让农民自己为土地作主》,载《南方周末》2001年11月1日,第2版。

种的，在城市中生活将土地转租给亲戚、朋友的；其二，生活在城郊和沿海发达地区，形式上是农民，而实质上已不再务农，他们依靠城市化和二三线产业的转移所带来的土地级差利益生活。两种农民的区别是明显的，普通农民是农民的大多数，但是土地对他们来说仅仅是生存的保障，湖北省京山县永兴镇义和村8组农民李兴波长期在广东打工，他说："两亩田种得再好，一年只能收2000块，只相当于我在广东一个半月的工资。"[1]生活在城郊和沿海发达地区的农民则完全不同，他们享受着土地增值的收益也即级差利益，他们可能生活在城中村中，乱搭、乱建后将房屋出租，也可能一劳永逸地被征收了土地，获取了比务农高得多的补偿金，无论是哪种形式都比务农所获得的收入要强。有学者指出："有资格和能力分享到土地增值收益的，也不过是自己土地恰好处在特定位置的城郊与沿海发达地区的那一小部分农民，绝大多数农民仍然被排斥在土地增值收益分享者以外。"[2]周其仁也认为："中国经过这么多年的改革，农民得到了农产品买卖和打工的权利，但绝大多数农民还是很少分享城市化带来的地租的收益。"[3]因此，能够分享农地增值收益的是其土地恰好位于城郊或沿海发达地区的农民。

2. 客体范围

农地增值收益制度的客体当然是土地，依据前文的论述，这一土地的范围也是明确的，即位于城郊或沿海发达地区的集体土地，目前只有这样的土地才能提供级差利益。这样的土地所提供的高额的级差利益也成了引发各种矛盾的源头，当然该土地所能够提供级差利益的前提有二：其一，位于城郊或沿海发达地区，因城市基础设施的建立和二三线产业的发展带来了土地的升值；其二，需要对其进行非农使用，若继续农用而不流转，其价值也无法实现。在我国严格的农地管理制度下，非农使用的途径十分有限，这也促成各地争相创新农地流转制度的局面。

（二）我国农地增值收益分配的缺陷

前文所述，我国农地如果要增值并提供级差利益，除需要在城郊或者沿海发达地区外尚需从农用转为非农用。只是我国的土地制度是对耕地进行严格保护的土地制度，严格限制农地的使用和非农化流转，在此制度下农地增值并产生收益就必须通过政府对农用土地进行征收，[4]使农用土地转为城市建设用地，除此之外别无他法，而正是征收这一环节成了各种矛盾的源头。

1. 政府的角色错位

在农地征收的过程中，不少学者指出，"征收补偿费用过低、公共利益不明确"是导致农地增值收益分配矛盾的原因。本文认为，真正的原因在于政府对土地一级市场的垄断，导致地方政府对土地财政的过度依赖，在土地流转过程中角色异化，直接经营土地。公共利益的滥用和征收补

---

[1] 张先国、袁志国：《民工返乡引发"争地风波"纠纷不解难解也难》，载《经济参考报》2004年11月22日。

[2] 贺雪峰：《地权的逻辑》，中国政法大学出版社2010年版，第70页。

[3] 王小乔：《变革土地制度的时机已经成熟——周其仁详解小产权房里蕴藏的大机会》，载《南方周末》2007年10月11日，C13版。

[4] 《土地管理法》第43条规定，任何单位和个人进行建设，需要使用土地的，必须依法申请使用国有土地……前款所称依法申请使用的国有土地包括国家所有的土地和国家征用的原属于农民集体所有的土地。第63条规定，农民集体所有的土地的使用权不得出让、转让或者出租用于非农业建设；但是，符合土地利用总体规划并依法取得建设用地的企业，因破产、兼并等情形致使土地使用权依法发生转移的除外。

偿费用过低则是由此而产生的后果。

依据《土地管理法》,城市化过程中农地的非农化使用必须对农地进行征收,同时,《宪法》第10条规定:"国家为了公共利益的需要,可以依照法律规定对土地实行征收或者征用并给予补偿。"如此严格地限制农地流转的制度限制的仅仅是农村集体这一形式上农地的所有权主体对农地的流转,而并没有限制国家及其代表——地方政府这一实际所有权主体的流转。从1996年到2007年,我国耕地总量由19.56亿亩下降到了18.26亿亩,净减少约1.3亿亩。[1] 各类开发区、园区过多过滥,城市规模盲目扩张,80%用的是农村集体土地。[2] 我国农地制度严格限制农地流转以保障耕地,而实际情况却与之相悖,从而证明这一立法目标在逻辑上并不成立。真正应当受到限制的是国家及其代表——地方政府对农地的征收,用制度保障农地的合法流转,迫使地方政府降低对土地财政的依赖,切实维护"社会公共利益"。

2. 集体组织的虚位

《中华人民共和国民法通则》第74条规定:"集体所有的土地依照法律属于村农民集体所有,由村农业生产合作社等农业集体经济组织或者村民委员会经营、管理。已经属于乡(镇)农民集体经济组织所有的,可以属于乡(镇)农民集体所有。"《土地管理法》第10条规定:"农民集体所有的土地依法属于村农民集体所有的,由村集体经济组织或者村民委员会经营、管理;已经分别属于村内两个以上农村集体经济组织的农民集体所有的,由村内各该农村集体经济组织或者村民小组经营、管理;已经属于乡(镇)农民集体所有的,由乡(镇)农村集体经济组织经营、管理。"

从两部法律的规定不难看出,《宪法》所规定的享有集体土地或农地所有权的集体组织有三种组织形式:其一,村民委员会;其二,乡(镇)农民集体经济组织;其三,村民小组。究竟何者为真正的集体土地所有权主体在法律上并未明确。在实践中,又以村民委员会为主。首先,应当明确的是,作为所有权主体,集体应当是一个经济组织,而村民委员会又行使着行政组织的功能,导致集体土地所有权主体的进一步模糊化。集体成员缺乏对土地的有效介入和控制。[3] 其次,依据《物权法》第39条,所有权是"所有权人对自己的不动产或者动产,依法享有占有、使用、收益和处分的权利"。所有权具有四项权能,即占有、使用、收益和处分,处分权能是所有权的基础。对农地的处分的权利则因为法律、法规的严格限制而归于国家,集体不再享有,这就意味着集体只是名义和形式上的所有权主体。随着2003年3月时任国务院总理温家宝在全国人大会议上宣布取消农业税及其附加税,以及农民土地使用权的不断固化,村民委员会完全失去经济基础和存在基础。"三提五统"的财权没有了,"大稳定,小调整"的事权也不存在了,集体经济组织名存实亡。如此的集体组织带来的后果即在农地流转的征收过程中,少部分的村干部代表了集体的利益,从补偿款的确定到发放,只需要"搞定"部分村干部就可以了。普通农户在农地的增值收益分配中,并不能充分表达利益诉求。

---

〔1〕 严金明:《我国征地制度的演变与改革目标和改革路径的选择》,载《经济理论与经济管理》2009年第1期。

〔2〕 白非、刘振环:《我国土地征收制度中存在的问题及对策》,载《中国国土资源经济》2005年第2期。

〔3〕 黄辉:《农村土地所有权制度探讨》,载《现代法学》2001年第4期。

3. 土地食利阶层的产生

与前述因制度造成的对农民的征收不公、损害农民利益的情况相比，同样因我国目前的土地增值收益分配制度而产生的土地食利阶层则具有一定的隐蔽性，也较少引起重视。根据我国《土地管理法》第47条具体规定，征用土地的按照被征用土地的原用途给予补偿。征用耕地的补偿费用包括土地补偿费，安置补助费以及地上附着物和青苗的补偿费。征收耕地的土地补偿费，为被征用耕地前3年平均年产值的6～10倍。每一个需要安置的农业人口的安置补助费标准，为被征用耕地前3年平均年产值的4～6倍。同时还规定了土地补偿费和安置补偿费的总和不得超过土地被征用前3年平均年产值的30倍。土地补偿的费用虽然有明确的规定，但实际操作过程中却可高可低，这就催生了有些地方土地食利阶层的产生，尤其是在城中村中最为普遍。

三、我国农地增值收益分配的反思

（一）改革的路径分析

农地增值收益制度的改革的关键问题在农地的流转，农地流转的改革实际就是对我国农地制度的改革。目前，我国农地制度改革的主要有三条路径：

第一，集体土地国有化。持有此种观点的学者主要有李凤章、宋旭明以及刘俊等。[1] 这些学者认为，集体土地所有权收归国家，通过国家的统一调配更有利于资源的充分利用和优化配置。同时，土地价值的社会性和我国社会主义公有制的所有制形式也决定集体土地收归国有的必然趋势。本文认为，集体土地国有化不是解决目前集体土地困境的出路。首先，以《宪法》为代表的农地制度已将集体土地所有权的归属明确，如果国有化，修法的工程势必浩大。其次，国有化有可能因地租过高而加重农民负担，难以实现规模化经营。[2] 最后，国有化仍然存在谁来代表国家的问题，与谁来代表集体的问题具有同一性，若能解决好谁来代表集体的问题，解决好集体土地所有权主体对集体土地的管理和使用，国有化则显得没有必要且成本高昂。

第二，集体土地私有化。认为集体土地应当私有化的学者不在少数，且以民法学者为主，如刘云生、王卫国。[3] 效仿西方发达国家的土地私有制和民事立法是支持此种进路的学者的观点。他们普遍认为，“无恒产者无恒心”，采取土地私有制将会实现我国农地的优化配置，实现农业的规模化经营，并使农地能够自由流转以创造更大的财富。经济学家杨小凯指出：“因此私有化只会去掉村干部定期按人口变化调整土地分配的特权，因而减少此特权引起的贫富分化……土地私有化只会使现在相对贫穷的农民变得更富，君不见，台湾的很多农民比城里人富，就是因为他们有大块土地完全的所有权。”[4] 本文认为，土地私有制在西方国家固然成功，但我国如果

---

〔1〕 李凤章：《通过“空权利”来“反权利”：集体土地所有权的本质及其变革》，载《法制与社会发展》2010年第5期。宋旭明：《我国农村集体土地所有权制度之积弊及其改革》，载《江西社会科学》2009年第5期。刘俊：《土地所有权国家独占研究》，法律出版社2008年版，第147～159页。

〔2〕 杨继瑞：《我国农村集体土地所有权改革的探析与思考》，载《农村经济》2008年第5期。

〔3〕 参见刘云生：《农村土地国有化的必要性与可能性探析》，载《河北法学》2006年第5期。王卫国：《中国土地权利研究》，中国政法大学出版社1997年版，第108～109页。

〔4〕 杨小凯：《中国土地所有权私有化的意义》，载天益网：http://www.teen.cn，最后访问日期：2018年6月18日。

贸然采取此项制度,将会弱化土地的社会保障功能,造成新的不公平。[1] 而9亿多农民如果有一小部分失去了土地的保障,国家的和谐稳定也将受到影响。

第三,坚持农地的集体所有制,只是对传统的农地法律制度进行改革。在陈小君教授对土地承包制度的调查中显示:"其中266份选择'满意',占总数的64%;只有70份选择'不满意',占总数的18%。"[2]这份调查显示,农民对于农地的集体所有制是满意的,农民在乎的并非是土地所有权的归属问题,而是是否能通过农地得到实惠,实现收益。因此,改革的重点不应当是集体土地的所有权应当归私还是归功,而应当是完善目前的集体土地流转制度以使农村集体土地发挥其应有的作用,为农民增收创造条件。

(二)国家的改革选择

2008年10月12日,常的十七届三中全会通过的《中共中央关于推进农村改革发展若干重大问题的决定》明确提出,逐步建立城乡统一的建设用地市场。对依法取得的农村集体经营性建设用地,必须通过统一有形的土地市场,以公开规范的方式转让土地使用权,在符合规划的前提下与国有土地享有平等权益。该决定还指出,依法征收农村集体土地,按照同地同价原则及时足额给农村集体组织和农民合理补偿,解决好被征地农民就业、住房、社会保障。该决定被许多人视为农地与国有土地同地、同权、同价的政策依据。但本文认为,该决定是对将来进一步实现农地与国有土地同地、同权、同价的初探,从其字里行间不难发现所谓的农地与国有土地的同地、同权、同价是有众多限制条件的。当然,该决定表明,我国对农村集体土地制度的改革已经开始,将逐渐放开农村集体土地的流转。

(三)各地的改革实践

在中央明确改革方向之前,各地的改革实践却早已拉开序幕。2002年,安徽省政府颁布的《安徽省集体建设用地有偿使用和使用权流转试行办法》就明确了在试点地区可以试行集体建设用地使用权以转让、抵押和出租的方式流转,并同时允许宅基地可以流转。2005年10月1日实施的《广东省集体建设用地使用权流转管理办法》规定,集体建设用地使用权作价入股,与他人合作、联营等形式合办企业,视同集体建设用地使用权作价入股,与他人合作、联营等形式合办企业,视同集体建设用地使用权转让。[3] 在重庆市与成都市成为城乡统筹改革实验区之后,两座城市均开始进行农地流转的大胆尝试。重庆市工商行政管理局办公室2007年发布《关于农地承包经营权入股设立公司注册登记有关问题的通知》,标志着重庆市工商局在全国工商登记管理部门率先允许对农地承包经营权入股进行登记确认。同时,2007年7月月底,成都市国土局出台了《成都市集体建设用地使用权流转管理办法(试行)》,2008年10月13日全国第一家农村产权交易所"成都农村产权交易所"也挂牌成立并完成了第一宗农地产权的交易。重庆市则于2008

---

〔1〕 例如,内蒙古自治区的牧民可能一户承包上千亩土地,而内地户均不过十亩,山区则更少。如果土地实行私有化,按照承包经营的土地面积确认所有权,牧民所能获得的土地所有权将是内地普通农民的上百倍,造成新的不公。

〔2〕 陈小君等:《农村土地法律制度研究——田野调查解读》,中国政法大学出版社2004年版,第15页。

〔3〕 吴越、沈冬军、吴义茂、许英等:《农村集体土地流转与农民土地权益保障的制度选择》,法律出版社2012年版,第22页。

年12月26日完成了全国第一庄地票交易。

无论是成都的农村产权交易所还是重庆的地票制度,其实都谈不上制度创新,其实质均是按照《土地管理法》的规定,“先补后占”复垦后再进行城市建设用地和集体建设用地的置换,以满足城市建设用地不足的供需矛盾,所谓解决征地问题和实现农民创收则是不能实现的。根据地票的程序,地票仅仅是指标,要最终“落地”必须要进行征收,并将征收后的土地采取“招拍挂”的形式方能顺利完成,与出让国有土地使用权并无二致。同时,解决农民的增收初衷是好的,但部分退地农民最大的抱怨就是“获得的补偿款远没达到规定的标准”。[1] 本文认为,地方政府创新农地流转制度是值得提倡的,但是目前的改革都离不开省级政府的政策与决策,地方政府在其中扮演了重要的角色,且造成了无论是哪种制度创新最终获益的是地方政府的尴尬局面。[2]

正如前文所述,制度创新如果不能够使国家和地方政府退出对土地一级市场的垄断状态,则农地增值收益的分配就无法实现公平。广东省政府于2013年3月公布的《广东省城镇化发展“十二五”规划》无疑是一次更加彻底的尝试,广东将允许转户农民出让宅基地和土地获得财产权益,这也将是未来宅基地流转市场的一个突破口。[3] 本文认为,开放集体建设用地市场是可行的,但是须配以税收调节为基础,以保护耕地、节约集约用地为原则的农村集体建设用地的流转机制,建立起收益共享的农地增值收益分配机制。

四、农地增值收益分配制度的改革

党的十八大报告指出:“要改革征地制度,提高农民在土地增值收益中的分配比例。”农民的土地增值收益与农地征地制度息息相关,与我国的农地流转制度息息相关。有学者指出,《土地管理法修正案(草案)》主要关注征地补偿问题,补偿的数额可能是现在的10倍。姜明安教授称,土地管理法需要修改的地方,不只是补偿的问题,未来还要明确谁是土地交易主体的问题。目前,大量的土地搞开发,有的并不是为了公共利益。而依据现在的《土地管理法》,所有的土地都必须征收。姜明安教授称,未来土地流转应该是两个途径,其中20% ~30%的搞征收,如地铁、高速公路建设等;70% ~80%应该是市场交易,比如用于商业住宅开发、重大项目建设等。[4] 本文赞同姜明安教授的观点,农地增值收益的实现不仅仅是改革征地补偿制度,更重要的是缩小征地范围,让集体建设用地的流转由市场来调节。

---

〔1〕 杨仕省、高咏梅:《重庆地票制度漏洞开始浮现》,载《华夏时报》2012年3月31日。

〔2〕 在地票的交易中,某些农民被动退地而非自愿退地,交易中则频频出现地方政府所设立的投资公司的身影。参见杨仕省、高咏梅:《重庆地票制度漏洞开始浮现》,载《华夏时报》2012年3月31日。

〔3〕《广东省城镇化发展“十二五”规划》第8条规定:“加快异地务工人员入户城镇配套制度改革。完善异地务工人员子女教育、住房保障、农村宅基地和承包土地处置、城乡社会保险制度衔接等方面的具体配套政策,建立转户农民权益保障机制,允许转户农民在自愿基础上通过市场流转方式出让承包地、房屋、合规面积的宅基地并获得财产收益,解除农村劳动力进城落户的后顾之忧。”

〔4〕《集体土地征收补偿制度将修改 补偿标准或提10倍》,载新浪网:http://news.sina.com.cn/c/2012-11-29/041325686523.shtml,最后访问日期:2018年6月22日。

（一）开放集体建设用地使用权流转市场

在此，本文限定农地使用权的流转范围在集体建设用地使用权，包括乡、镇建设用地使用权和宅基地使用权。[1] 对于土地承包经营权的流转，理论界和各地实践都做了有益的尝试，但限于保护耕地之需要，承包经营的土地不能做非农化使用，即使能够集约化使用也无法为农民带来持续的增值收益。因此，土地承包经营权的流转问题不在本文讨论范围之内，不属于农民土地增值收益分配制度改革的范畴。

1. 法理原因

《物权法》第151条规定："集体所有的土地作为建设用地的，应当依照土地管理法等法律规定办理。"《土地管理法》第11条第2款规定："农民集体所有的土地依法用于非农业建设的，由县级人民政府登记造册，核发证书，确认建设用地使用权。"《土地管理法》第43条规定："任何单位和个人进行建设，需要使用土地的，必须依法申请使用国有土地；但是，兴办乡镇企业和村民建设住宅经依法批准使用本集体经济组织农民集体所有的土地的，或者乡（镇）村公共设施和公益事业建设经依法批准使用农民集体所有的土地的除外。"《土地管理法》第63条规定："农民集体所有的土地的使用权不得出让、转让或者出租用于非农业建设；但是，符合土地利用总体规划并依法取得建设用地的企业，因破产、兼并等情形致使土地使用权依法发生转移的除外。"《物权法》第152条规定："宅基地使用权人依法对集体所有的土地享有占有和使用的权利，有权依法利用该土地建造住宅及其附属设施。"广义上讲，集体建设用地和宅基地均属于建设用地。

我国《物权法》第4条规定："国家、集体、私人的物权和其他权利人的物权受法律保护，任何单位和个人不得侵犯。"此条确认了物权的平等保护原则。国家所有权与集体所有权只表明各自归属的经济成分不同，不存在高低之分。国家建设用地使用权的流转受到保护，集体建设用地使用权的流转也应当受到法律保护。党的十七届三中全会也确立了集体土地与国有土地的"同地、同权、同价"原则，为集体建设用地的流转作出了政策保障。

2. 经济学原因

首先，集体建设用地资源配置效用低，利用率低。数据显示，全国城乡建设用地总量为3.14亿亩，但城镇建成区为5700万亩，承载着5.7亿人，而农村建设用地为2.84亿亩，只承载着7.4亿人，全部建设用地中不足17%的城市建设用地却承载着全国多于43%的人口，农村建设用地是城市建设用地的5倍，农村人均占用建设用地是城市人口的3.8倍。[2] 经济学的研究表明，市场是资源有效配置的基本途径，开放集体土地使用权流转市场是集体土地有效利用的前提。

其次，开放集体土地使用权流转市场将打破政府对土地一级市场的垄断地位，政府也无须再劳神费力地进行农地征收将其转化为国有土地。政府的征收和对土地一级市场的经营无疑会耗费大量的行政成本和社会成本，除目前越来越难以承受的高额补偿外，其本身的管理费用也十分

---

[1] 根据物权法对建设用地使用权和宅基地使用权的定义，宅基地使用权同样是一种在土地上建造建筑物、构筑物及其附属设施的建设用地使用权，只是属于较为特殊的建设用地使用权，承载农民生存保障的功能，但这并不妨碍其集体建设用地使用权的本质。

[2] 王崇敏、孙静：《农村宅基地使用权流转析论》，载《海南大学学报》（人文社会科学版）2006年第2期。

高昂。以科斯的交易费用理论来审视,政府退出土地一级市场的垄断、缩小征收范围,将会使土地交易的费用大大下降,而政府则可以通过税收的形式对土地交易进行调节以保证自身的财政收入,这是制度变迁的内在动力,是增加社会财富的帕累托改进。

3. 是解决农地增值收益的关键

前文述及,农民应当享有土地发展权,但不应当成为土地食利阶层。要做到上述两点,首先,就要让农民拥有话语权,农民有话语权的关键就是农民对集体土地的流转有自主权。当然,此种自主不是随意的、完全的支配,而是在集体多数决下的自主,最终的流转须由集体来决定。对土地流转有话语权的农民才能在农地增值收益中充分参与,维护自己的合法权益,从而从根本上解决目前我国农民被城市化、被失去土地的局面。

其次,集体土地使用权流转市场化,政府才能够开启税收调节农地增值收益之门,而不是先补偿、再出让获取高额收益,补偿和收益之间完全无联系。虽然,《土地管理法(修正案)》在审议中一开始采用了30倍的补偿标准,而后又取消这一限制而改为公平的补偿,但这与税收调节的公平性是截然不同的。姜明安教授指出:"600万的卖地钱,征收土地交易税300万元,农民还是乐意接受的。"[1]这无疑折射出一种心理原因,即在以税收为基础的农地增值收益制度下,一切明晰的,农民有算计自身得失的可能性,从而影响其流转的决定。而换一种方式则不同,即卖地仍然是600万元,给了300万元做补偿。此时,农民无法算计自身的得失而先丧失了土地,然后得到了返还。农民会思考300万元是否足以补偿,土地明明出让获利600万元另外300万去向是何处。因此,农民往往会坚持抗争采取"会哭的孩子有奶喝"的策略以投机的心态去获取更高额的补偿。

(二)选择以税收法律制度为基础的调节

集体建设用地流转市场的开放,为土地增值收益的税收法律调节带来了可能,也是农地增值收益分配制度的基础。以税收来调节农地增值收益也主要是围绕集体建设用地的流转,而以流转税的形式对其进行调节。

1. 调节的必然性

农地的增值收益是农地非农化的结果,是城市化和二三线产业发展的结果,是应当由全社会共享的权益,而非由农户的生产经营所产生。因此,要保证土地增值收益在国家、集体、农民以及全社会的公平分配,需要由以公平为基本目的的税收法律来进行调节。马寅初先生在研究民国时期税法时指出:"我们要知道,租税之目的,不止财政收入一种,政府往往利用之以达到其他目的也。财产税与所得税之目的,除充裕国库外,亦在加重富人税负,平均财富分配。"[2]中国社会科学院研究员杨重光也表示:"农民交换土地,政府用税收的办法获得财政收入,就解决了财政吃紧的问题。对于如何征税,他称应进行系统科学的研究,不光要考虑卖地农民的收益,同时要通过

---

[1] 《集体土地征收补偿制度将修改 补偿标准或提10倍》,载新浪网:http://news.sina.com.cn/c/2012-11-29/041325686523.shtml,最后访问日期:2018年6月22日。

[2] 杨大春:《民国时期税法目的评析——以民国时期财税法学为研究依据》,载刘剑文主编:《财税法论丛》,法律出版社2011年版,第107页。

税收平衡不同区域经济发展,"有的地方城市化发展快,农民卖地获益太高,也不合理。"[1]足见,税法调整机制既能保证权益各方享有利益——政府获得财政收入以完成公益建设和服务包括向贫困地区财政转移,集体和农民分享土地增值收益,土地发展权得到保障,又能实现收益在各方间尤其是地方政府和集体间的公平分配。因此,这是制度改革的必然选择。

2. 具体内容

首先,区分首次流转与再次流转。首次流转是集体土地的所有权人将土地使用权通过一定的形式有偿让渡给土地使用者的行为。再次流转则是土地使用权人将其所取得的土地使用权在合同期间再次流转的行为。二者其实类似于民法中之承租和转租的关系。二者的区别在于,在再次流转中集体不再参与土地增值收益的分配,而是由首次流转中的土地使用者和国家参与。

其次,对于两次流转,按照与国有建设用地"同地、同权、同价"的标准,均须符合国家的土地规划并以"招拍挂"的形式进行。对于流转征收契税、土地交易税和土地增值税,土地增值税的征收可参照《中华人民共和国土地增值税暂行条例》及其实施细则的相关规定,采取四级超额累进税率。[2]

在实践中,各地对初次流转和再次流转中政府是否参与分配的态度不同。初次流转中苏州、芜湖、无锡、顺德、宿迁、江门等地都明确了集体、县政府和市政府之间的分配比例,南京市则规定不参与。如苏州规定流转总价款中提取30%给政府,其中市政府核定额每平方米收取1.5元,剩余部分按县政府30%、乡政府70%的比例分成,总价款70%归集体所有。[3] 再次流转中绝大多数地方均肯定政府的分配参与权,但大多是以增值费来收取。本文认为,无论初次流转还是再次流转,政府参与分配都应当以税收的形式来完成,而政府内部的分配比例比如中央和地方之间,省、市与县级之间应当通过财政转移支付来完成。

(三)土地增值收益分配相关配套制度

1. 集体公决机制和内部分配机制

集体的决定机制和内部分配机制在土地流转中,谁来代表集体做决定是关键。在众多的学说中,本文认为集体所有权主体法人化是可行的。诚如有学者指出:"农民集体不能作为法人,传统民法便陷入两难境地:一方面,农民集体既非法人又非自然人,民事主体制度中就没有其位置;另一方面,农民集体事实上又作为民事主体在活动甚至法律还赋予其代理人(村民委员会)具有法人资格。从立法技术上讲,农民集体却认为法人不存在任何障碍。"[4]集体所有权主体法人化后,重大事项则可以参照《中华人民共和国公司法》和《农地承包法》的相关规定采用2/3以上多数决机制,即2/3以上集体成员或2/3以上集体代表。其中,重大事项就当然包括了集体建设用

---

[1] 《集体土地征收补偿制度将修改　补偿标准或提10倍》,载新浪网:http://news.sina.com.cn/c/2012-11-29/041325686523.shtml,最后访问日期:2018年6月22日。

[2] 《土地增值税暂行条例》第7条规定:"土地增值税实行四级超率累进税率。"《土地增值税暂行条例实施细则》第10条规定:"条例第七条所列四级超率累进税率,每级'增值额未超过扣除项目金额'的比例,均包括本比例数。"

[3] 吴越、沈冬军、吴义茂、许英等:《农村集体土地流转与农民土地权益保障的制度选择》,法律出版社2012年版,第70页。

[4] 胡吕银:《民事主体制度新论——兼论农民集体的法律地位》,载《河北法学》2007年第9期。

地使用权的流转和农地增值收益的分配。当然,基于农地社会保障的功能,流转收益分配中须留存用于集体成员社会保障的最低比例。

2. 身份变换后“农民”的社会保障机制

据一份对征地农民受偿意愿的调研显示:“被征用后家庭实地面积比例越高,原有土地所能实现的保障功能丧失越多,农民家庭越需要寻找新的替代来满足家庭对长远发展保障的需求,尤其是在养老以及医疗等方面的保障需求,因而呈现家庭失地面积比例越高,非现金的补偿方式越高的现象。”[1]农民土地流转或者被征收后,意味着农民的身份会发生变化,土地与人的依附关系不复存在,农民的生存保障也将受到影响。因此,无论是自愿流转还是土地征收,在农民的身份转为城镇居民后,相应的社会保障机制应当建立,使农民能够真正成为“城市人”。资金来源可以分为两个部分:其一,自由流转的,由农民从分得增值收益中自行支付主要部分,地方政府从税收收益中支付余下部分;其二,政府征收的,应当由地方政府从所获土地价金中支付主要部分,其余部分由农民自己支付。如此,农民的后顾之忧才能得到解决,改革发展的成果才能被其共享。

五、结语

本文主要希冀理清农地增值收益在国家(地方政府)和集体成员的农民间的分配关系。本文认为,关键在于如何使农地真正发挥其产权价值,并能够由集体实现自主的流转,用一种市场化的机制来解决增值收益的分配问题。同时,国家(政府)的利益并未受到损失,税收可以有效解决财政收入来源的问题,还能够避免因征收而产生的高昂的行政成本和社会成本。应当说,这种选择实现了帕累托改进。

---

[1] 林依标:《被征地农民差异性受偿意愿研究——以福建省为例》,福建人民出版社2011年版,第101页。

城镇化进程中实现合理分配的法律制度研究

徐　超*

目　次

一、前言

城镇化是一个复杂的经济社会演变过程，它既是产业的非农化，又是人口和生产要素的集聚过程。在这个过程中，农民的角色转换和利益关系的改变，均会影响社会的各个方面。这就是说，城镇化涉及新的生产方式和生活方式的产生、聚集、扩散的过程。“城镇化的实质是一个聚集与扩散的双重过程：既是农村人口和非农产业向城市的聚集过程，又是城市物质文明、思想观念、生产生活方式向广大农村扩散的过程。在这一进程中农村可以为城市的发展提供有力支持，形成坚强后盾；城市也应为农村提供反哺，从而拉动农村发展，其目标是全社会发展成果共享。”[1]就我国的情况而言，如果不能很好地解决城镇化进程中农民权益受损问题，不仅会影响城镇化的最终完成，而且会从根本上制约农村社会甚至整个社会的发展。在这种意义上，可以说，农民权益状况是城镇化效果的重要指标。城镇化应以农民权益得到合理的保障为基础，否则将从根本上影响社会的可持续的发展。而要保障农民的合法权益，就需要建立科学合理的机制。但是由于我国城镇化进程中对于原有农村、农业、农业的利益没有给予应有的重视，导致我国的现行各项相关法律制度存在种种缺陷，引发了大量的收入分配不合理的现象。

二、城镇化进程中分配不合理的制度表现

（一）土地收益不合理

在我国的城镇化进程中，往往忽视农民对于社会经济发展成果的分享。由于农村的经济发

---

* 西南政法大学经济法专业博士研究生。

〔1〕 单菁菁：《中国城镇化面临的挑战及应对——基于社会视角的研究》，载《现代城市研究》2012年第7期。

展长期落后于城市，农民的受教育程度普遍偏低，他们大多数依靠土地为生，在城镇化的进程中，他们一部分在失去土地，还有一部分离开土地进入城市打工，这样的改变使他们的生存发展也出现了一系列问题。

1. 土地承包经营权流转问题

随着我国城镇化进程的加快，作为农民最主要的财产——土地资源的市场化配置程度较低，土地的资产价值无法在土地使用者手中得到实现，土地市场价格严重扭曲，尤其是土地的资本价值难以实现。虽然失去土地的农民可以得到一定的补偿，但是相对于失去土地的生存发展，这部分补偿是不充分的。《中华人民共和国土地管理法》(以下简称《土地管理法》)第47条规定"征收土地的，按照被征收土地的原用途给予补偿"，但是在实践中，农村土地上的居住用房被当作地上附着物，以统拆统建、划地自建等形式重建，或根据建筑重置成本进行货币补偿。这种征地补偿标准基本上没有考虑市场条件，如土地的区位、征收后的用途等，它主要根据土地被征收前的用途(农业用途)确定价值。现今我国城镇的社会保障体系并没有覆盖这些已经农转非的农村居民，这些人在失去土地之后的生活没有最低生活标准的保障，农民难以分享城镇化、市场化带来的土地整体收益，从而导致农民在城镇化进程中的生存发展权无法得到保障。另外，我国城镇化进程的加快，产生了农业、农村的产业化、规模化的强烈需求，无论是实现适度规模经济，发挥土地规模效应，还是发展农村非农产业，扩大农民收入来源渠道都需要获取大量的资金支持。现行法律制度设计使承包经营权人无权向金融机构通过耕地抵押获得融资，抑制了农地的价值担保功能，导致缺乏资金支持的农村经济发展缺乏后劲，农民生活条件改善的期盼再次落空。在现阶段城镇化加快的背景下，农村土地承包经营权的流转和集体建设用地使用权的入市等改革与创新从一个侧面反映了现有农村土地制度存在的问题，表达了农民要求突破制度框架、谋求自身发展的利益诉求，然而现行农村土地法律制度设计却无法提供与现实需求相适应的法律制度保障。

2. 农村集体建设用地问题

随着工业化、城镇化进程的推进和农村非农产业的迅速成长，农村建设用地需求量日益增加，土地作为农业、农村最重要生产要素的商品属性和资产属性日益彰显，并不断从农业向非农业用途急剧转移，造成了耕地资源的大量流失和土地质量的严重退化。与此同时，我国现有存量农村建设用地未能得到充分利用，特别是农村集体建设用地数量巨大但利用效率不高。此外，农民不能从农村集体建设用地的使用、转让中得到应有的土地收益。

3. 宅基地收益问题

诞生于20世纪60年代的宅基地使用权制度是重工业优先发展战略目标的历史产物，它是以城乡二元户籍制为基础，以限制城乡人口流动为初衷，以农产品的统购统销为经济背景，以宅基地的生存保障为唯一功能，以实现重工业优先发展战略为最终目标而作出的一种制度安排。按我国法律法规的规定，农村宅基地的取得和流转必须遵循严格的条件和程序，只有农村居民才有权利申请宅基地使用权，一户只能申请一处宅基地。该制度对于促进农村的和平与稳定曾经起到了巨大的作用，但是时至今日，随着农村经济改革的纵深发展和城镇化工业化进程的加快，大规模的农村剩余劳动力正源源不断地涌入城市，乡土农村已从静态的社会向日益流动的社会迈进。与此同时,随着我国社会经济的不断发展,户籍制度的改革已取得了实质性的进展,土地的资产增值功能已日益彰显,耕作已不再成为农民的唯一谋生手段,土地的社会保障功能趋于弱化,以严格限制流转为主要特征的宅基地使用权制度在新的时代背景下已经步履艰难。经济社会转型过程中,引发了宅基地规模扩张与宅基地闲置,宅基地的生存保障属性与土地资产属性、公平与效率、公权限制与私权自由等矛盾成为经济社会发展的桎梏。

(二)财税分配不合理

1.税收负担不合理

对于收入相对较低的农民来说,农业的“费改税”以及随后的农业税取消,在一定程度上起到了减轻农民负担的作用。随后的粮食直接补贴的办法,又进一步有效提高了农民的收入。但是,由于长期以来农民收入较低,仅仅依靠税收方面的减负难以实现城镇化进程中农民收入分配的实质公平。

2.财政支持不合理

我国在特殊的历史背景下快速推进工业化,长期实行农村支援城市,优先发展城市、工业的方针,这种不正常的二元经济结构发展到了今天。一方面,在巨大的财力支持下,城市凭借财政分配的倾斜性支持,现代工业、信息业、新能源等新型现代部门的高速发展,以及各种社会资源的优先使用,实现了跨越式的发展,并且城市生产总值占据了整个国民收入的大部分;另一方面,由于缺乏财力的支持,资金相对短缺,各种社会资源如教育、医疗、养老等方面的匮乏,乡村发展缓慢。在这两方面的作用下,城乡发展不平衡加剧,城乡居民收入分配差距也不断扩大。优先发展城市的倾斜性发展战略造成了城乡间不均衡的财政分配和社会经济利益分配格局,以及城乡间差异较大的公共产品供给政策。城市所需要的公共产品的预算支出由国家财政负担,但是乡村居民的公共产品却是由农民自己负担,财政对乡村的公共物品提供的财政投入严重不足。综上所述,目前我国城镇化进程中财政分配不合理。

(三)社会保障不合理

尽管从理论上讲,土地不能也不应该承担着社会保障的功能,但发展中的中国,土地在事实上承担着社会保障的功能。同时,由于我国长期以来实行城乡“二元体制”格局,享受社会保障权利的主体基本上是城市居民,农民是无缘享受与城市居民同样的各种社会保障权利的。因而,当农民失去土地后,他们既不享有土地的保障,也不享有同城市居民一样的社会保障。此外,由于我国既有的二元制社会结构的不平衡性,严重影响了社会公平和合理分配,特别是工业化的发展是以牺牲农业、农村和农民利益为代价的。农业、农村和农民的巨大贡献保证了国家加速工业发展所需要的原始积累,但长期以来,却没有从根本上改变在社会保障方面对农民不公平的待遇。在现实生活中,农村居民主要依靠较少的土地收入维持基本生活,城镇居民则享有国家提供的最低生活保障、失业保障、养老保障、医疗保障等公共产品。劳动者享有社会保险和社会福利权利是劳动法的一项基本原则。但在实际生活中,农民工的社会保险、社会福利权利普遍缺失。一些用人单位,特别是一些私营企业与农民工虽然形成了事实上的劳动关系,但它们极少为农民工缴纳社会保险。其结果必然导致许多农民工有病不能就医,小病酿大灾,一旦发生事故,他们能够得到的补偿微乎其微。

（四）劳动保护不合理

我国在城镇化发展过程中，出现了一些比较特殊或者说有别于传统的劳动从业者，这部分劳动者以农村进城务工人员为典型代表。由于我国正从传统的农业化国家向现代工业化国家发展，加之在农村经营方式改革之后，大量的农村劳动者由农村进入城镇，这是我国城镇化进程中必然出现的现象。农村进城务工者在为我国的城镇化发展和建设作出巨大贡献的同时，在劳动过程中也受到许多不平等对待，有的农民工的利益被侵害，拖欠工资、劳动环境恶劣、劳动安全无法保障等现象非常严重。具体来说有以下几方面：

1. 自由择业权受到限制。由于农民受教育程度不够，加上长期以来城乡差别养成的思想观念，造成农民在城市工作中备受歧视，没有得到应得的待遇和尊重，而纯农业户对土地依赖程度更高，他们失地后的再就业机会严重不足。很多农村居民并不能找到合适的工作来养活自己和家人，有的甚至找不到工作。所以，农村居民的就业权受到了严重的侵害。另外，有的城市人为制造"就业壁垒"，提高就业准入门槛，使农民工在城市的就业受到严格限制。例如，1999 年北京市作出规定，将允许外地进京务工人员的行业、工种缩减至 200 个，并在 32 个工种中限制使用外地人。此外，农民工子女合法的受教育权得不到保障。由于没有当地的户籍，农民工不仅自身在择业和社会福利、医疗保障上受到限制，他们的子女也在就地入学问题上面临歧视性待遇——就地接受教育需要支付高昂的借读费和赞助费，而导致农民工子女在日后就业中仍然处于被歧视的地位。

2. 取得合理劳动报酬的权利屡遭侵害，工作环境恶劣，缺乏劳动保护。表现为：(1)工资分配中普遍存在同工不同酬。在同样的岗位上，一个固定工的工资待遇往往大大高于农民工的工资。(2)加班不给加班费或少给加班费。大多数农民工都是受雇于个体和私营企业或"三资"企业，不仅每天劳动时间都在 10 ~ 14 小时以上，而且还经常加班加点，即使是国家法定的节假日也不例外，而法律规定的加班时限及报酬则形同虚设。(3)拖欠、拒付工资现象普遍。时至今日，全国各地拖欠农民工工资的情况仍然时有发生。(4)农民工在城市从事的不仅是苦、脏、累、险工作，工作时间长，劳动强度大，而且劳动条件差，有的农民工深受工伤、职业病和疾病的困扰。

3. 劳动关系缺乏法律保护。使用农民工不签订劳动合同或签订"生死"合同的情况在个体和私营企业存在。由于不签劳动合同，用人单位可以任意处置农民工，超时加班不给加班工资；随意克扣、拖欠工资；不提供必要的劳动保护设施；对工伤工亡不负任何责任，不给任何补偿。

三、实现城镇化进程中合理分配的经济法理念

（一）以人为本理念

我国城镇化进程中最根本的问题就是农民问题，是促进农民发展、保障农民权益的问题，是农民如何平等参与国家的发展和平等享受国家发展成果的问题。经济社会发展的核心是人的全面发展，离开人的发展就谈不上社会的发展。在完成我国城镇化建设的过程中，应将促进人的全面发展，特别是农民的全面发展提高到战略核心高度。在我国以往的经济发展模式中，往往注重发展城市、保障市民利益，而忽视农村发展、农民利益的保护，使得我国的城镇化进程中出现农民整体利益缺失，城市与农村之间公共物品供给不公平等一系列问题。"从重视并改善民生的角

度，确认并保护社会成员公平分享改革发展成果的权利，保证他们能够公平分享到改革发展的成果，不仅体现了以人为本的新文化理念，而且对于中国经济社会的发展有更加现实的意义。"[1]因此，应当在城镇化进程中确定以人为本理念，实现农民整体利益。具体来说，国家应当通过一系列经济法律规范对不平等的收入分配进行适度的干预，利用社会财富再分配等手段对原有农村、农业予以相应的倾斜性补偿。

（二）可持续发展理念

在各个社会阶层中，弱势群体和强势群体都应有平等的发展权利和发展机会，甚至弱势群体的发展权更重要，更需要维护。在我国的城镇化建设中，我们需要注意的是，保护弱势群体绝不是对弱势群体的恩赐，相反，弱势群体的发展是强势群体持续发展和社会整体持续发展的必要条件，弱势群体发展不足直接影响着社会的稳定发展和长久进步。在长期以来的城乡二元结构体制的深刻影响和作用下，社会资源投入过度偏向城市，对农村社会发展的投入历史欠账太多，导致我国农村社会发展明显落后于城市，城乡间社会发展不平衡的问题较严重，特别是偏远、落后地区尤甚。因此，"合理确定人口、环境和资源方面的财政支出，平衡资本性支出和社会性支出之间的比例关系，确保可持续发展所需要的财政支持，通过转移支付手段对地区之间生态利益的不合理分配和生态责任的不合理负担进行补偿"。[2] 在我国的城镇化进程中，国家应当运用财政分配等手段，均衡原有农村与城市之间的利益分配关系，实现城镇化进程中城乡整体的可持续发展。

（三）实质公平理念

在我国的城镇化进程中，原处于农村的农民由于受制于自然条件和社会环境的限制，长期处于弱势的地位。在这样的情况下，国家应当对农民予以倾斜性的利益分配，使广大的农民在城镇化进程中与市民能处于实质公平的地位。实质公平对遭受或易于遭受经济特权侵害的弱小主体进行特别保护，赋予其更多的权利，而承受较少的义务。具体来讲有以下几方面价值追求。

1. 平等

平等既是人性尊严的体现，也是人类社会具有普适意义的价值追求和基本行为准则。平等作为实质公平的本质与核心要素，易遭到侵蚀和破坏，并易产生权利主体的不公正感，这种情况在我国的城镇化进程中表现得尤为突出，例如，对进城务工人员在就业、劳动报酬、社会保障等方面的不平等。因此，我国的城镇化进程中要实现对原有农村居民的平等待遇。正如罗尔斯所描绘的那样，"机会公平平等的条件下职务和地位向所有人开放"，[3] 对于进入城镇工作的所有人必须统一标准、平等竞争，而不能因为其来自农村而设置不同标准。

2. 公平

所谓公平，其所描绘的主要是一种社会利益的均衡状态，以此对社会基本结构产生影响并促

[1] 岳彩申、袁林：《以人为本：改革发展成果分享的权利依据》，载《社会科学研究》2006 年第 4 期。

[2] 吕忠梅、陈虹：《经济法：在可持续发展的拷问之下》，载《汉江论坛》2006 年第 3 期。

[3] [美]约翰·罗尔斯：《正义论》，何怀宏等译，中国社会科学出版社 1988 年版，第 56 页。

进社会和发展。[1] 当前城镇化进程中的公平旨在恢复农业生产者受损的利益，使他们能够公平分享到社会发展带来的利益，“意味着各个经济主体在寻求各自的利益时，能够有平等的竞争起点、依据同样的法律程序，最终达到相对合理的利益分配结果”。[2] 在我国的城镇化建设中，应当特别注重保障弱势群体的生存发展权，使弱势群体能够获得基本的社会资源与社会权利，并具有发展自我，获得提升经济、社会地位的机会，从而减少弱势群体的数量，降低社会强弱分化的程度，缩小强、弱势群体之间的差距，填补强、弱群体之间的裂缝，实现实质意义上的公平。

3. 秩序

在我国城镇化进程中，虽然我国制定了一系列相应的法律制度，但是由于相关法律程序不够完善，原有农村、农业、农民的权益没能得到保护，导致我国城镇化实施的效果不尽如人意，例如，农民土地权益没有得到充分实现；农民劳动权益不能得到保护；农村公共物品供给不足等。因此，在我国城镇化进程中，不但要充分重视社会整体利益的实现，而且还应在具体的法律制度的创设与实践中使其得到巩固与强化，从而为城镇化的推进与稳定创造一个富有公平精神的法律秩序。因为唯有以法律来确认弱势群体正当权益，并以国家强制力来督促相关义务人、责任人履行相应的义务、责任，才可能形成城镇化所需要的制度环境，保障社会整体利益。

四、城镇化进程中实现合理分配的法律制度

（一）土地收益法律制度

在我国的城镇化进程中，必须建立并完善针对农村土地的市场化补偿法律机制。我国现行的集体土地所有权随着社会经济的发展已经逐步表现出其浓厚的计划经济色彩的弊端。其中，农村土地产权不清晰是这种流弊的最重要表现形式。要从本质上解决城镇化进程中农民的各种问题，最重要的还是要为农村居民建立一种合理的政府干预制度，而这种干预制度的重点应是对农村土地的市场化补偿机制。笔者认为应完善以下几方面。

1. 完善农用地的流转法律制度。开放农村土地市场，赋予农民更加完整的土地权利，将耕地承包经营权纳入抵押权的客体，通过充分发挥耕地承包权的资金融通功能，显化农村土地的资产价值，以解决资金短缺的困境，促进农业现代化和产业化以及非农产业的发展，进而增加农民的资本性土地收益。

2. 完善集体建设用地使用权。毋庸置疑，城镇化的快速发展和农村非农产业的迅速成长使集体建设用地使用权进入市场参与经济活动已成为必然。但是立法对农村集体建设用地使用权流转的限制使得正常的市场机制很难在农村集体建设用地的配制中发挥作用。事实上，立法的限制并没有阻碍集体土地商品化的趋势，工业化水平的快速递增和城镇化规模的急剧扩张使集体建设用地使用权的流转在广大农村已是十分普遍的现象，且流转规模不断扩大。集体建设用地的流转无疑具有积极的意义。首先，集体建设用地的流转有利于减少建设用地的增量，优化土地资源配置，从而降低占用耕地的经济驱动，促进经济社会的可持续发展。其次，集体建设用地

[1] 单飞跃：《经济法理念与范畴的解析》，中国检察出版社2002年版，第9页。

[2] 刘水林：《经济法基本范畴的整体主义解释》，厦门大学出版社2006年版，第76～78页。

的流转能为我国城镇化的发展积累资金，优化集体土地资产的分配，保护农村集体组织和农民利益，进一步缩小城乡差距，使农村和农民以土地参与工业化和城镇化过程并分享利益。农村集体土地有进入更广泛流转领域的强烈利益冲动和迫切需求，因此，在我国城镇化进程中，应当允许农村集体土地流转并完善相关法律制度。

3. 完善宅基地土地制度。现行的宅基地使用权制度是无偿、无限期使用，宅基地使用权流转是在有限的范围内实现，其收益同样是有限的。在城镇化背景下，应当适当开放宅基地使用权流转，首先实现同一县级区域流传，并且要考虑宅基地使用权流转的商业价值收益，而不仅仅是原有的农村居住价值。另外，宅基地属于集体建设用地，集体作为土地的所有者，应当享有宅基地使用权流转产生的收益。因此，基于农村宅基地使用权流转所得收益，应当在国家、集体、个人之间分配收益，并且应当依据地区经济发展情况确定三者分配比例，但是应当个人收益优先集体收益，集体收益优先国家收益，确保农村居民个人发展权益的实现。具体来讲，对一些自愿放弃宅基地权利的农民，要建立宅基地用益物权的财产化实现机制和交易机制。对于那些在城市化进程中被动退出宅基地的农村居民，在补偿地上房屋损失的同时，要连带补偿宅基地的损失。农村居民放弃宅基地使用权，应当获得补贴，或获得进入城镇购买经济适用房、公租房、保障性住房的优惠，以及获得城镇医疗、社会保障等。

（二）财税分配法律制度

党的十六大提出了“统筹城乡经济社会发展”的思路。这其中的一个重要方面就是要调整城镇化进程中的社会利益分配关系，更多地关注农村、关心农民、支持农业。为了支持我国的经济发展，近50年来，在国家优先发展工业的政策约束下，我国农村居民承受的税费与享受的公共物品供给极不相称，与城市居民相比没有相同的国民待遇，致使农村经济发展严重滞后和农民生活水平难以提高。要使城乡经济社会协调发展，就要建立完善城镇化进程中的公共财政体制。目前农村财税制度改革的方向不只是少征收农民的税费问题，而且要对农民曾经的付出和贡献进行补偿，要在财政分配上向城镇化进程中的农村居民进行倾斜。国家要在对于城镇化进程中的农村公共物品的提供体系中承担更多的责任。就目前而言，首先要做的就是完善现有的财政转移支付制度，增加农村科技教育等公共投入。

1. 实行财政预算倾斜性分配。政府要从通过土地出让获得的收益中拿出专项资金来鼓励、促进和拓展针对农村居民的就业创业工作，并广泛开展相关的就业咨询、就业培训、职业健康教育等服务工作。通过财政、税收等措施鼓励、引导各类企事业单位、社区吸纳农村居民就业，建立农村居民就业、失业登记制度以及用人单位与未就业人员资源共享的信息库，鼓励农村居民自谋职业和自主创业，并在税收方面给予自谋职业和自主创业的农村居民优惠，在财政分配方面给予大力支持。

2. 完善转移支付制度。由于不同地区之间的城镇化发展状况差距较大，单纯依靠市场手段难以实现平衡，需要通过财政转移支付制度来实现财税分配公平。对于转移支付制度的完善，又可以从纵向的不同层级政府之间的转移支付和横向的同一级次政府之间的转移支付两个角度进行分析。应当“科学、准确地测定各地的税收能力指数和平衡指数，为各地之间的财政横向平衡提供基本依据，并且，只有当一个地方的税收能力指数小于平衡指数时，才有资格去的转移支付”。[1] 只有这样，我们才可以在城镇化进程中给予处于财政弱势的地区应有的财政支持。

3. 实现公共服务均等化，积极推进农民向市民的转化。《中国发展报告2010——促进人的发展的中国新型城市化战略》指出，今后20年我国将以每年2000万人的速度，实现农民向市民的转化。这一转变是比较艰难的，也无法在短期内完成，需要财政政策在中长期内加以积极的推进，实现全体居民享有均等化的公共服务。特别是在新兴的城镇，要保证农民在各方面均应享有与城镇居民相同的福利待遇。要对农民提供基本社会福利。以社保、医疗等公共服务为突破口，切实解决农民工实际生活困难，对进城农民给予充分的身份认同。同时，提高农村公共服务供给水平，继续推进城镇化建设。

（三）社会保障法律制度

土地一直是我国农民最基本的社会保障条件，是农民基本生活的主要来源，农民的生产方式、生活方式、经济收益都离不开土地功能的发挥。但是在城镇化进程中，一部分农民失去耕种的土地是无法避免的。农民一旦失去土地，就必须为其提供配套的社会保障，否则他们就难以维持基本的生活。社会保障制度运行所需要的资金来源于国民收入的分配与再分配，通过税收、国债和政府转移支付给予保证，将上述国民财富重新纳入收入分配领域，用于保障和提高原有农村居民的生活。对于因城镇化转为市民的农民和在城市区划内的农村居民，应当以“准市民”的身份，享受与市民同等的城镇医疗救助和最低生活保障等权利，并将其统一纳入城镇医疗保障制度和养老保险制度中。只有这样，城镇化进程中的“不同群体之间的利益冲突因社会保障制度调节功能的发挥而得到了有效缓和，社会因收入分配差距等导致的非公正性、非公平性在一定程度上得到了调节”。[2] 为保证社会保障制度的规范、正常运行，设立稳固的农村居民社会保障基金是必要的物质前提，这也是世界各国对原有农村居民的通行做法。由于我国目前还处于社会主义初级阶段，经济发展水平低，由国家全部承担农村居民社会保障是不现实的。因此笔者建议，建立由国家、集体和个人共同承担的资金筹措体系，用土地补偿费、安置补助费和土地的增值收益作为基金来源，实现城镇化进程中原有农村居民的各项社会保障。

（四）劳动保护法律制度

一方面，随着我国城镇化进程的加快，市场经济的逐步发展和经济增长方式的逐步转变，越来越多的农村居民进入城镇工作，社会各方面对劳动力素质的要求也越来越高。因此加强对农村居民的基础教育和职业技术教育是提高劳动力素质、促进人力资本形成、适应市场规律需求的当务之急。另一方面，从农村居民自身因素来看，提高进城农村居民的自身素质是解决城镇化进程中原有农村居民问题的一个有效途径。

1. 尽快建立原有农村居民劳动法律保障机制，保障农民就业平等权，反对就业歧视。针对我国当前农村劳动者进入城市务工以及劳动人员流动性越来越强的现实状况，建立更加完备的法律制度体系，对以农民工为典型代表的流动劳动者提供法律保障。首先，逐步消除城乡分治等制

---

〔1〕 张守文主编：《财税法》，中国政法大学出版社2005年版，第121页。

〔2〕 郑功成：《社会保障学——理念、制度、实践与思辨》，商务印书馆2000年版，第253页。

度障碍，赋予农民与市民同等的国民待遇，在市场准入、劳动保护、就业政策、社会保障等方面为农民创造平等的就业机会，要结合农民这一特殊群体的实际需求，在就业政策、职业培训等方面对其给予适当的政策倾斜和特别保护。其次，加快就业反歧视立法及相关法律制度建设，包括取消户籍对劳动就业和劳动报酬标准的限制，放开地域间劳动就业的地方保护，保障农民平等就业权的充分实现。

2. 完善针对原有农村居民的劳动利益保护法律机制。事实上，劳动利益保护法律机制不仅仅是针对原有农村居民而言的，在当下中国失业语境下，这种法律机制应该是针对所有进入城镇工作的劳动者。目前，劳动利益受到侵犯的问题主要表现为由于缺乏相关法律制度的保障，造成劳动报酬差距过大、劳动工资增长乏力、拖欠工资现象严重等问题。为解决此类问题，需要建立劳动报酬差距的合理标准体系及预警机制，完善最低工资保障法律制度和解决劳动薪酬方面问题的劳动争议处理机制。

3. 国家要继续加强对原有农村地区基础教育的投入，发挥基础教育、正规教育、社会力量在提高劳动力素质方面的作用。政府还应该充分利用现有资源，建立农村居民的职业培训网络。利用现有劳动力培训资源，建立以职业技术学校为主体、各乡镇成人学校为补充的多层次职业培训网络，并为原有农村居民职业培训提供基础性保障，从而确定原有农村居民劳动就业利益分享法律机制的现实基础。

浙江省嵊州市小额贷款公司发展状况分析

朱国华[*]　骆　馨[**]

目　次

一、小额贷款公司的微观实证分析

为了更准确地了解小额贷款公司的发展状况，本文选取笔者所在的浙江省嵊州市的两家小额贷款公司为调查样本，并延伸考察浙江省和绍兴市的小额贷款公司整体运行状况，以做小额贷款公司的微观实证分析。

（一）嵊州市基本情况介绍

嵊州市地处中国东部，隶属于浙江省，位于长江三角洲经济圈。境内四面环山，四江汇集，中为盆地，整个市域地貌呈现"七山一水二分田"，是传统的农业大县，也是典型的浙东小城市，已连续六年跻身全国县域经济基本竞争力百强县市行列。

嵊州市全市总面积1784平方公里，总人口73.5万人。城市建成区面积为30.3平方公里，建成区人口25.47万人。2010年，全市实现地区生产总值273亿元，同比增长12.8%；财政总收入25亿元，其中地方财政收入13亿元，分别增长18%和21%。城镇居民人均可支配收入3万元，农民人均纯收入1.1万元，分别增长12%和13%。

嵊州经济是较为典型的浙江模式，民营经济较为发达，小企业众多。目前形成了领带服装、电器厨具、机械电机三大工业产业集群，2010年实现规模以上产值302亿元。全市现有领带丝品生产企业1500余家，从业人员8万余人，年产领带3.5亿条，占全国总产量的90%，世界总产量的40%，年销售收入超过150亿元。全市现有电器厨具生产企业500多家，规上产值近70亿元，

* 同济大学法学院、知识产权学院教授、博士研究生导师，法学博士，同济大学发展研究院副院长，同济大学城市与产业法研究中心主任。

** 同济大学法学院、知识产权学院法律硕士，浙江省嵊州市干部。

高、中档厨具产品的市场份额占全国的30%以上。西门子、伊莱克斯、海尔、澳柯玛、美的等数十家国际国内知名企业在嵊州市贴牌生产。全市现有大小电机生产及配套企业1600多家,从业人员近5万人,年产微电机3000万台,年销售收入超过50亿元。嵊州市农业以种植水稻、茶叶、花木、香榧为主。全市现有茶叶种植面积18万亩,外拓基地30多万亩,全年加工出口珠茶6万多吨,占全国珠茶出口量的2/3。全市现有花木种植面积12万亩,从事花木产业人员有4万人,2010年上海世博会的花木大部分由嵊州市供应。全市现有香榧种植面积65,000亩,种植面积全国第一。

嵊州市金融业较为发达,拥有绍兴市首家村镇银行、首家小额贷款公司。目前,全市共有银行业金融机构14家,保险公司分支机构10余家,证券公司分支机构3家,小额贷款公司2家。2010年年末,全市银行业金融机构本外币存款约303.84亿元,同比增长15.5%;年末全市本外币各项贷款余额225.09亿元,同比增长25.5%,增速连续三年位居绍兴各县市第一位。

(二)嵊州市恒丰小额贷款股份有限公司运行情况调查

嵊州市恒丰小额贷款股份有限公司(以下简称恒丰公司)于2008年10月8日注册成立,是绍兴市注册生效的首家小额贷款公司,2009年度被浙江省金融办评为优秀小额贷款公司。笔者对恒丰公司2010年的经营进行了调查,调查结果如下。

1. 股本结构情况

恒丰公司由浙江天乐集团有限公司(以下简称天乐集团)等12家单位共同出资组建,注册资本为1亿元。天乐集团作为主发起人出资1500万元,占总股本的15%,其他各家单位占股均在10%(含)以下,最少的一家单位占股5%,符合《浙江省小额贷款公司暂行管理办法》主发起人持股比例20%以下,其他股东持股比例10%以下、5‰以上的规定。2011年3月,恒丰公司经股东大会决议由原股东同比例增加注册资本1亿元,并于2011年6月获省金融办批复同意,增资后恒丰公司注册资本为2亿元,符合浙江省《暂行管理办法》2亿元上限的规定。

2. 日常资本管理情况

2010年,恒丰公司从中国银行嵊州市支行融入资金5000万元,占公司资本净额的40%,低于《关于小额贷款公司试点的指导意见》规定的50%以下比例。

3. 公司治理结构情况

恒丰公司建立了股东会、董事会、监事会,以及经营层决策运行制度和内部总经理负责制的职业经理人贷款流程决策制度。

4. 业务经营情况

据会计事务所报告显示,恒丰公司2010年度资产合计1.76亿元,营业收入2281万元。据笔者调查,自开业到2010年年末,恒丰公司累计发放贷款1014笔,涉及金额13.69亿元。2010年,累计发放贷款432户,发放金额5.28亿元,年末贷款余额1.55亿元。

从贷款额度看,100万元(含)以下小额贷款及纯农业(种养殖业)贷款余额1.26亿元,占总贷款余额的81.5%,其中分季度的余额占比分别为80.4%、82.1%、85.4%、81.5%,平均为82.4%,高于浙江省《暂行管理办法》规定的70%以上比例。

从贷款对象看,共向下岗失业人员、失地农民、大学生、退伍军人、残疾人五类社会弱势群体发放创业贷款20笔,总金额741万元。

从贷款用途看,农林牧业贷款、工业贷款、服务业贷款和其他贷款余额占比分别为52.7%、23.8%、3.2%、20.4%。

从贷款方式看,100%为担保贷款。

从贷款利率看,种养殖业或微型贷款加权平均利率为15.636%,是中国人民银行同期一年期基准利率的2.69倍。

5.金融风险控制情况

据笔者了解,恒丰公司在2010年接入浙江省全省统一的小额贷款公司信息动态检测系统,其业务经营和融资数据信息实时上报。2010年度单户贷款余额最高为500万元,占所有者比重为3.98%,未超过浙江省《暂行管理办法》规定的5%上限。2010年年末逾期贷款余额为0,不良贷款率为0。

(三)嵊州市国银小额贷款股份有限公司运行情况调查

嵊州市国银小额贷款股份有限公司(以下简称国银公司)于2011年7月成立,由主发起人嵊州市吉祥房地产开发有限公司等7家法人单位、2家个人独资企业、4名自然人共同出资组建,注册资本2亿元。

截至2011年9月月末,国银公司累计发放贷款5.12亿元,截至9月月末贷款余额1.67亿元,其中中小企业贷款客户占62%,70%以上为担保贷款。

(四)嵊州市小额贷款公司运行情况分析

分析浙江省以及嵊州市的小额贷款公司的运行情况,主要呈现以下几个特征。

1.设立热情高,追求长期发展

由于小额贷款公司可以由自然人、企业与其他社会组织投资设立,并且利润回报比较丰厚,因此,大批实力较强的民营企业、担保公司、创投公司均来争抢这块投资领域。三年来,嵊州市已设立2家小额贷款公司,目前正在申报设立第三家。绍兴市共有16家注册成立的小额贷款公司。2011年上半年小额贷款情况显示,绍兴市所有小额贷款公司累计贷出款项达155.7亿元,平均每天贷出超过8000万元,小额贷款炙手可热。

从发展理念看,由于政府对试点政策不断完善、监管部门关于企业社会责任的着力引导以及适度的监管约束,浙江省小额贷款公司申办经历了火热—低迷—稳定发展的变化。据笔者调查,嵊州市2家小额贷款公司以及正在积极组建的单位对小额贷款公司的投资回报期望趋向务实和理性,形成了适度回报、风险防控和承担社会责任的经营理念。

2.主发起人作用明显

根据小额贷款公司的目标和功能,浙江省采取了主发起人发起设立制度。要求主发起人必须是当地实力雄厚、管理规范、信用优良、具备持续出资能力的民营企业,并对其净资产、资产负债率以及盈利能力提出较高要求。同时,公司注册资本提高到不低于5000万元(欠发达县域不低于2000万元),其持股比例也从试点开始的最高为20%提高至增资时不超过30%。从嵊州市的实践来看,小额贷款公司的主发起人基本都是本地经济的领头企业,小额贷款公司设立之初注册资本就达到上限,这一措施保证了小额贷款公司注册资本的足额到位和“参与管理并承担风险”的规定得以落实。

3. 内部制度建设相对比较完善

嵊州市的小额贷款公司基本上都建立了较为规范的公司治理结构。根据嵊州市金融办对恒丰公司的2009年度、2010年度考核报告，恒丰公司股东会、董事会、监事会、经理层分工明确，公司内部机构、人员职责清晰。按照公司章程定期召开各种会议，有序决策，明确公司的发展目标和具体要求。

同时，由于经营业务范围的相似性，嵊州市的小额贷款公司都参照银行的基本框架建立了从客户调查到贷款回收等一整套较为完整的内控制度，业务经营合法合规，尚未发现有非法集资、异地经营、高利贷等情况，并且机构设置更为精简高效，一般为5～12人，营运成本更低。

4. 业务经营特色化

第一，贷款发放对象主要是农户、个体工商户和具有法人资格的中小企业。

浙江省在试点小额贷款公司之初就以服务“三农”、服务中小企业为导向，在年中出台的两个文件中，这一精神在各个方面都被加以强调。从嵊州市的运行数据来看，农林牧业贷款占到全部贷款的一半以上，而其余对象基本上均为中小企业和个体工商户。

小额贷款公司凭借其灵活快捷的管理体制和经营机制，在小额贷款市场上形成比较优势，反过来，小额贷款公司凭借这一优势，认真落实相关监管政策的要求，加大了对“三农”和微型企业的资金支持力度，重视小额资金市场份额的开拓，体现了其作为“社会企业”的重要职能。

第二，贷款周期短、周转快。

从恒丰公司运营2年累计发放贷款13.69亿元，国银公司运行近三个月累计发放贷款5.12亿元来看，小额贷款公司贷款周期短较，资金使用效率较高。总体而言，贷款期限大多数在6个月内，多为企业或个人用以解决一时现金流动短缺之急。可见，小额贷款公司为地方经济克服金融危机影响、促进转型升级发挥了一定的作用，同时从另一个角度体现了市场机制对资源优化配置的作用。

从浙江省全省来看，小额贷款公司年平均资金周转率为4次，最高达17次。期限在半年以上的贷款金额占比普遍小于15%，而1个月之内的贷款金额占到所有贷款的40%～50%。这主要是由贷款用途和资金价格水平决定的，说明这些贷款大多数用于短期的资金周转或者暂时补充企业流动资金的不足。

第三，贷款集中度趋高。

浙江省政府办公厅2008年46号文件规定，小额贷款公司的70%资金应发放给贷款余额不超过50万元的小额借款人；其后，2009年6月的71号文件对此规定进行调整，原则上小额贷款公司贷款余额的70%应用于单户贷款余额100万元以下的小额贷款及种植业、养殖业等纯农业贷款。其余30%资金的单户贷款余额不得超过资本金的5%。

从恒丰公司贷款集中度来看，2010年年末最大十户贷款余额总计4450万元，其中前六位2010年年末贷款余额均为500万元，均达到单户贷款余额占资本金5%的比例上限。

从浙江省全省来看，据2009年度浙江省工商局关于小额贷款公司运行监管报告显示，多数地市平均每笔贷款额度超过100万元，其中绍兴市最高，接近190万元；杭州市、宁波市、衢州市三地尽管经济发展程度相差较大，但也分别突破 110 万元。

第四，资金来源仍然受限。

从注册资本来看，根据《指导意见》，小额贷款公司为有限责任公司的公司注册资本不得低于 500 万元，为股份有限公司的注册资本不得低于 1000 万元。浙江省《暂行管理办法》规定，小额贷款公司为有限责任公司的公司注册资本不得低于 5000 万元(欠发达县域 2000 万元)，为股份有限公司的注册资本不得低于 8000 万元(欠发达县域 3000 万元)；试点期间小额贷款公司注册资本上限不得超过 2 亿元(欠发达县域 1 亿元)。目前，嵊州市 2 家小额贷款公司均达到注册资本上限。根据中国人民银行的统计报表显示，截至 2011 年 9 月月末，全国共有小额贷款公司 3791 家，实收资本 2823.82 元，户均 7449 万元；浙江省共有小额贷款公司 160 家，实收资本 320.13亿元，户均 2 亿元；上海市共有小额贷款公司 64 家，实收资本 70.45 亿元，户均 1.1 亿元；江苏省共有小额贷款公司 278 家，实收资本 457.64 亿元，户均 1.65 亿元；广东省共有小额贷款公司 149 家，实收资本 142.36 亿元，户均 0.96 亿元。

从融资比例来看，在对嵊州市小额贷款公司的调研中，管理人员纷纷表示对于融资杠杆 50% 的限制是制约小额贷款公司发展的原因之一，这一限制削弱了小额贷款公司做大业务的能力。如恒丰公司已经从中国银行嵊州市支行融入资本金的 50%(未增资扩股前)即 5000 万元，已无法再次融资。

5. 贷款审查规范，风险控制仍有漏洞

由于小额贷款公司与中国人民银行的征信系统尚未对接，使小额贷款公司在放贷时难以畅通地获得贷款申请人的资信状况等核心信息，加上小额贷款公司的贷款对象主要是中小企业、"三农"等弱势群体，使小额贷款公司难以有效开展风险审核。同时，尽管嵊州市的小额贷款公司都参照银行的基本框架建立了从客户调查到贷款回收等一整套较为完整的内控制度，业务经营合法合规，但是由于小额贷款公司毕竟是新生事物，投资决策层多为民营企业老板，与银行业金融机构的经营风险控制能力相差甚远。因此，小额贷款公司贷款风险控制仍然存在漏洞，存在贷前审查、贷中审查、贷后管理、资产风险分类不规范的现象。据笔者抽样调查，恒丰公司在借款人甲某一笔借款期限为 6 个月的贷款中，甲某因货款未能及时收回，共申请展期 4 次，累计展期达 18 个月，不符合《贷款通则》"短期贷款展期期限累计不得超过原贷款期限"的规定。

6. 监管仍然薄弱

根据浙江省《关于开展小额贷款公司试点工作的实施意见》，浙江省建立了小额贷款公司试点工作联席会议制度。由浙江省金融办、省工商局、省财政厅、浙江银监局和人行杭州中心支行等部门建立的联席会议主要职能包括：一是共同制订试点工作实施意见及相关的管理办法；二是对市、县(市、区)试点申报方案进行审核；三是沟通信息，指导县(市、区)政府及相关部门做好监督管理和风险处置工作。各市级政府及市级有关部门负责本地小额贷款公司的政策宣传和协调指导工作。试点县(市、区)政府组织开展小额贷款公司的试点工作，承担小额贷款公司监督管理和风险处置责任。县级工商部门承担各地小额贷款公司的日常监管职能，在县(市、区)政府的组织领导下，督促小额贷款公司合法合规经营。金融办、中国人民银行分支机构、银监会、财政局、公安局等部门根据自身职能做好对小额贷款公司的相关监管工作。

嵊州市市政府金融办于2009年年末、2010年年末组织财政部门、工商部门、中国人民银行、银监会及会计师事务所等有关单位对恒丰公司进行年度考核并出具了考核报告。但是，据笔者了解，嵊州市尚未建立具体的小额贷款公司的监管体系和监管办法，监管措施散见于金融监管办法、中小企业融资扶持规定、工商部门日常管理规定、政府专题会议纪要等相关文件中。根据笔者对相关监管部门的访问，多反映目前对小额贷款公司尚未形成完整的业务指导和监管体系，对其系统性风险和业务风险尚未真正开展日常监管，日常监管多为按照上级统一部署开展。

二、小额贷款公司的发展困境

经过对小额贷款公司的微观考察和宏观分析，笔者认为，小额贷款公司实现可持续发展还存在以下制约和瓶颈。

（一）身份困境

毋庸讳言，关于小额贷款公司的身份定位问题是当前学界和实务界最热衷于讨论的问题。小额贷款公司一系列的发展困境也都是因为身份的模糊性所引起。

1. 自身定性问题

在前文银行业金融机构的差异性比较中已经提到，小额贷款公司既非《中华人民共和国商业银行法》规定的银行业金融机构，也非《中华人民共和国公司法》规定的一般意义上的工商企业。目前，无论是政策层面，还是学界、实务界，都未就小额贷款公司的性质达成统一认识。

2. 市场定位问题

小额贷款公司从设立之初就被赋予消除贫困的责任，带有浓厚的政策性引导属性。在《指导意见》中规定"为全面落实科学发展观，有效配置金融资源，引导资金流向农村和欠发达地区，改善农村地区金融，促进农业、农民和农村经济发展，支持社会主义新农村建设"，小额贷款公司"在坚持为农民、农业和农村经济发展服务的原则下自主选择贷款对象"。地方制定的小额贷款公司管理办法也几乎将小额贷款公司的目标客户定位为无法从正规金融机构获得资金支持的"三农"和中小企业多少都有政策性扶贫的味道。

但是，在小额贷款公司的发展过程中，受试点期间国家宏观调控政策的影响，地方政府设立小额贷款公司的目的更侧重于吸收民间闲置资金，补充银行业金融机构对地方的金融供给不足。同时，由于小额贷款公司是自负盈亏的市场主体，实现利润最大化就是其理性价值追求，并且小额贷款公司作为民营资本，本身就具有逐利性。因此，国家、地方政府和小额贷款公司三者之间就市场定位问题产生了冲突和矛盾。

（二）经营管理困境

1. 经营成本问题

由于小额贷款公司不属于银行业金融机构，所以虽然其经营金融业务，却享受不到金融机构的相关待遇。最直接影响小额贷款公司经营成本的待遇是享受不到金融业税收特殊政策。如在同业存款方面，小额贷款公司在银行的存款只能按照单位活期存款利率计算利息，远低于金融企业的同业存放利率。小额贷款公司的营业税按照5%征收，而农村信用社的营业税按3%征收。以一家1亿元注册资本金的小额贷款公司为例，按全年90%的使用率、月利率18‰计算，全年利息收入为1944万元,实际税后利润1294万元,[1]扣除3%的呆坏账拨备,再扣除2%的营业费用、管理成本,实际收益率为7.94%。

2. 运营效益问题

运营效益的问题主要是利率。《指导意见》规定,小额贷款公司按照市场化原则进行经营,贷款利率上限放开,但不得超过司法部门规定的上限,下限为人民银行公布的贷款基准利率的0.9倍,具体浮动按照市场原则自主确定。看似小额贷款公司利率操作空间很大,但是小额贷款公司目前由于利率管理水平不足、科学的利率定价机制尚未建立,因此在市场上议价能力不足。2010年,浙江省小额贷款公司年平均贷款利率为17.47%,而2009年该项数据仅为13.83%。

3. 资金来源问题

在融资方面,按照中国人民银行再贷款的管理办法,小额贷款公司无法获得中国人民银行的再贷款,国家开发银行的批发贷款也无缘享受,所以只有增资扩股和商业银行拆借。《指导意见》规定,在法律、法规规定的范围内,小额贷款公司从银行业金融机构获得融入资金的余额,不得超过资本净额的50%。这意味着小额贷款公司的财务杠杆最高只有1.5%,而商业银行的杠杆率至少为12.5%。

在注册资本方面,浙江省《暂行管理办法》规定,试点期间,小额贷款公司注册资本上限不超过2亿元。因此,小额贷款公司的可用资金极为有限。很多小额贷款公司成立两三个月后就把全部注册资金都贷出去了。

4. 风险防范问题

前文已述,小额贷款公司的风险防范突出表现为信息不对称导致的外生性风险和业务操作上的内生性风险。外生性风险主要在于:首先,小额贷款公司的经营层多位银行系统出身,对小额贷款公司的小额信贷中的"软信息"的把握能力不强。其次,小额贷款公司在放贷时难以畅通地通过中国人民银行征信系统获得贷款申请人的资信状况等核心信息,这其实不是政策问题,而是技术问题,目前仍然难以统一地开放接入端口。内生性风险主要在于:小额贷款公司作为"草根"金融,不是专门金融机构,在贷款审核上还是缺少专业人员和专业技术,业务审核、流程控制中的操作风险。

(三)制度政策困境

1. 法规范位阶问题

从目前规范小额贷款公司设立和发展的规范性文件的效力来看,不管是央行还是银监会发布的指导意见,还是地方政府的相关政策性文件,其法律效力明显偏低。这样的立法虽然有高效率的优势,但是稳定性偏差,权威性低,很容易在发展过程中出现纰漏。

2. 设立依据问题

从法理上分析,批准经营资格是一项行政许可行为,取消经营资格是一项行政处罚行为。根据《中华人民共和国行政许可法》规定,行政许可以以法律、行政法规、国务院发布的决定、地方

---

[1] 诸葛隽、徐竞:《小额贷款公司运行中的制度创新和完善——以温州为例》,载《上海经济研究》2011年第4期。

性法规、省或自治区或直辖市人民政府规章为依据设立。作为小额贷款公司试点审批这一行政许可，目前没有法律、行政法规为依据，国务院也未以发布决定的方式设定，而法律又不允许地方性法规和省、自治区、直辖市人民政府规章设定。所以，小额贷款公司批准设立目前还缺乏相应的法律依据。同样，按《中华人民共和国行政处罚法》规定，行政处罚权应该由法律和行政法规规定，虽然在没有法律和行政法规规定的情况下，地方性法规可以作出行政处罚的规定，但省市一级政府制定的规章只可设定警告或者一定数量罚款的行政处罚，无权取消经营资格，因此，对小额贷款公司经营资格的取消，目前也缺少相应的法律依据。

3. 监管问题

目前，小额贷款公司尚处于试点阶段，地方政府对小额贷款公司的监管还处于摸索阶段，相关部门对小额贷款公司的经营活动的监管办法和职责还不太明确，缺乏统一的监管标准和具体的监管措施。《指导意见》规定，凡是省级政府能明确一个主管部门（金融办或相关机构）负责对小额贷款公司的监督管理，并愿意承担小额贷款公司风险处置责任的，方可在本省（区、市）的县域范围内开展组建小额贷款公司试点。这条规定表明，小额贷款公司不在银监会监管视野之内，而是授权了各地政府指定相关部门进行监管，并承担试点失败可能出现的风险处置损失。同时，未就监管机构的具体安排作出统一规定，由各试点领导协调小组自己确定。由于各地区发展有差异，地方性法规文件也规定得大不一致。在实践中，这样的监管制度安排，存在一些潜在的矛盾，也对未来的有效监管形成了一些障碍。这不仅会导致多部门插手监管的现象外，还会因为监管部门太多而相互推卸自己的监管职责，造成小额贷款公司实际上无监管的混乱状态。

同时，与金融监管部门相比，地方政府也不具备监管优势。金融的监管需要有专业水平高、道德素质好的监管专业人员，而非一般的办事工作人员，需要先进的监管技术与监管理念，而非简单的执法治理方式。而地方政府显然不具有金融监管方面的专业人才，也无金融监管的专业技术与专业经验。

三、小额贷款公司的发展趋势——浙江省新规定的评判

2011 年 11 月 6 日，浙江省政府办公厅终于发布《关于深入推进小额贷款公司改革发展的若干意见》（以下简称《若干意见》）。之前数月，由于温州市爆发民间借贷危机，出于审慎考虑，这一意见的出台经历了数次推迟，其间还多次进行征求意见。

（一）新政的基本内容解读

新出台的《若干意见》对小额贷款公司的准入条件、资金来源渠道、服务模式创新、规范管理等方面的政策作出了适度放宽和调整。

1. 明确小额贷款公司金融组织的身份定位

《若干意见》指出，把小额贷款公司培育成为特色鲜明的金融性贷款公司以及服务县域“三农”和小企业的新型农村金融组织。而在 2009 年浙江省政府办公厅《关于促进小额贷款公司建康发展的若干意见》中，小额贷款公司，是以服务“三农”和小企业为宗旨，从事小额放贷业务和融资活动的新型农村金融组织。

2. 放宽小额贷款公司的准入条件

《若干意见》规定，小额贷款公司的主发起人及其关联股东首次入股比例上限扩大到30%，但不得再参股本县域其他小贷公司；一般股东入股本县域小额贷款公司不得超过2家；鼓励经营层和业务骨干入股小贷公司。

3. 扩大小额贷款公司的服务范围

《若干意见》规定，允许符合条件的企业到本地区欠发达县域主发起设立小贷公司。运行情况良好、资本金规模较大、风险管控严密、连续两年考评为优秀的小贷公司，经相关政府及省级职能部门批准，可到省内欠发达地区及本市域范围内的乡镇设立分支机构；对设在主城区的小贷公司，经批准同意，可在同城范围内设立分支机构并开展贷款业务。

4. 拓宽小额贷款公司的资金来源

《若干意见》规定，对已设立的小额贷款公司增资扩股，注册资本则不再设上限。在融资比例方面，支持银行业金融机构与小额贷款公司开展资金批发业务与小额贷款零售业务合作，对坚持服务"三农"和小企业、合规经营、风险控制严格、利率水平合理的小额贷款公司，其融资比例可放宽到资本净额的100%。同时，经市级相关职能部门同意，可向主要法人股东定向借款，借款资金来源必须是主要法人股东的自有资金，借款利率一般不超过同期银行融资利率；经同意，也可在本市域范围内小额贷款公司之间进行资金调剂拆借。在直接融资渠道方面，优秀小额贷款公司可与银行、地方金融资产交易平台合作开展资产转让等业务，回购式资产转让业务规模不得超过小额贷款公司资本净额的50%；鼓励符合条件的小额贷款公司通过境内外资本市场上市融资。此外，还鼓励小额贷款公司与金融机构开展保险代理、租赁代理、基金代理等业务合作，提高中间业务收入比重，逐步降低贷款利率水平。

5. 具体"小额、分散"的经营原则

核心内容是"三不得""三严禁"："三不得"即单户100万元以下的小额贷款以及种植业、养殖业等纯农业贷款余额占比不得低于70%；贷款期限在2个月以上的经营性贷款余额占比不得低于70%；对贷款客户不得在贷款利息之外以任何名义收取手续费、咨询费。"三严禁"即严禁变相提高贷款利率，严禁账外经营，严禁贷款资金流向泡沫产业和民间借贷市场。

6. 建立退出机制

一旦发现小额贷款公司有非法吸收公众资金、发放高利贷或变相超额提高贷款利率、账外经营、违规融资、违规放贷等重大违纪违规行为，或出现重大经营风险，相关地方政府及职能部门将严肃查处，责令停业整顿。对情形严重者实施关闭清算等市场退出措施，或者由实力强、经营规范的优秀小额贷款公司收购兼并，确保风险可控。

（二）新政的评判

新政出台后，笔者走访了本地的小额贷款公司，公司多表示，此次新政最吸引他们的是扩大融资比例和延续税收补贴政策。笔者认为，新政的许多措施在一定程度上解决了小额贷款公司目前存在的一些问题。如主发起人及其关联股东首次入股比例上限扩大到30%；已设立小额贷款公司取消注册资本上限；允许优秀小贷公司与银行、地方金融资产交易平台合作开展资产转让等业务；鼓励小贷公司与金融机构开展保险代理、租赁代理、基金代理等业务合作。这些都成为小额贷款公司的利好。

但是,笔者同时也认为,新政仍然存在许多顾虑。

1. 身份问题

首先,尽管《若干意见》明确了小额贷款公司作为金融性贷款公司和新型农村金融组织的性质,但是这样的定性能否得到管理部门尤其是监管机构的认可仍然存在不确定因素。因为,在中国人民银行的金融机构编码中,也曾经把小额贷款公司列入金融机构,但银监会却一直没有给小额贷款公司发放金融许可证,也未把小额贷款公司列入监管范畴。

其次,能否得到金融界的认可仍然存在不确定性,这直接决定小额贷款公司能否享受金融机构的特殊优惠政策。如同业拆借利率,并入中国人民银行征信系统等。

最后,《若干意见》规定,小额贷款公司的发展出路是转制成村镇银行,这里先不谈小额贷款公司是否愿意,转制是否可行,笔者首先想要质疑的是按照这个思路,小额贷款公司仍然是一种过渡性的组织,只有阶段性的存设价值,而失去了独立存在的意义。

2. 融资问题

首先,《若干意见》规定,小额贷款公司融资比例可放宽到资本净额的100%。但是据笔者了解,在2011年8月,银监会还专门发文提示小贷资产证券化的相关风险,要求严把融资比例和小贷证券化关卡。受银监会高度制约的各商业银行是否认同浙江省的规定值得怀疑。

其次,《若干意见》规定,小额贷款公司可向主要法人股东定向借款。尽管设立了限制条件,但是众所周知,市场安全的最优路径是最大量地减少关联交易,加上小额贷款公司的股东多为民营企业,这多少为小额贷款公司的规范经营、安全经营增加了风险。

3. 监管问题

《若干意见》规定,各县(市、区)政府是小额贷款公司风险防范和处置的第一责任人,要求明确专门的金融管理部门。但是,对监管部门的确定仍然是语焉不详,多用含糊其词的“各级监管部门”来表达,没有对监管措施作出明确规定。

我国农村消费信贷及其法律关系探讨*

胡元聪**

目　　次

一、我国农村消费信贷的溯源及演变

我国的农村消费信贷并不是一开始就有，其发展到今天也经历了一个漫长的发展过程。本文在此对它进行追根溯源并对其发展演变做出梳理。

（一）从生活消费到生活消费与生产消费均有的演变

早些时候的借贷主要是用于生活消费。在我国古代，生活消费比生产消费重要得多，正如马斯洛的需求理论，首先得满足基本生存。早在原始社会末期，由于生产力极其低下，部落中部分成员难免缺乏食物，只有从其他成员处"借入"，待日后自己狩猎成功，再进行"归还"。此时主要是一种互助性质。农村借贷行为的发生，出现在私有财产出现之后。有学者指出，中国古代高利贷也可能经历了由互助到借贷再到高利贷的逻辑发展过程。[1] 汉朝时期，"农夫所以常困，有不劝耕之心"，而为了维持基本的生产或生活，向富人借贷，最早的借贷活动开始出现了。这表明，消费借贷与生产借贷相比可能更早，因为农民往往收支相抵，入不敷出，生活贫困，为维持生活进

---

* 本文是国家社科基金项目"农村消费信贷促进法律机制研究"（12CFX071）的阶段性研究成果。

** 西南政法大学经济法学院教授、博士研究生导师，中国农村经济法制创新研究中心研究员，法学博士。

〔1〕 刘秋根：《试论中国古代高利贷的起源和发展》，载《河北学刊》1992年第2期。

行借贷。[1] 后来，随着社会经济的发展，人们的借贷就不仅仅是用于生活消费。如据1936年对湖南省等四省的农村金融调查显示，农户借来的钱粮用途是：农业生产16%，副业4%，修补房舍3%，还旧债及捐税5%，灾祸及丧病26%，口粮生活45%，其他1%。[2]

（二）从免费施舍到有借有还及借贷获利的演变

最早时期的"贷"一般无任何附加条件，据《说文解字注》载："贷，施也。谓我施人曰贷也。"但是，随着商业的逐步发展，"贷"发生了较大的变化：一是导致借贷演变为高利贷；[3] 二是导致"贷"的观念发生变化，称为"借贷"；三是借贷发展成一种债务，称之为"责"即债也。周朝时期，出贷之后均需如数归还而且实现了制度化。春秋中后期，借贷要生息归还。战国时期，生息的借贷成为一种社会常态。[4]

（三）从实物借贷到货币借贷的演变

早期的借贷活动最先表现为实物借贷，如有学者认为，西周时期的借贷多为实物形式。当时的实物主要包括粮食、食盐[5]等。《管子》记载，春秋时期齐国西部谷物借贷的半年利率竟高达100%。其实这就是直接满足消费需求，而不是生产需求。后来随着生产发展，社会分工扩大，货币应运而生。秦汉时期，以货币借贷为主的民间借贷逐渐成为借贷的主要方式。借贷活动遂由实物借贷转为货币借贷，这一趋势延续至今。

（四）从民间借贷到民间借贷与政府借贷并驾齐驱的演变

无论是民间借贷还是政府的官方借贷，都可以在周朝找到相关的借贷的影子。这也就说明，两种形式的借贷几乎是在同时产生的，并无明显的先后顺序。从政府借贷视角来看，《周礼·泉府》记载："民"可以从"泉府"赊贷，有短期无息借贷，有收取利息的贷放，而"泉府"的收入用于"国事"。"泉府"主要是针对贫民、小手工业者和小商贩的具有官方信用性质的机构。当时的组织规模已达128人，说明官方借贷比较发达。从民间借贷视角来看，《周礼·秋官·朝士》载，凡有责者，有判书以治，则听。凡民同货财者，令以国法行之。犯令者，刑罚之。凡属责者，以其地傅而听其辞。这表明，国家权力已经介入私人借贷事务，用法律予以规范。这也从侧面说明，当

---

[1] 据《汉书·食货志》记载：今一夫挟五口，治田百，岁收一石半，为粟百五十石。除十一之税十五石，余百三十五石。食，人月一石半，五人终岁为粟九十石，余有四十五石。石三十，为钱千三百五十。除社闾尝新春秋之祠，用钱三百，余千五十。衣，人率用钱三百，五人终岁用千五百，不足四百五十。不幸疾病死丧之费，及上赋敛，又未与此。此农夫所以常困，有不劝耕之心，而令籴至于甚贵者也。另有：晁错复说上曰：今农夫五口之家，其服役者不下二人，其能耕者不过百亩，百亩之收不过百石。春耕夏耘，秋获冬藏，伐薪樵，治官府，给徭役；春不得避风尘，夏不得避暑热，秋不得避阴雨，冬不得避寒冻，四时之间，亡日休息；又私自送往迎来，吊死问疾，养孤长幼在其中。勤苦如此，尚复被水旱之灾，急政暴赋，赋敛不时，朝令而暮改。当具有者半贾而卖，亡者取倍称之息，于是有卖田宅、鬻子孙，以偿责者矣。

[2] 王煜宇：《农村金融法律制度改革与创新：基于法经济学的分析范式》，法律出版社2012年版，第76页。

[3] 参见徐祗朋：《周代借贷性质的演变》，载《松辽学刊》（哲学社会科学版）2000年第2期。

[4] 参见乜小红：《论中国古代借贷的产生及其演变》，载顾海良、颜鹏飞主编：《经济思想史评论》（第6辑），经济科学出版社2010年版，第157~163页。

[5] 关中无盐氏载："吴楚七国兵起时，长安中列侯封君行从军旅，赍贷子钱，子钱家以为侯邑国在关东，关东成败未决，莫肯与。唯无盐氏出捐千金贷，其息什之。三月，吴楚平。一岁之中，则无盐氏之息什倍，用此富埒关中。"参见《史记》（卷129）《货殖列传》，中华书局1959年版，第3280~3281页。

时民间借贷也比较发达。时至今日,我国仍然发达的民间借贷依然与政府借贷并驾齐驱。

(五)从依照习惯道德约束到依照法规约束的演变

《周礼》记载:"凡民之贷者,与其有司辨而授之,以国服为之息"。[1] 此时,国家并未直接干预这类借贷,只是作为调解者处于中立地位。而西周至春秋时期,高利贷的出现成就了富商大贾对财富的积聚,进而形成富者愈富的"马太效应"的局面。除商人外,贵族、官僚也普遍涉足借贷活动。国家开始制定法规进行规范,如唐代《杂令》规定了有息借贷问题。[2] 明代限制民间借贷的利率"不得超过三分",且"不论借款时间之长短,利息不得逾本金之半"。清代要求"每月取利并不得过三分。年月虽多,不过一本一利"。

二、我国农村消费信贷的界定及特征

(一)我国农村消费信贷的界定

1. 消费信贷的含义

什么是消费信贷?国内主要从两个视角下定义:一是以信用关系和信用行为视角下定义。如较早研究消费信贷的学者尹世杰教授认为,消费信贷是银行、信用社运用一部分资金满足居民消费需要的一种信贷行为。[3] 周显志教授则认为,消费信贷是指金融或商业等机构向有一定支付能力的消费者调剂资金余缺的信贷行为和信用关系。[4] 二是从信贷产品视角下定义,即消费信贷由银行或专门机构向居民个人提供,用于提高居民即期消费水平、平滑居民终生消费的一类信贷服务产品。[5]

西方国家非常强调信贷的对象仅仅是个人或者自然人,用途仅仅是用于消费而不包括其他对象和用途。如美国将消费信贷定义为,向自然人提供的并由其承担融资费用的信贷,只限于家庭或消费类型的交易,而不包括商业或农业经营目的。[6]学者巴罗(Barro. R. J.)作出了相似的界定。[7] 很显然,西方国家的定义比较狭窄。

本文认为,消费贷款是指银行或其他金融机构向消费者以贷款形式提供的信用,包括信用贷款和抵押贷款。这里没有特别限制贷款对象和用途。

---

[1] (清)孙诒让:《周礼正义》(卷28),中华书局1987年版,第1098页。

[2] 包括契约的订立、利息禁制、履行方式、司法救济、质押物处理和保证责任等,参见何艳春:《我国民间借贷的历史渊源与管制》,载《人民法院报》2013年4月19日,第5版。

[3] 尹世杰:《关于农村消费信贷问题的探讨》,载《广西农村金融研究》1983年第2期。

[4] 周显志、夏少敏:《关于消费信贷问题的法学思考》,载《消费经济》1999年第3期。

[5] 中国人民银行货币政策司2002年发表的《中国消费信贷发展报告》。

[6] 即美国《1969年消费信贷保护法案》的定义。参见陆忠行:《消费信贷立法的思考》,载《金融法苑》2005年第5期。

[7] 他认为消费信贷专指金融机构特别是商业银向消费者提供的用来购买商品或其他服务的信贷,金融机构通过信用、抵押、质押等担保方式向个人发放贷款。See Barro. R. J., "The Loan Market, Collateral and Rate of Interest", *The Journal of Money, Credit and Banking*, 1976, p. 345.

2. 农村消费信贷的含义

随着社会的发展，农村消费信贷在今天也有其新的含义。关于什么是农村消费信贷，不同学者亦有不同的观点。主要包括广义、中义和狭义三种。

(1)狭义的农村消费信贷

有学者认为，农村消费信贷是金融机构相继实施的，针对我国农村地区的个人单纯以消费为目的的贷款。其隶属于农村信用贷款。这里，狭义上的农村消费信贷强调：一是消费信贷的用途主要是满足纯粹消费为目的，不包括生产性的贷款；二是强调贷款对象是非法人或组织的自然人；三是强调在贷款主体上局限于正规的银行或金融机构。

(2)中义的农村消费信贷

有学者认为，农村消费信贷指在农村地区，由金融机构向农户提供的，用于满足农民消费需求的信贷方式。[1] 这里，中义上的农村消费信贷强调：一是没有限制贷款的最终用途，即既可以是生产性也可以是生活性的消费信贷；二是贷款对象没有限制，可以是法人，也可以是自然人；三是在贷款主体上局限于正规的银行或金融机构。

(3)广义的农村消费信贷

有学者认为，农村消费信贷有两点含义：一是农户从正规金融机构获取的，最终用于消费的贷款；二是农户从非正规渠道获取的消费性贷款。[2] 这里，广义的农村消费信贷强调：一是没有限制贷款的最终用途，即既可以是生产性也可以是生活性的消费信贷；二是贷款对象没有限制，可以是法人，也可以是自然人；三是在贷款主体上既包括正规的银行或金融机构，也包括非正规贷款主体。

本文认为，我国农村消费信贷是由正规金融机构向农村地区信贷客户提供的，用于满足消费需求的信贷方式。这种消费信贷既包括生产性消费信贷也包括生活性消费信贷。[3] 因此，本文对农村消费信贷的定义属于中义的定义。

(二)我国农村消费信贷的特征

我国的农村消费信贷与城市消费信贷相比较，具有以下特征。

1. 农村消费信贷的主体多元性

农村消费信贷的主体是官方的金融机构，不包括民间金融组织。虽然我国的民间借贷非常盛行，可以说是与官方借贷并驾齐驱，重要性日益凸显。但是本文主要讨论国家正式金融机构，尤其是新型农村金融机构、农村信用社、中国农业银行等对农户的消费信贷。当然，随着农村信贷客户的需求日益增加，以及国家的重视，参与农村消费信贷的信贷机构会逐渐增加。

[1] 高珊珊：《农村消费信贷信用风险评估》，中国矿业大学2010年博士学位论文，第13页。

[2] 葛鸣：《我国农村居民消费信贷需求的影响因素分析》，河北经贸大学2012年硕士学位论文，第786页。

[3] 学者认为还有一种特殊的信贷需求，它是指农户的信贷需求不是生产和生活所引致的，而是属于一种心理防御需求，即为了不露富而故意借钱。参见刘艳华：《中国农村信贷配给及其绩效评价研究》，山东农业大学2009年博士学位论文，第29页。这种消费信贷不是本文探讨的内容。

2. 农村消费信贷的用途广泛性

农村消费信贷的用途广泛，但是主要可以分为两类：一是对生产性消费的信贷，二是对生活消费性的信贷。国外学者一般不作严格区分，正如有学者指出，消费信贷区分生产和生活目的并不合适也没有必要（Franz Heidhues，1994[1]）。有学者认为，有必要与建材提供者和房地产开发商合作以便有效使用贷款（Garajan and Meyer，2005[2]），这里的用途主要是满足生活消费需要，但是也利于生产消费。本文所涉及的文献，主要是关于生产消费的信贷，但是其中不少也包括生活消费信贷，在此并不作严格区分。

3. 农村消费信贷的时间不均衡性

农村消费信贷的对象是农村信贷客户，其从事的农业生产具有强烈的季节性。调查发现，年末时农民卖粮手中有钱，没多少消费贷款需求；而春节前为婚嫁、过年需要消费贷款；春节后为春耕生产消费信贷则剧增；7～8 月为解决子女上学等问题消费信贷需求不减。[3] 这种季节性的信贷需求，要求信贷机构调整信贷政策与其相适应，否则难以满足信贷需求。同时，农民消费贷款的期限最好与农副产品收入期一致，确保农民还贷能力。[4]

4. 农村消费信贷的需求多样性

国家统计局将农村居民家庭消费支出分为八大类。[5] 本文将其分为三个层次：第一层次包括衣着支出、食品支出、居住支出；第二层次包括交通和通信支出，文教、娱乐用品和服务支出以及医疗保健支出；第三层次包括前述第一、第二层次消费之外的部分。[6]

我国东、中、西部地区经济发展差异很大，城乡“二元”经济结构也非常明显，因此东、中、西部农村地区经济发展水平差异很大，同样是东、中、西部，但是城市化农村、城乡接合部及偏远农村的经济发展水平差距也很大。因此，不同经济发展水平的信贷客户有不同的消费信贷需求。显然经济发展水平高的地区比经济发展水平低的地区有更多的消费信贷需求。同时，还有可能存在的情形是，消费信贷的主流客户应该是中等或中等偏上收入者阶层。[7] 因此，信贷机构应关注农村中因收入水平差异而产生的不同消费需求，根据需要设计不同种类的有农村特色的消费信贷产品。

5. 农村消费信贷的需求变动性

农村消费信贷需求与信贷客户的收入水平、信用水平、消费观念等密切相关。当农村消费信

---

[1] Franz Heidhues, *Consumption Credit in Rural Financial Market Development*, Seminar on Pioneers, Problems and Premises of Rural Financial Intermediation in Developing Countries, Wageningen Agricultural University, 1994.

[2] Nagarajan, Meyer, *Rural Finance: Recent Advances and Emerging Lessons, Debates, and Opportunities*, AEDEWP－0041－05, 2005(3), p. 52.

[3] 聂清竹、纪文平、郎峰、高柏明：《对勃利县农村消费信贷情况的调查》，载《黑龙江金融》2004 年第 10 期。

[4] 沈虹：《开展农村消费信贷业务的几点建议》，载《现代金融》1999 年第 5 期。

[5] 包括食品支出，衣着支出，居住支出，家庭设备及服务支出，交通和通信支出，文教、娱乐用品及服务支出，医疗保健支出，其他商品及服务支出。

[6] 郝亚玲、张树忠：《农村信贷对农村居民消费结构的影响——基于 31 个省份的实证分析》，载《郑州航空工业管理学院学报》2015 年第 3 期。

[7] 李雨嘉：《论我国农村消费信贷需求与策略》，载《理论月刊》2010 年第 8 期。

贷客户的收入水平、信用水平、消费观念发生变化以后，他们对消费信贷的需求就会发生变化。当然这种变化一般是由需求数量少到需求数量多，由需求质量低到需求质量高的变化，当然也不排除反向变化。有学者指出，中部地区的农村消费信贷客户对资金的需求，逐渐由生产性消费信贷需求向生活性消费信贷需求转变。但现阶段中部地区生活性消费信贷的领域过于狭窄。因此，要发展农村消费信贷就要大力拓展生活消费信贷的范围[1]以不断适应信贷需求的变化。同时，农村消费信贷的需求变动性很强，也给农村消费信贷机构带来了机遇与挑战。

6. 农村消费信贷的区域差异性

我国当前农村消费信贷的区域差异特征非常典型。我国东中西部经济发展不平衡，同时，同一地区内部也有明显的"二元"经济结构。一般来说，发达地区倾向于正规信贷，而不发达地区倾向于非正规信贷。陈志武调查了收入水平最高的北京，次之的丹东县、第三的徐水县和河南的三个村，显示北京人之间的借贷和礼物往来最少，丹东和徐水次之，[2]农村人之间的借贷和礼物往来最多。[3] 换句话说，农村地区的经济发展水平决定了消费信贷的层次和水平。有学者对比北京远郊农村，发现北京农村居民对于银行提供消费信贷服务的认可度远高于中西部地区。[4] 同时，在相对边远的村屯，农户收入较低，消费能力有限，而收入较高的乡镇居民消费意愿强烈。[5]

7. 农村消费信贷的结构失衡性

结构性失衡是我国农村消费信贷市场存在的主要问题。这一问题主要表现为：一是在信贷用途上，生产性消费信贷较多，生活性消费信贷较少。二是在信贷时间上，小额短期的消费信贷较多，大额长期的贷款较少；三是在信贷项目上，住房消费信贷业务较多，对其他创新型的信贷品种研究、开发不够，导致耐用消费品、旅游、汽车、医疗等消费信贷贷款比较少。

8. 农村消费信贷的产品落后性

我国目前农村消费信贷产品还比较落后，还是比较传统的住房购买、修建及其装修、购买农机具等生产设备、购买农药化肥种子等原料、购买家电等耐用消费品、子女教育、子女婚嫁等几种。娱乐、文化、保健、旅游类等享受型消费信贷并未充分进入信贷机构支持的消费信贷范围。

9. 农村消费信贷的抵押物局限性

我国目前农村消费信贷的抵押物范围存在较大的局限，仅有住房、耕牛、大型农机具等。但是因为相关市场没有完全建立，对于现有的抵押物，信贷机构并不喜欢，因此迫切需要增加抵押物的品种类别。

---

[1] 参见曾之明、岳意定：《拓展中部地区农村消费信贷的实证分析——以湖南省为例》，载《河南金融管理干部学院学报》2009年第2期。

[2] 陈志武：《对儒家文化的金融学反思》，载《原道》2007年第1期。

[3] 郭梅亮：《传统文化习俗下的农村消费性金融需求分析》，载《中国经济问题》2011年第1期。

[4] 陶桂平、韩立岩：《扩大农村消费需求 完善消费信贷体系》，载《经济金融观察》2011年第6期。

[5] 潘佐郑、王骄阳：《农村消费信贷供给与需求的实证分析》，载《区域金融研究》2010年第5期。

三、我国农村消费信贷的分类及功能

(一)我国农村消费信贷的分类

1. 按照消费信贷的用途分类

按照消费信贷的用途,一般将农村消费信贷两类,即生产性消费信贷和生活性消费信贷。二者其实只是表述不同而已。按照这种分类标准,有学者认为农村消费信贷分为生产性贷款与消费性贷款;还有学者认为可以分为经营性贷款与生活性贷款;也有学者分为经营性消费信贷和生活性消费信贷。根据前述分类,本文将农村消费信贷分为生产性消费信贷和生活性消费信贷。[1] 我国目前的信贷机构对农村发放的信贷主要局限于生产性贷款,对消费性贷款重视不够。

2. 按照消费信贷的层次分类

按照消费信贷的层次,可以将农村消费信贷分为生存型、享受型和发展型消费信贷。其中,教育、医疗和住房方面的消费信贷属于生存型消费信贷;娱乐、文化、保健类等方面的信贷属于享受型消费信贷;交通、通信、培训等属于发展型消费信贷。我国目前的信贷机构对农村发放的信贷主要局限于生存型消费信贷,对享受型和发展型消费信贷重视不够。

3. 按照消费信贷的信用形式分类

根据《农户贷款管理办法》(银监发〔2012〕50 号)规定,农户贷款按信用形式分为信用、保证、抵押、质押贷款和组合担保方式五大类别。本文所指农村消费信贷就是指以上五人类别的贷款。我国目前的信贷机构对农村发放的信贷主要还是局限于或者倾向于生产性贷款,而对消费性贷款明显重视不够。

4. 按照消费信贷的时间长短分类

农村消费信贷按照消费信贷时间的长短可以分为三类:一是期限一般为几天或几个月,最长不超过 1 年的短期消费信贷;二是期限一般在 1 ~ 3 年,由消费者分期付款的方式还款的中期消费信贷;三是期限在 3 年以上,绝大部分采取抵、质押贷款方式,消费者在较长时期内分期分批次偿还的长期消费信贷。我国当前农村消费信贷多为短期贷款和中长期贷款,而以短期贷款为主,长期贷款较少。

5. 按照消费信贷的信用工具分类

农村消费信贷按照信用工具的不同,可以分为分期付款、按揭贷款和信用卡贷款三种:一是分期付款(消费者在购买耐用消费品时按月偿还的贷款);二是按揭贷款(消费者在购买房屋等商品时,在支付首付款后,将所购商品作为担保抵押给贷款银行的消费信贷);三是信用卡贷款(消费者透支款项并由消费者在发卡行规定的期限内偿还)。我国当前农村消费信贷中按揭贷款多一些。

(二)我国农村消费信贷的功能

关于农村消费信贷的功能,国外学者认为,农村消费信贷市场会改变家庭总效用和福利水平

---

〔1〕 俞梅:《促进农村消费信贷发展的对策研究》,载《山东社会科学》2009 年第 12 期。

(Tobin,1987[1]),以及发挥消费保险作用并降低农户的预防性储蓄动机从而拉动消费(Cochrane,1991)。还有学者认为,消费信贷功能(通过提供消费信贷来平稳收入和平滑消费)是农村金融的三大功能之一(Schmidt,Kropp and Weires,1987[2])。有学者还发现,农村金融服务会通过消费信贷影响农户食品安全(Zeller et al. ,1997[3])。还有学者指出,印度和泰国农民缺少信贷和保险可能会阻碍人力资本和企业家才能的形成从而恶化收入不平等状况(Robert M. Townsend,1995[4])。发展初期的居民获得信贷的差异导致企业家和雇员的形成(Banerjee and Newman,1993[5]),也不利于人力资本和物质资本积累(De Gregorio,1996[6]),而且信贷约束与无效的金融体系共存可能造成经济增长缓慢(Greenwood and Jovanovic,1990;[7] Levine,1997[8])。消费信贷增长和消费支出增长之间存在显著的正相关关系(Bacchetta and Gerlach,1997[9])。消费信贷能够平滑低收入群体的消费行为,能够改善中高收入群体的消费和投资模式,但是显著减少了各个收入群体的储蓄率(Chang,2010[10])。

国外学者也研究了消费信贷的负面作用,即过分轻易地获得消费信贷,带来了一系列严重的经济、社会、心理问题(Neuner et al. ,2005[11])。具体表现为:一是消费信贷使得消费者对奢侈品、汽车、度假以及其他服务的消费更加容易,加剧了社会攀比(Livingstone and Lunt,1992[12]);二是

---

[1] Tobin,J. ,"Financial Intermediaries,the New Palagravea Dictionary of Economics",Edited by John Eatwell,*Murray Milgate*,*Peter Newman*,Vol. 2,E to J,1987.

[2] Schmidt, Kropp, Weires, *Landliches finanzwesen: ein orien-tierungsrahmen*, BMZ, GTZ/DSE, Eschborn, 1987, pp. 1 -7.

[3] Zeller,Schrieder,Braun,et al. ,"Rural Finance for Food Security of the Poor:Implications for Research and Policy", *Food Policy Review*,1997(4),pp. 15 -81.

[4] Robert M. Townsend, "Consumption Insurance: An Evaluation of Risk-Bearing Systems in Low-Income Economies",*The Journal of Economic Perspectives*,Vol. 9,No. 3(Summer,1995),pp. 83 -102.

[5] Abhijit V. Banerjee and Andrew F. Newman,"Occupational Choice and the Process of Development",*Journal of Political Economy*, Vol. 101,No. 2(Apr. ,1993),pp. 274 -298.

[6] José De Gregorio, "Borrowing Constraints, Human Capital Accumulation, and Growth", *Journal of Monetary Economics*,Vol. 37,Issue 1(February 1996),pp. 49 -71.

[7] J. Greenwood, B. Jovanovic, *Financial Development and Economic Development*, Economic Development and Cultural Change,1990.

[8] Ross Levine,"Financial Development and Economic Growth:Views and Agenda",*Journal of Economic Literature*, Vol. 35,No. 2(Jun. ,1997),pp. 688 -726.

[9] Bacchetta, S. Gerlach, "Consumption and Credit Constraints: International Evidence", *Journal of Monetary Economics*,40(2),1997,pp. 207 -238.

[10] Chang,Beryl Y. ,"Greater Access to Consumer Credit:Impact on Low Versus High Income Groups",*Journal of Business & Economic Studies*,Vol. 16,No. 1,2010,pp. 33 -57.

[11] Neuner,M. , Raab, G. and Reisch, L. A. ,"Compulsive Buying in Maturing Consumer Societies: An Empirical Reinquiry",*Journal of Economic Psychology*,Vol. 26(4),2005,pp. 509 -522.

[12] Livingstone,Sonia M. and Lunt,Peter K. ,"Predicting Personal Debt and Debt Repayment:Psychological,Social and Economic Determinants",*Journal of Economic Psychology*,Vol. 13,Issue 1,1992,pp. 111 -136.

25～34岁的消费者最容易由于过度使用消费信贷而导致个人破产(Sullivan,1989[1]);而循环信用和小额分期付款的滥用是导致个人破产率大幅度上升的直接原因(Paquin and Squire Weiss,1998);三是过度的消费信用会导致消费、生产和就业超过可持续发展的水平,产生极高的社会成本,最终要靠消减赤字等来解决(Starr,2010)。

国内学者都认为消费信贷是扩大内需、促进经济增长的重要手段(易宪容等,2004;[2]楚尔鸣,2009[3])。有学者对我国1978～2007年的相关数据进行研究,发现农村金融深化有利于促进农村居民消费增长(刘纯彬、桑铁柱,2010[4]);有学者分析了我国1978～2008年的数据,认为金融信贷在短期可有效扩大农民消费(郭英、曾孟夏,2011[5])。有学者研究了我国1978～2010年的数据,发现农村金融发展对农村居民消费增长具有明显的正向促进作用(张毓卿、周才云,2012[6]);有学者分析了我国1979～2010年的数据,认为农户人均可支配收入、农村金融效率和农村金融规模都显著影响农户的消费支出(胡帮勇、张兵,2012[7]);有学者分析了我国1995～2009年数据,认为农村金融主要是从四个方面促进农村居民消费增长(谢顺利、周翼璇,2014[8])。有学者指出,东、中、西部农业信贷支持水平都对农村居民消费支出具有正向影响,其中中部最强,西部次之,东部最弱(陈力朋、陈锦然,2015[9]);还有学者认为,农业信贷配给对农民消费具有负向间接效应,而且对低收入水平者抑制作用高,对高收入水平抑制作用相对低(刘艳华,2016[10])。

本文着重强调的是农村消费信贷在促进农村居民消费方面的功能。其功能可以划分为以下两种。

1. 提高农村消费信贷客户的消费水平

(1)直接促进农村消费的功能,即通过消费性信贷直接产生消费。有学者利用孟加拉国农村的大面板数据分析了小额信贷对农村居民消费的影响,即当家庭遇到疾病冲击时,小额信贷对

[1] A. Sullivan, B. Warren, J. Westbrook, As We Forgive Our Debtors-Bankruptcy and Consumer Credit in America, 1989, p. 20.

[2] 易宪容、黄瑜琴、李薇:《消费信贷、信用约束与经济增长》,载《经济学动态》2004年第4期。

[3] 楚尔鸣:《扩大消费需求必须重视金融政策》,载《消费经济》2009年第1期。

[4] 刘纯彬、桑铁柱:《农村金融深化与农村居民消费增长:假说与实证》,载《江西财经大学学报》2010年第2期。

[5] 郭英、曾孟夏:《我国农业支持与农民收入和消费的再思考——基于整体性的多变量协整系统》,载《经济问题》2011年第11期。

[6] 张毓卿、周才云:《金融对农村居民消费增长支持效应的动态分析》,载《江西社会科学》2012年第2期。

[7] 胡帮勇、张兵:《中国农村金融发展对农民消费影响的实证研究——基于1979年～2010年的时间序列数据》,载《经济经纬》2012年第6期。

[8] 即增强流动性、优化交易方式、培养消费意识和提供消费保险,参见谢顺利、周翼璇:《我国农村金融发展对居民消费的影响研究》,载《消费经济》2014年第1期。

[9] 陈力朋、陈锦:《农业信贷支持对农村居民消费支出的影响——基于省级面板数据的实证分析》,载《西部论坛》2015年第2期。

[10] 刘艳华:《农业信贷配给对农村居民消费的间接效应——基于面板门槛模型的阐释》,载《农业经济问题》2016年第7期。

缓解居民消费受该冲击影响的效应。[1] 通过消费性信贷，可以直接增加信贷客户的短期收入，使其可以购买急需的消费品，如婚嫁物品、住房即期装修、汽车以及应对疾病等，从而直接促进农村居民的消费，提高信贷客户的消费水平。

(2)间接促进农村消费的功能，即通过带动农村生产、提高农民纯收入提高消费。有学者发现，农户生产经营性信贷可以通过增加产出和收入促进消费支出增长。[2] 通过生产性消费信贷支持带动农业生产，进一步发挥农村金融对农村经济的"输血""活血""造血"功能，[3] 从而间接提高农民即期收入，增强其消费能力，进而提高农村居民的消费水平。尹学群等指出，生产经营性信贷对农业产出增长、收入提升以及消费支出增长均具有显著作用。[4] 当然也有持不同意见者。[5]

2. 提高农村消费信贷客户的生产水平

社会再生产的四个环节互相制约、相互促进。马克思说，信用也会作为媒介，从而提高通货的速度，[6] 即通过信用能加速商品流转从而促进生产的发展。同时，通过消费信贷，使消费者的购买力提前实现，既满足了消费需要，又加速了商品流通，反过来又促进了生产发展。开展农村消费信贷，必将能够活跃农村经济，促进农业生产发展。因为开展消费信贷，能够使农民在发展生产的同时，逐步提高消费水平。通过消费水平的提高，反过来可以促进生产的发展，从而能够促进农民致富。

四、我国农村消费信贷法律关系

(一)农村消费信贷对法律制度的需求

宏观方面，有学者指出，转型经济国家的正式法律制度发展中，基于血缘、地缘、伦理关系、信誉的市场交往往往受到冲击。当法制逐步完善，多层次治理市场就发挥出更强的契约执行能力，非正式的治理方式就会退化到次要地位(Dixit，2004[7])。约翰逊等最早研究了投资者保护的法律制度与金融危机的关系，他们分析了25个国家的证券市场在亚洲金融危机中的表现，结果表明在投资者法律保护制度非常不健全的国家更容易爆发金融危机，经济衰退的可能性更大

---

[1] Islam A. Maitra P.，"Health Shocks and Consumption Smoothing in Rural Households：Does Microcredit Have a Role to Play?"，*Journal of Development Economics*，97(2)，2012，pp. 232－243.

[2] Li X.，C. Gan and B. Hu.，"The Welfare Impact of Microcredit on Rural Households in China"，*Journal of Socioeconomics*，2011，40(4)，pp. 404－411.

[3] 徐充、张志元：《关于拓展我国农村消费信贷的思考》，载《经济问题》2009年第9期。

[4] 尹学群、李心丹、陈庭强：《农户信贷对农村经济增长和农村居民消费的影响》，载《农业经济问题》2011年第5期。

[5] 有学者的经验研究表明，过度的消费信贷显著减少了各个群体的储蓄率，降低了经济的长期可持续增长率，因此从长期看会降低大部分人的生活标准。See Chang，Beryl Y.，"Greater Access to Consumer Credit：Impact on Low Versus high Income Groups"，*Journal of Business & Economic Studies*，Vol. 16，No. 1，2010，pp. 33－57.

[6] 马克思：《资本论》，曾令先、卞彬、金永编译，江苏人民出版社2011年版，第423页。

[7] Avinash K. Dixit，*Law Lessness and Economics：Alternative Modes of Governance*，Princeton University Press，2004.

(Johnson,et al. ,2000[1])。

微观方面,一是农村消费信贷市场的评估离不开法制因素。有学者指出,对农村金融市场的评估应包括政策环境、法律和监管体系、政策干预的效力等(Yaron et al. ,1998[2])。大多数发展中国家由于不完全产权、法律执行问题等使得正规金融机构对农户的抵押资产评估价值很低(J. F. M. Swinnen and H. R. Gow,1999[3])。二是农村消费信贷市场离不开法制基础。有学者认为,任何国家的农村金融市场运作均依赖于法律基础和非法律基础,因此应构建保证农村金融安全的法律框架。同时有学者认为,吸引资金流入农村金融市场的关键在于金融机构准入和退出机制立法(Heywood W. Fleisig,2003[4])。三是金融法制与经济增长之间的关系。有学者指出,经济主体自身能够改善合约的规范性,逐渐消除合约制度可能存在的消极影响(Daron Acemoglu,2003[5])。有学者认为,合同的有效执行与支持性法律框架和正规金融部门内部运行体系密切相关(Demirguc-Kunt and Levien,2004[6])。

(二)金融法律制度对农村消费信贷的促进功能

农村消费信贷的法律促进机制涉及金融制度,不同学者对金融制度有不同见解。有学者认为,金融活动的核心是激励,因为金融制度的主要功能就是通过确定一个有效的激励结构,为制度所涉成员提供有效的激励。[7] 还有学者认为,金融制度可以约束和激励人们的金融行为,降低金融交易费用和竞争中不确定性导致的金融风险(Kumar,P. C. ,1994[8])。

其实,早在18世纪,亚当·斯密(Adam. Smith,1776[9])就认为法律应该规定最高利息率。否则,银行闲置的资金就会流向资金利用效率低的借款人和具有投机性的借款者手中,因为只有这两种人愿意支付高利息。还有学者以49个国家为样本,对金融与一国法律渊源之间的关系进行了实证研究,结论是按法律或者法律执行质量衡量的投资者保护水平与一国金融发展呈明显

[1] Johnson,S. and P. Boone,A. Breach,E. Friedman,"Corporate Governance in the Asian Financial Crisis",*Journal of Financial Economics*,58,2000,pp. 141 - 186.

[2] Yaron,Benjamin,Charitonenko,"Promoting Efficient Rural Financial Intermediation",*The World Bank Research Observer*,13,1998,pp. 147 - 170.

[3] J. F. M. Swinnen,H. R. Gow,"Agricultural Credit Problems and Policies During the Transition to a Market Economy in Central and Eastern Europe",*Food Policy*,1,Vol. 24,1999,pp. 21 - 47.

[4] Heywood W. Fleisig and Nuria de la Peña,"Legal and Regulatory Requirements for Effective Rural Financial Markets Paving the Way Forward for Rural Finance An International Conference on Best Practices",*Legal Policy and Ramifications for Rural Finance*,2003.

[5] Daron Acemoglu and Simon Johnson,"Unbundling Institutions",*Journal of Political Economy*,113(5),2005,pp. 949 - 995.

[6] Demirguc-Kunt,Levein,"Regulation,Market Structure,Institutions,and the Cost of Financial Intermediation",*Journal of Money*,Credit and Banking,2004 (3), pp. 593 - 622.

[7] 吴军、何自云:《金融制度的激励功能与激励相容度标准》,载《金融研究》2005年第6期。

[8] Kumar,P. C. ,"Ineffciencies From Financial Liberalization in the Absence of Well-Functioning Equity Markets:A Comment",*Journal of Money Credit and Banking*,1994(26),pp. 341 - 344.

[9] Adam Smith,*The Wealth of Nations*, W. Strahan and T. Cadell, London, 1776.

的正相关,对投资者保护好的国家,金融发展程度较高;对投资者保护程度较差的国家,金融发展水平也较低(La Porta,et al. ,1997[1])。他们还构造了一个信贷权指标,用来比较不同法律环境下的信贷权差异,结论同样是法律或者法律执行质量与信贷权指数呈正相关关系(La Porta, et al. ,1998[2])。还有学者论述了法庭对债务合同执行力度对贷款数量、利率和违约率的影响。他们认为,司法效率的改进会增加信贷总量,减少信贷配给(M. Bianco et al. ,2002[3])。

(三)我国农村消费信贷法律关系的内容

消费信贷在市场经济发达国家起步更早,发展更快,其在全世界范围内都是一种受到法律保护的消费形式。这些法律包括但不限于美国《消费信贷保护法令》、英国《1974 年消费信贷法》等。[4] 我国的农村消费信贷以农户的信用为基础,使放贷机构(信贷机构)与农户(信贷客户)之间形成一种债权债务关系,目的是使农村居民在不影响未来生活水平的前提下提高今天的生活质量,并且受法律的保护。[5] 而消费信贷法是指调整金融机构对消费者提供消费信贷所形成的消费关系的法律规范的总称。[6]

本文认为,农村消费信贷法律关系包括农村消费信贷法律关系主体、农村消费信贷法律关系内容和农村消费信贷法律关系客体。农村消费信贷合同主体双方,即信贷机构和信贷客户之间实质上是一种债权债务关系。

1. 农村消费信贷法律关系主体

农村消费信贷法律关系主体,是指参与农村消费信贷法律关系,享受农村消费信贷权利和承担农村消费信贷义务的当事人。在我国的农村消费信贷法律关系中,最直接相关的主体是信贷机构与信贷客户。

(1)信贷机构

信贷机构是指从事农村消费信贷的金融组织。这些金融组织在不同层面有具体不同的内容。常见的有新型农村金融机构、县域金融机构、农村中小金融机构等。这些信贷机构按照不同的标准可以进行不同的分类和界定:

第一,按照信贷机构的传统与新型类别划分。具体包括两类:第一类是传统的金融机构;[7]

---

[1] Rafael La Porta, Florencio Lopez-De-Silanes, Andrei Shleifer and Robert W. Vishny, "Legal Determinants of External Finance", *The Journal of Finance*, Vol. 52, No. 3, Papers and Proceedings Fifty-Seventh Annual Meeting, American Finance Association, New Orleans, Louisiana January 4 – 6, (Jul. ,1997), pp. 1131 – 1150.

[2] Rafael La Porta, Florencio Lopez-De-Silanes, Andrei Shleifer and Robert W. Vishny, "A Model of Investor Sentiment", *Journal of Financial Economics*, Vol. 49, Issue 3, (September 1998), pp. 307 – 343.

[3] M Bianco, T Jappelli, M Pagano, "Courts and Banks: Effects of Judicial Enforcement on Credit Markets", April, 2002, CSEF Working Paper No. 58.

[4] 任春琼:《我国消费信贷信用风险之法律防范》,华侨大学 2007 年硕士学位论文,第 5 页。

[5] 高珊珊:《农村消费信贷信用风险评估》,中国矿业大学 2010 年博士学位论文,第 13 页。

[6] 参见周显志、郑佳:《论消费信用卡透支风险的法律监管制度建设》,载《法学论坛》2005 年第 2 期。

[7] 如中国农业银行、中国农业发展银行、农村商业银行、农村信用社、邮政储蓄银行等。

第二类是新型农村金融组织，如村镇银行、[1]贷款公司、[2]农村资金互助社、[3]小额贷款公司[4]等。其中，《中央财政新型农村金融机构定向费用补贴资金管理暂行办法》（财金〔2009〕31号，以下简称《定向费用补贴资金管理暂行办法》）和《关于中央财政农村金融机构定向费用补贴资金管理暂行办法》（财金〔2010〕42号，以下简称《定向费用补贴资金管理暂行办法》）都将新型农村金融机构界定为经银监会批准设立的村镇银行、贷款公司、农村资金互助社三类农村金融机构。

第二，按照信贷机构所处的区域位置界定。《财政县域金融机构涉农贷款增量奖励资金管理暂行办法》（财金〔2009〕30号）指出，县域金融机构是指县辖区域内具有法人资格的金融机构和其他金融机构（不含农业发展银行）在县及县以下的分支机构。

第三，按照规模大小来界定。《农村中小金融机构行政许可事项实施办法》（银监会令〔2008〕3号）指出，农村中小金融机构包括传统的农村商业银行、农村合作银行、农村信用合作社，以及新型农村金融机构如村镇银行、贷款公司和农村资金互助社等。

总之，本文认为，农村消费信贷涉及的信贷机构包括：传统的农村商业银行、农村合作银行、农村信用合作社，以及新型农村金融机构如村镇银行、贷款公司和农村资金互助社及邮政储蓄银行等。

（2）信贷客户

本文述及的信贷客户是指农村消费信贷的直接客户。一般来说，包括农村居民、农民工、农村企业和农村各类组织等。但是这些信贷客户在不同层面有具体不同的内容。这里有几个农村消费信贷的相关概念需要进一步厘清，如农户、农户贷款、农村区域、农村地区。

第一，关于农户的界定。许多法律法规对农村消费信贷的重要主体——农户——进行了清晰的界定。

其一，《关于农村金融有关税收政策的通知》（财税〔2010〕4号，以下简称《农村金融税收政策通知》）和《关于中国农业银行三农金融事业部试点县域支行涉农贷款营业税优惠政策的通知》（财税〔2010〕116号）作出了相同的界定，农户是指长期（一年以上）居住在乡镇（不包括城关镇）行政管理区域内的住户，包括两类。[5]《关于中国农业银行三农金融事业部涉农贷款营业税

---

〔1〕《村镇银行管理暂行规定》第2条规定，村镇银行是指经中国银行业监督管理委员会依据有关法律、法规批准，由境内外金融机构、境内非金融机构企业法人、境内自然人出资，在农村地区设立的主要为当地农民、农业和农村经济发展提供金融服务的银行业金融机构。

〔2〕《贷款公司管理暂行规定》第2条规定，贷款公司是指经中国银行业监督管理委员会依据有关法律、法规批准，由境内商业银行或农村合作银行在农村地区设立的专门为县域农民、农业和农村经济发展提供贷款服务的非银行业金融机构。

〔3〕《农村资金互助社管理暂行规定》第2条规定，农村资金互助社是指经银行业监督管理机构批准，由乡（镇）、行政村农民和农村小企业自愿入股组成，为社员提供存款、贷款、结算等业务的社区互助性银行业金融机构。

〔4〕《关于小额贷款公司试点的指导意见》（银监发〔2008〕23号）规定，小额贷款公司是由自然人、企业法人与其他社会组织投资设立，不吸收公众存款，经营小额贷款业务的有限责任公司或股份有限公司。

〔5〕一是长期居住在城关镇所辖行政村范围内的住户和户口不在本地而在本地居住一年以上的住户，二是国有农场的职工和农村个体工商户。

优惠政策的通知》(财税〔2015〕67 号)又规定,农户以户为单位,既可以是从事农业生产经营的,也可以是从事非农业生产经营的。而农户的除外情形也有两类。[1]

其二,《农户贷款管理办法》(银监发〔2012〕50 号)规定,农户是指长期居住在乡镇和城关镇所辖行政村的住户、国有农场的职工和农村个体工商户。

第二,关于农村地区和农村区域的界定。以区域来界定农村消费信贷的对象也是一种常见的方式。

其一,关于农村地区。如《关于调整放宽农村地区银行业金融机构准入政策更好支持社会主义新农村建设的若干意见》(银监发〔2006〕90 号,以下简称《调整放宽准入政策若干意见》)规定,农村地区是我国中西部、东北和海南省的县(市)及县(市)以下地区,以及其他省(区、市)的国定贫困县和省定贫困县(统称农村地区)。《村镇银行管理暂行规定》第 59 条、《贷款公司管理暂行规定》第 43 条、《农村资金互助社管理暂行规定》第 66 条对农村地区进行一样的界定,只是在最后增加了"县以下地区"。

其二,关于农村区域。农村区域是指除地级及以上城市的城市行政区及其市辖建制镇之外的区域。[2]

第三,关于农户贷款和涉农贷款的界定。农村消费信贷从贷款的视角也可以与普通的城市贷款进行一定的区分。

其一,关于农户贷款。《农户贷款管理办法》(银监发〔2012〕50 号)第 2 条将农户贷款界定为银行业金融机构向符合条件的农户发放的用于生产经营、生活消费等用途的本外币贷款,并且强调了"农户"的范围。[3]《农村金融税收政策通知》(财税〔2010〕4 号)则强调农户贷款的判定应以贷款发放时的承贷主体是否属于农户为准。

其二,关于涉农贷款。涉农贷款是指县域金融机构发放的,支持农业生产、农村建设和农民生产生活的贷款。[4] 具体统计口径以《关于建立〈涉农贷款专项统计制度〉的通知》(银发〔2007〕246 号)规定为准。

第四,关于农村金融服务的重点对象及其扩展。事实上,相关法律法规对农村金融服务的对象做了具体化。

其一,《发展小额贷款业务指导意见》(银监发〔2007〕67 号)强调进一步拓宽小额贷款投放

〔1〕 一是位于乡镇(不包括城关镇)行政管理区域内和在城关镇所辖行政村范围内的国有经济的机关、团体、学校、企事业单位的集体户;二是有本地户口,但举家外出谋生一年以上的住户,无论是否保留承包耕地均不属于农户。农户以户为统计单位,既可以从事农业生产经营,也可以从事非农业生产经营。

〔2〕 参见《关于金融企业涉农贷款和中小企业贷款损失准备金税前扣除政策的通知》(财税〔2009〕99 号)。

〔3〕《农户贷款管理办法》(银监发〔2012〕50 号)第 2 条规定,该办法所称农户贷款,是指银行业金融机构向符合条件的农户发放的用于生产经营、生活消费等用途的本外币贷款。该办法所称农户是指长期居住在乡镇和城关镇所辖行政村的住户、国有农场的职工和农村个体工商户。

〔4〕《财政县域金融机构涉农贷款增量奖励资金管理暂行办法》(财金〔2009〕30 号)规定,涉农贷款是指县域金融机构发放的,支持农业生产、农村建设和农民生产生活的贷款。

的广度，扩大到农村多种经营户、个体工商户以及农村各类微小企业。[1]

其二，《关于全面做好农村金融服务工作的通知》（银监办发〔2011〕36号，以下简称《全面做好农村金融服务工作通知》）强调，在服务对象上，继续做好农户和农村小企业信贷支持，把农机大户、种粮大户、农民专业合作社以及农业产业化龙头企业，列入重点支持范围。

因此，本文认为，农村消费系信贷无论是从农户、农村区域，还是贷款的视角，都可以进行相应的界定，主要是为了区别于普通的消费信贷。

（3）其他主体

第一，中国人民银行和银保监会。中国人民银行和银保监会是积极推进我国农村消费信贷的重要的激励主体和约束主体。它们主要从政策方面进行激励和约束。

第二，财政部和国家税务总局。财政部和国家税务总局也是积极推进我国农村消费信贷的重要的激励主体和约束主体。财政部主要是从财政支持方面进行激励，而国家税务总局主要是从税收优惠方面进行激励。

以上四类主体在农村消费信贷活动中起着重要激励和约束作用。从2006年以来，它们分别通过发布条例、通知、意见等，为促进农村消费信贷提供制度支撑。

第三，保证人。保证人在农村消费信贷活动起着重要作用。《中华人民共和国担保法》规定，保证人是指具有代为清偿债务能力的法人、其他组织或者公民。《中华人民共和国商业银行法》规定，商业银行应当严格审查保证人的偿还能力，抵押物、质物的权属和价值以及实现抵押权、质权的可行性。在我国，对农村消费信贷客户来说，“保证人”并不好找。因此，可借鉴国外经验，解决借款人难以找到有效担保人或是能够找到担保人但担保力较低的问题。在此过程中，担保机构收取极低的费用，在减轻被担保人的负担的同时能够保证机构的日常运作。

第四，地方党政部门（村委会和支委会）。我国农村消费信贷需要农户的相关信息，而村委会和支委会作为基层组织，其提供的征信信息有非常重要的作用。《发展小额贷款业务指导意见》（银监发〔2007〕67号）非常重视地方党政部门（村委会和支委会）在农村消费信贷方面的作用。其强调：一是要注重争取地方党政部门，包括村委会和支委会的支持；二是对参与贷款清收工作的地方党政人员、村委会和支委会干部，采取适当奖励措施。

第五，信贷机构员工。信贷机构员工是直接与信贷客户打交道的重要主体，他们的业务素质、服务态度都会影响农村消费信贷。《关于小额贷款公司执行〈金融企业财务规则〉的通知》（财金〔2008〕185号）在这方面作出了特别的激励规定，即可以在工资计划中安排一定数额，对作出突出贡献的职工给予奖励。

可以通过图1以显示农村消费信贷法律关系。

[1] 具体包括种养大户、订单农业户、进城务工经商户、小型加工户、运输户、农产品流通户和其他与“三农”有关的城乡个体经营户等。

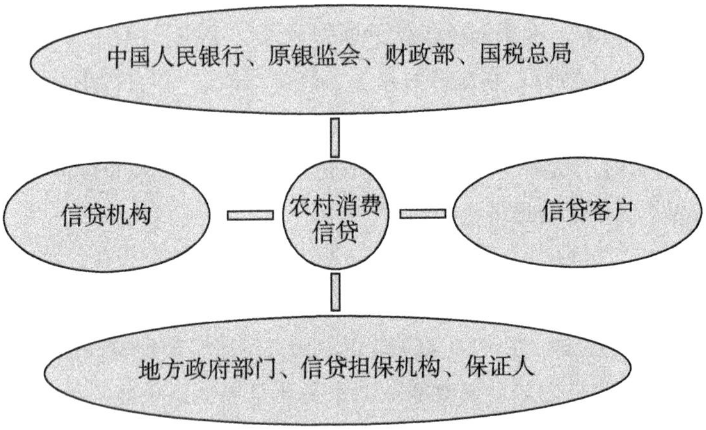

图1　农村消费信贷法律关系

2. 农村消费信贷法律关系内容

农村消费信贷法律关系内容是指农村消费信贷主体享有的权利和承担的义务。它是农村消费信贷法律关系的基础和核心,没有农村消费信贷法律关系内容,农村消费信贷法律关系就会失去意义。

农村消费信贷法律关系内容中的权利是指农村消费信贷权利,即农村消费信贷主体依法能够为一定行为和不为一定行为或要求他人为一定行为和不为一定行为,以实现其意志或利益的可能性。农村消费信贷法律关系内容中的义务是指农村消费信贷义务,即农村消费信贷主体根据法律的规定,为满足权利主体的要求,在农村消费信贷的过程中履行某种义务的必要性。

就二者的关系而言,信贷义务是实现信贷权利的条件,与信贷权利形成对立统一关系,权利以义务为条件,义务以权利为前提。信贷权利与信贷义务是相互对应的,即农村消费信贷主体双方既享有一定的权利,又承担一定的义务。信贷机构的权利和义务是指信贷机构在信贷法律规定和信贷合同约定的范围内所享有的权利和应当履行的义务。信贷客户的权利和义务指信贷客户在信贷法律规定和信贷合同约定的范围内所享有的权利和应当履行的义务。

3. 农村消费信贷法律关系客体

农村消费信贷法律关系客体,是指农村消费信贷法律关系中主体的信贷权利和信贷义务所共同指向的对象,具体表现为一定的信贷行为和财物。它既是劳动法律关系主体之间得以形成权利义务关系的中介,又是权利和义务的承载体。

信贷行为,是指信贷机构和信贷客户在实现农村消费信贷过程中所实施的行为。在农村消费信贷法律关系中,信贷行为的方式、质量和数量都具有重要的意义。财物,是指农村消费信贷法律关系体现双方当事人物质利益的实物与货币,如信贷款项、抵押物、贷款利息等。

从控制到解放：土地流转目标下土地用途管制制度功能重塑*

杨　惠**

目　次

一、问题的提出：农地流转中的管制迷思

产权经济学认为，产权如果不能正常转让，则产权效益实现的交易成本就会提高，因此，一切稀有资源优化配置的主要途径就是流动转让。当前家庭土地承包对农户生产积极性的激励机能不断衰减，而其小规模土地经营的弊端却日益凸显，如何在稳定土地承包关系的基础上促进土地承包经营权流转，已成为时下中国一个重大而紧迫的课题。近年来，随着国家法律和政策的认可、支持和鼓励，农村土地承包经营权流转速度不断加快。然而，不规范的土地流转交易始终难以打开农村土地流转市场，农村土地价格的升值空间受堵、交易价格被低估等都让农民增收和农村农业产业化发展缓慢。为推进农村土地承包经营权流转由自发、分散向规范化和市场化转型，成都市农村产权交易所、重庆农村土地交易所、长沙市农村土地流转交易中心等一批有形市场相继兴建。但让人遗憾的是，在这些市场上，农村承包土地的交易却不尽如人意。报载，截至2011年1月，长沙农村土地流转交易中心共成功竞拍9笔农地交易，"基本上是直接起步价就拍掉了，一般来的竞拍者只有一个"。〔1〕 在重庆农地交易所，交易也主要集中于"虚盘"（地票交易），而

---

* 本文是教育部人文社会科学青年基金项目"中国土地用途管制制度市场取向改革研究"；重庆市哲学社会科学规划一般项目"农村土地转用许可制度创新——破解农村土地流转瓶颈"。

** 西南政法大学经济法学院教授、硕士研究生导师，法学博士。

〔1〕 张翀：《湖南农地流转之困》，载《新金融观察》2011年第1期。

“实盘”交易(土地承包经营权及林权交易)寥寥。

农地流转何以有行无市?学界多将之归因于农业用途比较利益的低下,认为由此导致了农地使用权需求的乏力,也催生了农地流转后的“非农化”与“非粮化”现象。〔1〕的确,利益是解释人类行为的一个重要向度。然而,制度经济学也告诉我们,人只能在制度框架内实现一定程度的“有限理性”而不是完全理性。也就是说,人的行为是受制度驱使的,制度是对人们行为的约束和激励,行为也是对特定制度的理性反应。由此,笔者疑惑的是,既然农地流转必须依循“用途管制原则”,〔2〕而土地用途在很大程度上决定了土地的价格,那么我们的用途管制制度为什么没能协调好土地市场上的价格竞争与用途竞争?这仅仅是制度执行不力,还是我们的用途管制本身存在根本性的问题?我们是否真正建立了一项符合市场需要的土地利用管理制度?笔者以为,土地用途管制作为我国土地管理法的核心制度,这些问题不仅关涉我国当前土地管理法的修改,也是推进我国土地资源市场化配置亟待明确的重要理论命题。

二、控制市场:我国土地用途管制制度功能检讨

土地用途管制制度发端于西方成熟市场经济国家,该制度为当今世界各国所普遍采用,是一项旨在“克服土地市场失灵,确保土地利用合乎社会需要”的基本的土地公共管理制度。它强调国家依据土地利用规划对市场主体的土地利用及转用行为进行强制性干预,以消除个体使用土地上的负外部性,并阻止资源及资源上附有的社会经济文化价值不因私人短视行为而遭受不可逆转的破坏。我国的土地用途管制制度确立于1998年修订的《中华人民共和国土地管理法》(以下简称《土地管理法》),〔3〕自始就被视为我国土地管理制度的一次伟大革新。不过,在笔者看来,尽管我们必须承认这一制度乃是我国土地市场发展的产物,〔4〕但究其根本,该制度的产生却并非基于保障市场运行的需要,而主要是为了弥补传统计划管制模式在应对土地有偿使用带来的耕地“非农化”和“非粮化”风险时的功能缺陷,其实质不过是嫁接在我国传统计划管理体制上、服务于政府主导土地资源配置的一项制度设计,是政府控制土地市场的一项政策工具。具体表现在以下方面。

1. 我国现行土地用途管制制度沿袭了以“政府垄断土地一级市场”为中心的计划管制逻辑,本质上乃是中央政府自上而下推行的,是旨在既要维系地方政府对土地市场的垄断地位,又要约束地方政府垄断权的一项管制工具。

诺斯的路径依赖理论显示,制度变迁具有沿袭原有制度发展路径的惯性。因此,作为一个转

---

〔1〕 正如有学者所指出的:“现在粮食价格相对低,投入成本又这么高,如果流转之后,还是种稻谷的话基本上没什么收入。”

〔2〕 党的十七届三中全会决定不仅把“用途管制”作为我国未来完善农村土地管理制度的一项基本原则,还进一步将“确保农业用途不改变,确保基本农田用途不改变”明确为土地承包经营权流转的一个兜底条件。

〔3〕 1998年《土地管理法》修订,其第4条明确规定:“国家实行土地用途管制制度。”由此以法律的形式将用途管制确定为我国土地管理的根本制度。

〔4〕 推进这一场制度变革的动因来自城市土地有偿使用改革对1986年后实行的“统一的分级限额审批”的土地管理制度的冲击。

轨国家,计划经济的特点作为我们的市场体制的一个本源性的特征而始终保留在我们的市场机体之内。在笔者看来,伴随土地市场的发展,我们的整个土地管理制度的演进逻辑其实贯穿着从“行政计划分配土地资源”到“政府垄断土地市场”再到“地方垄断土地市场,中央调控地方”这样一条线索。而土地用途管制制度作为我国土地管理制度体系的一个组成部分,其自然也贯穿着这样的制度逻辑。因此,我国土地用途管制制度的制度设计在根本上内含着“服务于地方垄断市场”的制度设计和“强化中央调控地方”的制度设计两个部分,后者以前者为基础。其中“强化中央调控”的制度设计占据了主体部分。比如,1998 年《土地管理法》中关于农用地转用审批的规定、农用地转用及征地审批权上收的规定、耕地及建设用地的总量控制的规定、耕地保有量及新增建设用地指标管制的规定,以及 2004 年后的土地督察制度、行政问责制度、垂直管理体制等都体现着这一精神。而“服务于地方垄断市场”的制度设计则主要体现在限制集体土地利用方向的相关规定上,典型体现是 1998 年《土地管理法》第 43 条第 1 款规定:“任何单位和个人进行建设,需要使用土地的,必须依法申请使用国家土地;但是,兴办乡镇企业、村民建住宅,依法批准使用本集体经济组织农民集体所有土地的,或者乡村公共设施和公益事业建设依法批准使用农民集体土地所有土地的除外。”该规定在 2004 年修订的《土地管理法》中依然保留。笔者认为,该条款实际上限定了集体土地只能用于农业生产或农民宅基地和兴办乡镇企业等与集体密切相关的建设。这种对集体土地用途的限制,与泛化的土地征收制度相互映衬,构成了政府垄断土地市场的重要制度支撑。由于两种类型制度所占比重的不同,导致人们通常更关注土地用途管制制度的宏观调控功能,甚至把它当成中国土地管理制度向市场化转型的一个标志。但笔者认为,如果我们不能从整体上认识到这种宏观调控乃是建立在“地方垄断市场”基础上的宏观调控,我们就无法认清现行土地用途管制制度“控制”而非“服务”市场的本质,也无法破解我国土地资源配置市场化改革的“瓶颈”。

2. 我国现行土地用途管制制度以“耕地保护”为基本出发点,对建设保障与生态保护缺少对称性关注,其已然异化为一项单纯的耕地保护工具,而不具有统筹协调竞争性土地利用的功能。

耕地保护的重要性毋庸置疑,但这并不代表耕地保护应成为土地用途管制制度的最优位,甚至唯一的价值追求。土地资源作为人类生存不可缺少而又不可替代的自然基础,不同的用途代表着人类对土地资源的不同需要,因此,市场的发展、社会的稳定和进步都需要各种利益的协调,而不是简单地选择和舍弃。事实上,在西方市场经济发达国家,土地用途管制制度在根本上乃是要建构一个能够兼顾生产、生活与生态目标的土地利用秩序框架,为实现经济效益、社会效益、环境效益的均衡协调发展提供基础和保障。在我国,土地用途管制制度根源于伴随土地市场的发展而不断加剧的耕地流失现象,由此耕地保护也就顺理成章地成为我国土地用途管制制度的最高价值追求,同时也是正当化政府的土地用途管制权的最有力和根本的理由,而生态保护、财产权保障、经济建设等目标从某种程度上来说都臣服于耕地保护这一更上位的目标。纵观我国土地用途管制制度,无论是从土地利用基本方针的制定(强调把保护耕地放在土地利用与管理的首位;坚持供给制约和需求引导……),还是规划指标的确定(规划指标包括农用地转用计划指标、耕地保有量计划指标、土地开发整理计划指标以及建设用地指标,四个指标中三个围绕耕地),都表现了以“耕地保护”为中心的基本思路,而对建设保障与生态保护(尤其是生态保护)缺少关注。因此可以说,我国现行土地用途管制制度实质上仅是一项单纯的耕地保护工具,而不具有市场发展所需要的统筹协调竞争性土地利用的功能,无法形成土地市场稳定运行的基础性的制度机制。

3. 我国现行土地用途管制制度未能与土地规划制度充分衔接,管制重在以“命令 - 控制”式的计划手段来严控土地的利用和转用,而相对忽视了土地利用的空间和时间秩序的建构,无法为土地流转提供必要的制度支撑。

虽然《土地管理法》强调用途管制应以土地利用总体规划为依据,《中华人民共和国城乡规划法》也规定了规划许可制度作为规划的实施机制,但总体来说,土地规划对土地用途管制的指引作用相当有限。现行土地用途管制主要依赖传统“命令 - 控制”式的计划手段,一方面,以严格的禁限性规范来控制土地利用,典型体现在农用地的管制上,立法没有顾及农用地使用人的利益,而是用若干禁止性规范来强制农地必须农用;[1] 另一方面,又以严格的计划指标和行政审批来控制建设用地的规模与农地的转用,尤其是自上而下的各种用地指标的分解和强制适用,事实上成了我国土地用途管制中最核心和基本的管制形式,笔者认为,这种形式虽然用起来简单方便,对“量”的控制有显著的效果,但是因缺少弹性,往往无法满足具体土地利用的需要,实践中规划指标频被突破即是明证,目前正在各地试行的“指标增减挂钩”,可以看作对这种僵化的管制方式的市场化改良,但相关的制度还有待建立。同时,这种管制方式因为欠缺对土地利用空间与时序的考虑,既无法完成对土地利用“质”的精细化调整,也无法有效引导和规范土地开发区位、容积与时机的选择,无法为土地流转提供有效的制度支撑。

综上所述,笔者认为,从土地流转的角度观之,我国现行土地用途管制制度归根到底只不过是政府控制土地流转风险的一种机制,对风险控制的单向关注已使其成为市场流转的障碍,正如E. 博登海默所指出的,虽然“某种程度的安全是必要的”,但“如果对安全的欲求变得无所不包,那么就会产生一种危险,即人类的发展会受到抑制或妨碍,因为某种程度的压力、风险和不确定性往往是作为一种激励成功的因素而起作用的”。[2] 随着“耕地抛荒”“小产权房”“以租代征”等带有普遍性的冲突事例在我国土地市场频频上演,表明我国土地用途管制制度与土地市场间的矛盾正在日益激化和显化,全面反思并重新理解这一制度对于土地市场和土地流转的意义已势在必行。

三、土地流转、土地权利与土地用途管制的关系:基于土地所有权社会化的考察

土地流转归根结底是土地权利的流转,而要明确土地用途管制制度对土地权利流转的功能

---

〔1〕《土地管理法》在“耕地保护”一章中对农地使用权人设定了若干禁止性规范,“禁止占用耕地建窑、建坟或者擅自在耕地上建房、挖砂、采石、采矿、取土等”,“禁止占用基本农田发展林果业和挖塘养鱼”,“禁止任何单位和个人闲置、荒芜耕地”;《基本农田保护条例》进一步“禁止在基本农田保护区内从事建房、建窑、建坟、挖砂、采石、采矿、取土、堆放固体废弃物;买卖或者以其他形式非法转让基本农田;闲置、荒芜基本农田;破坏或者擅自改变基本农田保护区的保护标志;向基本农田排放污染物”等行为。

〔2〕[美]E. 博登海默:《法理学:法律哲学与法律方法》,邓正来译,中国政法大学出版社1999年版,第295页。

与意义,首先就必须厘清土地用途管制与土地权利的关系。众所周知,近代财产法理念从“私权神圣”到“财产权伴随着义务”的变迁,不仅对财产权的内涵做了新的诠释,也重新定义了私有财产权与政府公权力的关系。土地用途管制归根结底是政府基于公共利益需要对私有土地财产权的干预和限制。因此,笔者认为,土地权利与土地用途管制的关系可以由“土地所有权社会化”得以证成。从土地所有权社会化角度观之,土地用途管制已不单是外在于土地权利的一种政府行为,而与土地权利呈现一种内在的密不可分的关系。这种密不可分的关系主要体现在以下方面。

(一)土地权利必须是附有用途管制义务的权利

土地权利人没有随自己的意愿进行土地利用的自由,而只有按用途管制规定进行土地利用的权利。土地权利之所以必须限于政府用途管制的框架之内,这主要源于土地资源本身的特性及其所肩负的重要社会职能。换言之,土地作为今生后代所有人类以及各种动植物赖以生存、不可或缺的物质基础和国家的重要经济资源,其利用必须兼顾生产、生活与生态的多种需要,但鉴于土地资源固有的有限性、固定性、不可替代性等特点,土地利用对人类而言,一旦决定了某一种使用方式,同时就排除了其他方式的使用途径,如农业区土地一旦变更为可建筑使用地,就很难再恢复农业生产用地之原来面貌;一个天然景致之形成,一旦以人为力量加以改造,就再难窥探其自然历史痕迹。而且,在不同用途的土地利用之间还存在“此消彼长”的关系,某种用途的土地的利用(如建设用地)的扩张往往意味着另一用途的土地的利用(如农用地)的萎缩,并由此引发诸多严重的社会后果(如农用地萎缩可能产生粮食安全的问题、失地农民的生存发展问题)。此种基于土地资源有限性产生的土地用途的互竞性以及分散决策背景下土地利用的逐利性,决定了土地财产权人的决策自由必须服从于土地整体利用的利益考量,享有土地本身就意味着对社会与自然承担义务,这种义务即使没有相应的补偿也可以强制执行。

(二)土地用途管制决定了土地使用权的内容

基于土地资源的有限性,特定之人享有的土地财产权必须建立在限制他人不能享有该土地财产权的基础之上,这种“排挤效应”的存在意味着土地财产权的成立势必有赖于政府衡酌社会现况、依实际需要在相互冲突的土地利用主张间进行积极的抉择判断,即国家的用途许可决定了土地利用自由权的存在状态,土地权利人可以将何处的土地在何时、做何使用,以及未来潜在的可以转做何种使用都必须服从于政府的土地用途管制规定,不得逾越法律的界限。因此,土地权利的差异其实正是源于国家政策的目的而导致的对土地权利限制的差异,针对不同用途设计的管制规则决定着不同用途的土地使用权的权利内容。

(三)土地用途管制划定了土地使用权的界限

任何公共利益的创设,都隐含着私人利益的削弱,并以一种“此消彼长”的关系共存于同一个所有权的框架之内,即国家使用限制的部分越强,私人受保障的部分也就越弱(见图1)。因此,土地用途管制规定事实上限定了土地利用自由的边界,土地用途管制的程度决定了土地利用自由的程度。从此意义上说,纵使国家的使用限制不可免,土地权利人的私有部分亦应获得妥当的保障,否则管制就无异于“多数人的暴力”,并将损及土地财产权制度的良善。

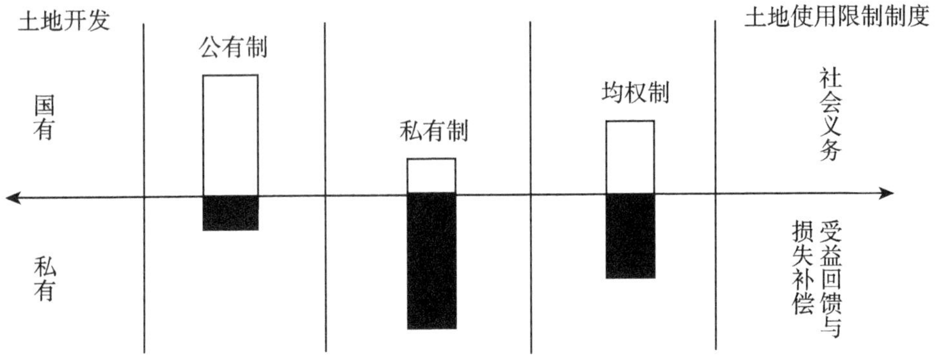

图1 土地所有权制度与规划管制理念关系[1]

四、从控制到解放：土地流转目标下土地用途管制制度的功能拓展

诚如有学者所言："未正确地认识或顺应市场的力量，任何土地使用分区条例，都将会导致都市失去经济与社会活力。"[2]虽然土地市场的机能运作确有缺失，但政府也并非万能。因此，一项符合土地流转需要的土地用途管制制度，它的功能不在于替代市场，而是要更好地健全市场的机能。用苏永钦的话说，借由自治的限制，来矫正被扭曲的自治，实际上是要建立一个更健全的自治环境。[3] 我国从计划经济转轨而来，计划管制的惯性加上土地市场本身发育不全，给了政府更多干预市场的借口，因此我国现今的土地用途管制制度呈现强烈的控制或替代土地市场机能运作的倾向，实有必要站在促进土地资源市场化配置的立场来对土地用途管制制度的功能体系进行重新建构。从健全市场的目标出发，我们认为，我国现阶段的土地用途管制制度应当扮演市场的矫正者与培育者的双重角色，不仅应当发挥矫正市场失灵的作用，更肩负着解放私权、培育公平市场竞争环境的职能，具体如下。

（一）产权明晰功能

产权明晰是财产权利流转的前提。一方面，只有产权明晰才能使流转主体清楚地判断流转权利的市场价值，从而作出是否流转的市场决策；另一方面，产权明晰也才能有效避免流转中的搭便车、机会主义、互相蚕食等混乱，减少不必要的财产纷争。土地资源及其市场受产权制度的制约及影响尤甚，这源于土地稀缺所引起的合理利用土地资源的要求。如前所述，土地权利是附有用途管制义务的权利，所以土地用途管制制度是明晰土地权利必不可少的要素。具体言之，土地用途管制制度，一方面可借由容积率、高度限制、建筑间的间隔限制等管制规定来限制土地利用的密度；另一方面可借由划定土地利用区，规定不同利用区的允许、不允许或附条件使用的活动组别来管制土地使用活动；同时还可借由土地用途变更规则来规范土地的转用，从而得以明确

[1] 图示参考陈明灿：《国土政策与法律》，台北：翰芦图书出版有限公司2006年版，第92页。

[2] Kintish B. and Shapiro J. ,"The Zonging of Today in the City of Tomorrow,Planning and Zoning New York City-Yesterday",*Today and Tomorrow*,ed. Bressi T. W. ,Center for Urban Policy Research,p. 153.

[3] 苏永钦：《走入新世纪的私法自治》，中国政法大学出版社2002年版，第150~151页。

土地可供利用的属性及权利,使土地有可交易或作较为稳定的投资使用的可能。

这一功能在我国具有更为特殊的意义。由于我国禁止集体土地所有权流转,市场流转的对象只能是国家“给予”集体土地使用人的各项用途特定的具体的土地使用权,如集体建设用地使用权、集体宅基地使用权、农村承包经营权,由此“用途限定”与“权利形成”合而为一,国家“许可”的土地用途构成了土地使用权固有的经济属性。所以,土地用途管制制度在我国明晰产权的意义更突出,对土地流转的作用也更大。目前我国学界关于集体土地“产权明晰”的讨论多集中于集体土地产权性质与产权归属的明晰,但笔者认为,在土地权利已经由“以占有为中心”转向“以利用为中心”的现代社会,就算产权的性质和归属清楚了,如果土地使用的内容和范围得不到明晰,也难以真正实现产权明晰的目标。

值得注意的是,要做到产权明晰,还应当将土地用途管制制度的财产权界定结果纳入产权登记。一方面,通过土地登记系统将土地规划及用途管制的结果予以记载、明确,这样既可以让使用地者和相关权利人知道不同的宗地可以做什么,不可以做什么,有什么权利,没有什么权利,从而对其用途有一个合理的预期,对其财产价值也有一个合理的评估;另一方面,土地的公共管制条件通过土地登记作为土地权利的一部分固定下来,才能形成对管理者的有效约束,抑制政府行为的随意性,更好地对土地财产权利提供保护。正如有学者所言,“要实现土地产权明晰,各级政府的土地利用规划必须严格、稳定、规范,否则‘产权明晰’就失去了意义”。〔1〕

(二)创造公平竞争的市场环境的功能

市场以价值规律作为资源配置的基本手段,而竞争是价值规律得以实现和发挥作用不可或缺的条件。公平的竞争环境是市场主体展开有效竞争,实现市场对社会资源优化配置的前提和基础。对于土地流转来说,土地用途管制制度具有创造公平竞争的市场环境的功能,这主要体现在以下几个方面。

1. 创造土地权利自由流转和平等交易的市场条件。所谓公平竞争,首要的条件是机会公平,即要让每一个竞争主体都能自由地站在同一起跑线上,以平等的身份去竞争。众所周知,市场竞争基本的是价格竞争和供求竞争,也就是供需双方围绕交易条件而展开讨价还价,双方“议价力量”的博弈形成合理的市场价格并引领资源自发流向最需要的地方。但在土地市场上,除了价格竞争和供求竞争,还有土地用途间的竞争。由于在同一区位上,不同的用途获得的收益是不同的,而同一用途在不同区位上所能获得的收益亦有较大的差异,土地需求者具有选择最佳区位和最适用进行生产经营的动机,各用途土地区位的竞争由此展开。但问题是,各用途所代表的价值并非都能在市场价格中展现,如农业用途中的“粮食安全”价值,生态用途中的“生态安全”价值以及文化古迹中的“历史”价值、“美学”价值等,这些价值是人类持存所不可缺少的,但对于市场来讲,它们却具有典型的“外部性”的特点,即生产者无法要求受益者付费,所以它们在市场竞价中处于劣势,市场从经济价值出发的竞价结果可能偏离社会的共同需要。因此,将不同用途的土地权利人置于同一市场竞争显然是不公平的。而土地用途管制制度按不同的土地用途类型施以

〔1〕 沙玛建峰:《土地规划定了,就应该像法律那样严格遵守——访中国社会科学院农村发展研究所研究员、宏观经济研究室主任党国英》,载《中国土地》2008年第12期。

不同的管制制度,由此形塑了不同类型土地的权能结构。这意味着相同类型的土地具有了相同的权能结构,由此它们具有了按市场价值规律引导来配置土地资源的条件,不再存在产权歧视和产权主体地位不一致的问题。从此意义上说,笔者认为,土地用途管制制度其实发挥着细分市场的功能,并在其细分的市场内提供了土地权利人自由进出和平等交易的条件。

2. 保障市场竞争结果的分配公平。E. 博登海默把人对分配公平的需要归因于"对歧视的反感",[1]进而导出分配公平的意义在于"公正会增进合作,而歧视则会侵损合作"。[2] 土地流转虽然是土地资源最有效和合理利用的核心,但市场对效率的追求如果忽略了结果公平,则经济效益的张显将只能伴随社会矛盾的激化并损及社会合作的潜力。正如罗尔斯在对功利主义的效益观的批判中所阐明的,如果只重视行为结果的整体评估,却完全不重视是谁得到了利益,这种要求"牺牲某些人的利益以寻求更大的幸福"的观点,不是支持社会合作继续进行下去的动力,至少那些被牺牲者便不愿意与他人继续进行合作。在土地市场上,土地的用途不仅直接决定了土地权利的价值大小,也决定了其市场竞争能力的强弱。因此,如果没有一个为不同用途的土地利用人提供的公平的调节机制,则土地流转将难免产生市场主体的"暴利"与"暴损",并将加剧有限的土地资源流向比较经济利益更高的土地利用,加大农业用地的转用压力。由此笔者认为,我国当前农村耕地抛荒面积巨大,[3]而土地承包经营权却流转不畅的根本原因正在于我们缺少了公平的利益调节机制。土地用途管制制度作为一项意在重分经济资源的社会政策,一方面应当按不同用途的营利程度施以差别化的管制措施(如对高营利用途的土地利用人课以较高的税费或者强迫其承担一定的义务,而对低营利用途的土地利用人则课以较低的税费,甚至赋予其一定的特权),通过特定的权利配置机制实现主体间的利益平衡;另一方面还应当通过为受到特别严格管制的土地使用权人(如基本农田保护区、自然保护区的土地使用权人)提供合理的补偿,以使管制成本得以公平分担,由此使政府的财富分配功能与资源配置功能相分离,使不同用途的土地利用都能有一个相对公平的利益回报,从而调和不同土地用途之间的利益落差,保障市场竞争结果的分配公平。

(三)防范市场风险的功能

土地资源的日益稀缺与人们土地利用需求的日益多元化,决定了不同土地用途间竞争的激

---

[1] E. 博登海默同时认为,人对于交换对等之平等的要求,很可能源自一种均衡感。

[2] [美]E. 博登海默:《法理学:法律哲学与法律方法》,邓正来译,中国政法大学出版社 1999 年版,第 286 ~ 289 页。

[3] 从 2000 年开始,耕地抛荒风不断蔓延:从非农产业高度发达、"农民"早已普遍"离土"的沿海富裕地区,蔓延到非农产业并不发达的粮食主产区,从产出率低的边际农田蔓延到旱涝保收的高产农田,从季节性抛荒发展到常年抛荒。据调查,安徽省肥东县 1999 年的抛荒地中高产田只占 20%,2000 年急升至 40%,而 2001 年上半年已高达 50%;湖北省耕地抛荒率 1999 年为 3.39%,2000 年升至 5.18%,而粮食主产区荆州市更达 15.6%;同一时期,湖南省耕地抛荒总面积从 161.2 万亩上升至 195 万亩,上升 21%,而其中常年抛荒则从 38.6 万亩急升至 51 万亩,上升 32.1%。从 2005 年温州市农作物种植情况分析,其弃耕面积也占总耕地面积的 29%。据 2008 年 9 月 4 日《南方周末》报道:"距离重庆市涪陵区中心半个小时路程的李渡镇均安村,因为邻近城区,全村 2/3 的人外出打工,1/10 的土地因此撂荒。"而刘凤芹在考察宁夏回族自治区中宁县枣一村土地抛荒问题的调查报告中也感叹:"一个少地的、经济落后的贫困山区,竟也出现了农地弃耕现象,而且抛荒面积还很大。"

烈和选择的必要,而市场从经济最优出发所作的选择与安排未必符合社会整体利益的要求,一些人类发展所必需的土地利用价值可能为市场所忽略,由此给人类未来的发展带来风险,典型体现是重要农业与生态用地流失的风险。由于农业用地与非农业用地在基本性质上的差别,非农业用地主要是利用土地的载力,而农地除利用土地的载力外,更需要土地的养力与耕力,并且也要优良农业生产环境的配合,因此,恰如我国台湾地区学者指出的:"现今农地资源利用的困境之一,就在于短期私经济的竞价决定土地资源的分派,竞价低的农地遭竞价高的都市用地所取代,其危机则在一旦变更为市地,将无机会回转为农地利用。"[1]我国因为人口众多,而耕地总体质量不高且后备资源不足,耕地流失的风险更需关注。同样,生态用地彰显着人与土地之间最原始的自然联系,但生态用地在市场的选择下也存在被转用和侵占的风险。土地用途管制制度可以改变农业用地与生态用地在市场竞价中的劣势地位,通过划定特别保护区,并提供专门的保护措施,可以使具有高生产力的重要农业用地和具有独特自然特性的生态用地得以保存,以维持农业生产的发展和自然生态的循环。当然我们应当避免走入把土地用途管制制度当作一项单纯的耕地保护工具的旧思路,土地用途管制制度对于土地市场来说,应当是协调各种土地用途需要、确保土地市场稳定运行的基础性的制度机制。

五、结论

诚如德国学者丹宁格所言,政府"应该而且必须在土地政策上有所作为",因为"尽管在保障地权基础上的分散交易能促进公平与效率,而且与行政干预相比副作用更小",但政府必须"帮助建立规范土地市场运行的法律和制度框架,并创造一个能使生产率和福利提高而不是相反的政策环境"。[2] 土地用途管制制度正是当今世界各国普遍遵循的一项旨在克服土地市场失灵、提升土地市场效率的土地公共管理制度。然而,作为一个计划转型国家,我国"路径依赖"下的土地用途管制制度,无助于土地市场效率的提升,甚至已成为土地市场权利流转的障碍。因此,按市场的需要重塑我国土地用途管制制度已成时代的选择。党的十七届三中全会决定中,不仅把"用途管制"作为我国未来完善农村土地管理制度的一项基本原则,还进一步将"确保农业用途不改变,确保基本农田用途不改变"明确为土地承包经营权流转的一个兜底条件。笔者认为,只有把土地用途管制权真正地做实,并使之成为土地市场常态性和基础性的规制权,让土地用途管制制度更好地肩负起明晰产权、创造公平市场竞争环境等市场管制功能,如此方能确保土地利用有秩序地展开并真正地推进土地资源的市场化配置。

---

[1] 赖宗裕、陈立夫:《国土计划功能分区划定与土地使用管制机制结合》,我国台湾地区"营建署"委托研究报告,2005年6月。

[2] [德]克劳斯·丹宁格:《促进增长与缓减贫困的土地政策》,贺达水、张惠东译,中国人民大学出版社2007年版,译者前言、第6页。

农村经营制度创新的若干思考

宓明君*

目　次

一、农村经营制度创新的内涵解读

1999 年《中华人民共和国宪法修正案》第 15 条将《中华人民共和国宪法》(以下简称《宪法》)第 8 条第 1 款修改为:"农村集体经济组织实行家庭承包经营为基础、统分结合的双层经营体制。农村中的生产、供销、信用、消费等各种形式的合作经济,是社会主义劳动群众集体所有制经济。参加农村集体经济组织的劳动者,有权在法律规定的范围内经营自留地、自留山、家庭副业和饲养自留畜。"一般认为,《中华人民共和国宪法修正案》的这一规定意味着以"家庭承包经营为基础、统分结合的双层经营体制"作为我国农村基本经营制度的正式确立。

2008 年,党的十七届三中全会通过的《中共中央关于推进农村改革发展若干重大问题的决定》再次重申,"以家庭承包经营为基础、统分结合的双层经营体制,是适应社会主义市场经济体制、符合农业生产特点的农村基本经营制度,是党的农村政策的基石,必须毫不动摇地坚持"。这就意味着,农村经营制度的创新并非要改变统分结合的双层经营体制。那么创新在哪里呢?

毫无疑问,简单地说,农村基本经营制度包括了两个层面,一是以家庭为单位的分散经营;二是农村的统一经营。作为分散经营,它是不是需要制度创新呢?我们认为,无论是从理论还是从实践上来看,以家庭为单位的分散经营不存在制度创新的问题。在实践中,分散经营一方面大大促进了农业生产,相较于公社制而言,它保证了农民的生产经营自主权,调动了农民的生产热情,促进了农业生产的高速增长。另一方面,它确实存在问题,而且日益严重,这些问题主要表现在以下方面:第一,不具有规模效益,增加农业经营成本;第二,不利于技术推广和机械操作,实现农业现代化;第三,不利于市场竞争。但是,这些问题并不是家庭承包经营自身可以解决的,它所涉

* 浙江工业大学法学院副教授,法学博士。

及的都是宏观的问题,需要通过宏观层面上的制度创新方能解决,这些宏观层面上的制度创新显然包括对农村统一经营的制度创新。在理论上,农户分散经营即庭承包经营是当前我国农村基本经营制度的核心和基础,因此,为了巩固和坚持农村基本经营制度首先就要巩固和坚持分散经营,同时充分赋予、尊重、完善农民个体的经营自主权。换言之,农民要不要从事农业生产、要不要联合从事农业生产、怎么样联合,这都是农民自己的事情。任何部门不能够从自己的立场、想法出发替农民做主。政府和国家如果为了实现自己的目的,只能通过利益诱导的方式即通过能够吸引农民的制度安排方是合理的,否则都是对农民的承包经营自主权的削弱和侵犯。从这一角度而言,如果在分散经营层面有所制度创新,那就是进一步给予农民自由。

由此可见,在坚持当前的农村基本经营制度的前提下,农村经营制度的创新不是在分散经营层面的创新,而应是统一经营层面的创新。上述分散经营中所表现的问题,其实质上是当前农村经营中统一经营缺失的表现。但是,集中统一经营仍然不能侵害或削弱农民的经营自主权,这包括两个方面:第一,集中统一经营不能剥夺农民的承包经营权;第二,不能侵害农民的经营自由权。

二、农村统一经营应该厘清的几个问题

(一)关于统一经营的性质的理解

当前对统一经营的性质的理解有两个极端。一种意见认为,农村统一经营具有政治性的价值取向。如西南政法大学的卲海认为:"集体所有是集体统一经营的物质基础和理论前提。"[1]言下之意,要坚持和维护当前的农村基本经营制度首先要维护、加强农村集体所有制,当前统一经营的缺失主要是农村集体经济的缺失,具体表现为农村集体经济组织的缺位和集体财产的流失。另一种意见认为,农村统一经营主要是一种市场取向,即农村统一经营主要是为了解决农村分散经营中的市场缺陷问题。如中央政策研究室的郑立新在《稳定和完善农村基本经营制度——认真贯彻落实党的十七届三中全会〈决定〉》一文中则指出:"农户之间在技术标准、商品品牌、加工储运、购销服务等方面发展统一经营,与家庭经营之间形成两个层次的互相补充、相辅相成,才能有效弥补家庭经营势单力薄、缺乏竞争力的不足,避免被市场的汪洋大海所吞没,从而真正巩固农户的市场主体地位。"[2]可见,在其看来,农村统一经营主要是为了巩固分散经营的农户的市场主体地位的需要。

对于农村集体统一经营的性质的不同理解将导致对农村统一经营制度的不同安排。我们认为,农村统一经营与集体所有制存在密切的联系,但是,集体所有制与政治形态并无必然的联系。对加强和完善农村集体所有制要有正确的态度,即不要出于"公"多一些还是"私"多一些这样的僵化的政治标准衡量集体所有制,进而去考虑有关统一经营的各种制度创新和制度安排,而必须是为了家庭承包经营服务,为巩固和加强农民的市场主体地位服务,为农村和农业的发展服务。过

---

〔1〕 卲海:《农村集体统一经营的现实困境与法律回应》,载《重庆大学学报》(社会科学版)2010年第3期。

〔2〕 郑立新:《稳定和完善农村基本经营制度——认真贯彻落实党的十七届三中全会〈决定〉》,载《政策》2009年第1期。

去的农村合作社运动、农村公社运动带给我们的教训即在于,农村经营过分强调政治形态。

（二）统一经营与政府干预

农村统一经营容易造成误解的另一个问题是,统一经营是不是意味着政府干预,农村统一经营中政府的权力边界又在哪里?

从当前农村统一经营的实践中来看,农村统一经营离不开政府的介入。如西南政法大学农村经济法制创新研究中心在对重庆市石柱土家族自治县的实地调查中发现,在石柱县的农村统一经营模式下,政府起到了主导的作用,如县委、县政府将指导农民专业合作组织的发展纳入对各乡(镇)和相关部门的年度考核内容;对农民专业合作社实行项目倾斜、财政补贴;为加强农村统一经营,推行各种样板工程(示范工程、上档升级工程、标准化基地建设工程、示范园等);参与价格决策。[1]

我们认为,农村统一经营需要政府的介入,但是,政府的介入不应成为农村统一经营的动力来源。按照前述我们对统一经营性质的认识,统一经营是为家庭承包经营服务的,是为巩固农民个体的市场主体地位服务的,因此,农村统一经营的动力应该来自农民。相反,如果农村统一经营由政府推动,则容易形成运动化,容易违背市场逻辑。在对统一经营与政府关系上,我们必须有这样的认识,即统一经营是出于农民自身的需要,而不是出于任何政府的需要;政府对农村统一经营的介入,也是因为农民、农村在开展统一经营中的需要。

由此可见,在统一经营的制度创新中,政府应处于被动的地位,政府的权力应有其自身的边界,政府的职责在于为农村经营的制度创新扫除其自身设置的障碍,并按照农民的需要提供必要的制度保障。在过去的合作社统一经营、公社统一经营中,乃至于在现阶段某些地方的统一经营模式下,我们丝毫不怀疑政府所提供的一切制度、政策、措施的良苦用心,但是,政府不应成为农民的代理人,在经济学上,一切代理制度都会产生代理成本。过去农村经营的失败之处,就在于代理失效,农村集体、村民的利益最终演变为代理人的利益。从这一意义上来看,农村统一经营的制度创新,首先在于农村治理方式的创新,即实行在一个区域内的农民的真正自治。

（三）农村统一经营与农村土地制度的逻辑联系

有学者认为,农村土地集体所有制是农村统一经营的物质基础和理论前提。笔者认为,这一论断有一定的合理性,即我国当前的农村双层经营体制确实建立在农村土地的集体所有制基础之上。但是,我们必须认识到,农村集体土地所有制承载的是一种政治功能,因为我们选择了社会主义这一政治制度,所以我们必须选择土地公有(包括农村土地的集体所有)这一基本经济制度。在这一前提下,对于农村的经营方式,我们可以选择分散经营、统一经营和统分结合的双层经营体制。由此可见,统一经营与农村土地集体所有制并无必然的逻辑联系。换言之,即使在土地私有制下,农村也可以选择分散经营、统一经营或者双层经营。事实上,在当前的世界各国的农村经济中,不同程度地存在统一经营。甚至有学者指出,农村实行联合经营已经成为一种趋势。相反,我们认为,我国当前实行统分结合的双层经营机制,其物质基础和理论前提不在于农

[1] 李昌麒等:《当前农村双层经营体制的实践及问题》,载卢代富主编:《中国农村法治论坛》(2010年卷),群众出版社2010年版,第19~21页。

村土地的集体所有制,而在于农民有私人产权,如果农民没有私人产权,就无所谓统分结合的双层机制,而只有农村的统一经营了。我国当前农民的私人产权,就农业生产而言主要表现在土地承包经营权上。

认识到这一点,其意义在于:第一,农村统一经营的制度创新不仅必须尊重农民的承包经营权,而且必须进一步完善、丰富农民的承包经营权,使农民的承包经营权即农民对农村土地的使用权最大限度地成为真正的私人产权;第二,农村统一经营不应仅仅着眼于农村土地的经营。

(四)村民自治组织、农村集体经济组织与农村统一经营主体之间的关系

当前人们在关于完善农村基本经营制度的讨论中,几乎一致认为双层经营机制中统一经营的缺陷在于农村集体经济组织的缺位,并进一步认为,公社解体以后,作为基础的农村生产队即农村集体经组织也随着解体或者名存实亡,取而代之的是村民委员会这种村民自治组织,但村民自治组织是一种准政治组织,并无经济功能,因此要完善统一经营,就应该重建农村集体经济组织。

笔者认为,必须厘清村民自治组织、农村集体经济组织与农村统一经营主体之间的关系。如前所述,农村统一经营的制度创新必须真正实现村民自治,因此,村民自治组织是实行农村统一经营的根本的组织保证。但是它不同于统一经营的主体,在一个村域范围内,是不是需要联合经营、在哪些领域实行联合经营、进行怎样的联合经营,以及关于实现统一经营所需的各种基础设施的公共投入等,都由它来决定。但是,在具体的经营中,它又处于无权地位,而应该由经营主体自身决定。农村集体经济组织也不是统一经营的主体,历史上,我国农村的集体经济组织是作为农村集体所有制的主体即作为集体所有土地的主体而出现的。因此,集体经组织更多是一种财产的组织,而非一种经营组织,尤其当实行家庭承包经营以后,它更应该是一种财产组织而非经营主体。但是,笔者并不认为不需要这种集体经济组织,相反,它的存在很有必要,只有它的存在才会有农村的集体财产的积累,才使开展农村的公共事业有物质基础。但是,它的存在必须在法律上有明确的定位,即它只是一个财团法人而非社团法人;它只负责集体财产的增值保值和集体财产的运转,而不负责农村的经营。因此,集体经济组织也不是统一经营的主体。农村统一经营的主体应该是农民自己根据生产经营的需要自愿联合起来的各种形式的企业法人。

三、农村统一经营创新的制度需求

按照上述的分析,笔者认为,农村统一经营要有所创新,必须提供以下制度。

(一)完善与健全农村自治制度

当前的农村统一经营要进行制度创新,避免走上农村改革前的政社合一的老路,就必须在农村、农业资源的配置、使用、经营等方面充分尊重农民自己的意志,必须使农村生产经营活动的组织和开展与行政权力绝缘,这实际上就是要赋予村民的自治权利。当前,以《宪法》和《中华人民共和国村民委员会组织法》(以下简称《村民委员会组织法》)为依据,我国基本确立了村民自治制度。但是,笔者以为,《宪法》与《村民委员会组织法》关于村民自治的规定,其政治意义远远超过现实意义,在农村现实的公共政治与经济生活中,却鲜见其用,这与立法内容不完善不无相关。

作为村民自治制度的主要推进者与奠基者,彭真同志在20世纪80年代末就旗帜鲜明地指出,村民自治就是"在一个村范围里面涉及到公共事业、公益事业这个问题,要办什么不办什么,先办什么后办什么,完全交给群众自己去办,怎么提出问题,怎么讨论问题,怎么用民主的程序来决定问题,全部交给群众自己去办"。[1] 由此可见,村民自治是一种民主权利,即村民参与和决定全村公共事务与公益事务的权利,权利所及涵盖村中一切大情小事;村民自治还应该是一种程序性权利,即村民对村中事务的参与和决定应该有程序可依并受程序保障。但是,恰如前言,我国的村民自治制度确立在《宪法》与《村民委员会组织法》基础上,这决定了该项制度必然是先天不足的。首先,《宪法》只是对某一种制度的宣示并作为其最高的法律渊源,是该项具体制度的立法依据,它不可能对村民自治的方方面面作出具体规定,因而也不能作为村民自治制度运行的具体依据。其次,《村民委员会组织法》虽然涉及村民自治的核心问题,即涉及作为自治机构的村民委员会的产生和组成,但是,这并非村民自治的全部问题。而且即使在村民委员会的产生和组成上使全部村民享受了充分的、完全的、真实的民主权利,也无法保证他们在代表全体村民处理全村事务时,完全尊重并体现大多数村民的意志;无法保证他们不会受到自身利益的引诱;无法保证他们会在政府的强权与村民的利益之间作出符合大多数村民利益的选择……他们所遇到的一切问题恰如公司的股东在将其财产交付其管家——公司的董事与经理后所遭遇的烦恼。为此,现代公司法都对公司组织与股东权利作了烦琐的规定以避免国家权力的过多渗入而确保公司自治。显然,《村民委员会组织法》在这一方面是望尘莫及的。

因此,笔者认为,为了让村民自治成为农村公共生活中的普遍状态,从而为农村统一经营发展与创新提供持续的动力与保障机制,就应该通过制定村民自治的基本法,为实现村民自治确立全面的、普遍的规则。这些规则应包括,自治机构的组织与选举规则,村民自治的治理方式及程序规则或者治理方式及程序的确立规则,村民对自治机构的监督权利及其行使规则,村民自治权利的救济规则。

(二)农村土地制度的巩固与创新

如前文所言,农村统一经营的创新以坚持"以家庭承包经营为基础、统分结合的双层经营体制"为前提。因此,这就首先要求坚持与巩固当前的农村土地制度,即既要坚持与巩固农村土地的集体所有制,又要充分尊重农民对土地的承包经营权。但同时,在当前的实践中,由于我们片面强调使用权(承包经营权)的稳定,将土地使用权越来越所有权化,[2] 这使分散经营的小农经济在得以固化的同时,农村统一经营却难以展开。例如,涉及土地上的农业水利设施的建设、分散的零星地块的调整与合并、农村土地的商业化开发与利用等,都会因为承认土地承包经营权的物权性质而受到障碍。当然,这并不是说,为了便于农村的统一经营,在农村土地制度上我们应该走回头路,而是要求在维护与巩固现有的土地制度安排下进行制度创新。

在当前,关于农村土地制度的创新活动,无论是在理论还是在实践层面,无论是在政府还是在民间层面,我们都容易轻易地从一个极端走向了另一个极端,并从以往的行政化视角转向了市

[1] 宋识径:《村民自治是这样开始的……》,载《检察日报》2009年8月18日,第4版。

[2] 贺雪峰:《地权的逻辑》,中国政法大学出版社2010年版,第10页。

场化视角。似乎在市场经济中,市场就是无所不能的了。但事实上,市场并不能有效地解决所有问题。首先,市场存在交易成本。制度经济学家认为,交易成本的概念化是导向"真实世界经济学"的桥梁与路标,新古典经济学之所以忽视交易成本,主要源于其无限理性与完全信息的理论假设,因为在这些假设下,人们会作出最优选择,从而不会产生交易成本。[1] 换言之,交易成本是由人的有限理性与信息的不完全所致,且成正比例关系。由此,在当下的中国农村由农民通过市场交易来解决土地的分散的问题,交易成本是相当高昂的。其次,市场交易存在制度障碍。农村土地交易的制度障碍并不在于农民只享有土地使用权,而表现为对交易对象与交易目的的法律限制,如《中华人民共和国农村土地承包法》《农村土地承包经营权流转管理办法》均规定,土地承包经营权流转后不得改变土地的农业用途,流转的受让方应该是承包农户或者其他具有从事农业生产经营法定资格和能力的组织及个人。立法限制的真正目的正在于阻止农村土地承包经营权进入产权交易市场,之所以不允许其进入产权交易市场,是因为在我国户籍、土地城乡有别为制度基础的二元社会结构中,农村土地承载着太多的功能,如农民的生存与发展的保障功能、保持社会稳定有序的政治功能。这正如孟勤国先生所言:"土地承包经营权的设立目的是使农户有地种,而不是使农户有地卖。"[2] 可见,这种制度障碍使市场在解决土地分散问题上的作用大打折扣。

笔者认为,为推进农村的统一经营,农村土地制度的创新应是在现有的制度框架下,在尊重农民土地承包经营权的前提下,创立土地承包经营权的强行转让制度,即在必要的时候,农村统一经营组织可以作为受让方强行受让村民的土地承包经营权。但是,这一制度的适用必须得到严格的规范。详言之,包括以下几个方面:第一,必须基于全村的公共利益;第二,有具体的项目及其实施方案;第三,项目及其实施方案已经按照村民自治规则获得通过;第四,被强行转出土地承包经营权的农户不承担项目实施的风险。

(三)规范与健全农村统一经营的组织与运行

在中华人民共和国的历史上,农村统一经营从其组织与运行形式上看,出现过以社队为基础的生产合作社、供销合作社、村办企业、社办企业,并制定过相应的法律法规予以规范,主要包括《农村人民公社工作条例》(史称"农业六十条")、《关于深化供销合作社改革的决定》、《乡村集体所有制企业条例》等。但是随着农村改革的深入,人民公社作为农村统一经营的组织形式早已彻底退出了历史舞台;供销合作社则几经沉浮,虽然根据 1995 年国务院《关于深化供销合作社改革的决定》,恢复了全国供销合作总社,明确了供销合作社的集体所有制的性质,确立了其作为"农民的合作经济组织"的法律地位,但在市场经济的浪潮中,它日益演变成一个自成体系的、封闭的利益集团,与基层农村的联系日趋减少,在组织农村统一经营中的作用日益式微;而曾经红火一时的乡村集体企业,在大多数农村地区,或者在企业改制浪潮中蜕变为私营经济,或者在市场竞争的海洋中淹没。为了引导农民走上合作化道路,推进农村统一经营,促进农村和农业经济发展,2006 年,我国颁布了《中华人民共和国农民专业合作社法》。以此为据,实践中也开始出现

[1] 张宗庆、张寅:《交易成本、历史和文化》,载《江海学刊》2009 年第 5 期。
[2] 孟勤国:《中国农村土地流转问题研究》,法律出版社 2009 年版,第 53 页。

以各类农业专业合作社为核心的统一经营的组织运行模式。如有学者在重庆市石柱县的调查中发现，当地的农村统一经营模式呈现多元化，主要表现为：农村专业合作社＋农户模式、专业合作社＋基地＋农户模式、公司＋专业合作组织＋农户模式、基地农户＋专业合作组织＋科研中心＋龙头企业模式；其领办方式包括农村大户能人牵头兴办、乡镇农技部门和基层供销社及其工作人员牵头兴办、企业牵头兴办以及其他牵头兴办。[1] 但是总的来讲，当前的农村统一经营的组织与运行还是呈现以下几个特点：第一，统一经营的组织与运行缺乏集体经济的支撑，农村集体经济薄弱；第二，统一经营的组织与运行较多地依赖政府，农民在其中的自主性、自治性比较缺乏；第三，统一经营的组织与运行缺乏规范性。这些特点必然会对农村统一经营造成不良的影响，如容易受到政府行政权力的干预，难以完成农村自身的公共积累从而实现农村的自我发展等。为此，笔者认为，应该进一步规范与健全农村统一经营的组织与运行，主要包括以下几个方面。

首先，制定供销合作社法，改造供销合作社体系，使供销合作社成为自下而上的、真正的农民合作经济组织，使农民在农业生产资料的采购、在农产品的销售，甚至在生活资料的供应上，获得来自合作社的真正的优惠，包括质量上的保障。

其次，修改《中华人民共和国乡村集体所有制企业条例》，鼓励兴办农村集体企业，壮大集体经济。农村集体经济是农村社会得到发展、农民生活水平获得提高的最坚实、最直接的物质基础，在当前的中国，哪里的农村集体经济发展得好，那里的农村社会就发展得比较好，农民的生活水平就比较高，比如耳熟能详的南街村、华西村、大邱庄。笔者认为，我们之所以对集体经济持有成见，并非集体经济本身不是一个好东西，而在于传统的集体经济在治理上出了问题。正是为了克服这样的问题，出现了现代公司，公司制的精髓就在于民主即所谓的"资本民主"，因此，人们将公司称之为"小共和国"；相反，如果违背了民主的规律，现代公司照样会出现同样的问题。因此，《中华人民共和国乡村集体所有制企业条例》的修改主要应该加强和完善村民对企业的民主权利，使企业真正成为村民自己的企业，赋予村民如同公司股东一般的权利。

最后，加强对农村专业合作社的运行监管，保障合作社成员的合法权益。农村专业合作社是当前农村统一经营的核心组织形式，它本应是平等与民主的产物。但是，在我国的实践中，农村专业合作社的成立往往由政府或当地能人大户牵头，因此，需要对其运行特别加以检视。然而，现有立法对此缺乏规定。

---

〔1〕 李昌麒等：《当前农村双层经营体制的实践及问题》，载卢代富主编：《中国农村法治论坛》（2010年卷），群众出版社2010年版，第16页。

南海统筹城乡“政经分离”改革转型社区治理机制及创制保障*

王权典**

目　次

2010年以来，广东南海依照“城乡统筹、突出核心、政经分离、强化服务”的改革思路，抓住城乡统筹发展的机遇，先行先试，制定实施了《关于深化农村体制综合改革的若干意见》及系列配套措施，积极推行以“政经分离”为核心的新一轮农村体制综合改革，重在明确城乡基层社区组织的职能定位，明晰基层社区多元治理关系，构建以党组织为核心、自治组织为主体、集体经济组织为支撑、社区服务中心为平台、群团组织为辅助、新生社会组织为补充、公众参与为路径的社区治理新格局。广东省委省政府《关于深化珠江三角洲地区农村综合改革的若干意见》（粤发办〔2011〕21号）认可南海前期统筹城乡综合改革的模式，并同意将南海列为城乡统筹综合改革试验区，对南海深化农村改革工作予以政策支持。其改革转型的机制创新与制度创设的经验颇值得总结，较有参鉴意义。

一、改革动因——消解现阶段基层社区和谐稳定的掣肘因素

南海改革发展30余年来成就巨大，解决了农村社会经济结构诸多问题，但如今也进入利益关系复杂、社会结构变数暨不稳定因素甚多的转型时期。城镇化工业化导致传统农村社会经济结构、人们生活方式和价值观念等均发生了巨大变化；社会结构各部分、社会生活各领域、社会体系各层次的变动，导致城乡社区治理某些不协调欠和谐的种种失范“异象”。这些问题主要有：

---

* 本文为广东佛山南海区城乡统筹办公室（农村工作部）委托广东农村政策研究中心承担的“南海区深化集体经济组织改革研究”项目成果之一（主持人：江惠生研究员）。

** 华南农业大学法学教授、硕士研究生导师、农村法治与社会发展研究中心主任。

基层社区利益主体林立但未形成多元善治的局面；村社自治存在“贿选”、“家族（宗族）控选”、黑恶势力插手管理的乱象，群众自治流于形式；部分村社党政组织涣散，条块不清、体制不顺、政经不分，自治机制缺乏活力，群众自治异化成村社干部自治；村社组织议事决策的民主程度不高，群众知情参与不足，监督不到位，村（社）务公开透明度低，以致集体资产与财务管理失控，造成集体资产流失，损害了群众利益等——与之密切相关的就是一些基层组织未能充分发挥协调利益、化解矛盾、排忧解难的作用，从而引发了不少社区群体矛盾甚至酿成群体上访案件。当前村社管理突出存在集体组织成员资格界定、村干部专权腐败、社区公共服务及村社负担、股权收益分配、宅基地房屋买卖以及“城中村”改造、“小产权房”或“违建”处置、征地矛盾激化保障农民权益不力之现实困境等问题，这些都是潜伏于城乡社区治理转型中的不稳定因素。若从法治视域考察南海新一轮农村综合改革动因，缘起于对制约当前城乡基层社区稳定与发展的基本因素的考量。

（一）基层民主法治保障不到位，困扰着村（居）民自治与合作治理

城乡基层治理在加强党组织领导下推行“政经分离”，以完善“民主选举、民主决策、民主管理、民主监督”为核心的改革局部试点取得了积极的成效。然而在面源上，基层政府与村社组织相互关系及其职能定位未能明晰，关键在于如何改善和加强党组织对村社基层组织的领导和监督；原基层政经混合型管理模式难以适应新形势下经济社会发展的需要，“政经分离”的核心是厘清基层组织职能、强化管理服务，防止经济组织绑架自治组织。由于受到局部利益的驱动，部分村社自治选举出现了宗族势力拉帮结派等问题。“有钱分就举手，没钱分打倒”，“分得多就举手，分得少就打倒”，新上来的村干部就否定前面的村干部。每次村社换届如临大敌，政府要耗费大量的人力财物来组织、指导和监督选举工作。[1] 另外，部分基层政府还没有切实转变观念，仍然停留在政府对村社的行政管制层面，习惯于向村社发号施令，试图改变村社群众民主表决或自治机构的决定；有的基层党政领导在换届选举前意定圈划候选人，通过上串下联“做工作”，企图操控村社选举，使自己偏好的人进入村社领导班子，把不中意而为村社群众拥护有公心的人排斥在外；要么疏于对村社依法实施必要的监督，放任贿选买票、拉帮结派、组织涣散、法纪松弛、侵占集体资产或损害群众利益等行径存在或蔓延。

（二）发展不平衡与社会阶层分化加快，城乡群体收入差距扩大，村社公益支出与债务负担并重

随着全面市场化改革的深化，南海城乡基层社会阶层分化加快，形成了诸多阶层及利益群体。在此情况下，贫富收入差距迅速扩大，特别是城乡差距的拉大显化为严重的社会问题。统计资料显示，2009 年，南海村组两级集体资产达到 237.12 亿元，村组两级集体可支配收入达到 43.27 亿元，以 2063 个经联社（经济社）核平均占 209 万元；但同时产生农村新一轮的村组集体债务，目前全区村组集体债务为 47.6 亿元，村级债务覆盖面约 90%，涉及金额达 42.8 亿元，平均每个村集体债务 1700 多万元。集体经营收益在 100 万元以下的村社所占比重为 45%；集体经营收

---

〔1〕 佛山市南海区城乡统筹办公室：稳妥推进政经分离建设富民强区幸福南海（向省汇报材料）2014-4。

益在100万~200万元的村社为25%;集体经营收益在200万元以上的村社所占比重仅为30%。现实表明,处在可支配收入相当有限的村社无力承担基本的社区公益建设服务,充其量只能保证村社日常管理运作及社员少量分红;据测算,要真正较好地实现社区建设的村社要有可支配收入300万元以上,但南海该档收入以上的村社集体组织仅占20%。1992年到2009年,南海村组两级农村公共品总投入合计76.9亿元,用于公益事业投入的资金从1.57亿元增加到33.30亿元,公益事业投入占村组两级农村公共品总投入的比重从31.5%增加到43.3%。在南海早期发展阶段,村组两级扮演举足轻重的角色;当世纪之交随着产业升级和城镇化加快后,政府主导发展的力量不断增强,西部工业化主要靠政府创办园区招商引资,该区域村组两级失去了早期东部区域村组的自我发展机遇;东部产业升级尽管使一些区位优势明显的村组土地租金收益增加而受益,但也使一些不具区位优势的村组失去租金收益;城市化基本由政府主导,土地和城市规划对村组发展的空间和指标制约强化。村组两级对南海的经济重要性处于下滑状态。2005~2009年,南海村组两级资产占全区GDP的比重从23.71%下降到5.38%;2003~2009年,村组两级加上农民家庭经营的总收入占全区总收入的比重从20.2%下降到9.41%。农村相对经济地位的下降,导致城乡收入差距反而扩大了,城乡居民收入之比从2004年的2.02变为2009年的2.3,南海农民人均股红纯收入从1062元增加到2437元。[1]

(三)利益主体多元化,各种利益之争与分配矛盾凸显常态化

随着产业升级和城镇化加快推进,村组两级开发的项目资金规模巨大,土地开发模式和利益主体日益多元化。如今有些项目运作得不错,但也有些项目出现问题,这里既有村干部(企业家)经营能力的缺乏问题,也有集体资产经营委托代理风险加大的问题。随着市场化改革的深入,多种利益得失与新旧观念冲突显化,集体资产管理、征地拆迁、收益分配等农村社会矛盾不断涌现,还有村社负担、本地居民与外来人口的矛盾凸显,越级上访和群访现象严重,群体性事件时有出现,这给村社发展和稳定带来了不利影响。上访事由主要包括:一些村社干部违反政策法律规定,随意进行集体资产处置如未经民主表决同意,强行将集体土地等资产对外低价长租或"变卖",导致群众对村社干部不信任因素增多;某些特殊群体如农村"出嫁女"及其子女、复退军人、征地"农转非"人员、农村户籍公职人员、农村"空挂户"等提出参与集体经济利益分配诉求等。这些涉及群众或某些特殊群体合法权益的情由,引发农民群访、越级上访和重访现象有增无减。近年因集体资产管理及收益分配问题的上访案件一直是农口最主要的接访案件(大约占上访量的八九成)。其反映问题主要有:村社干部以权谋私,违法占用或处置集体资产;集体收入不入账,集体资产被低价承包、出租出让、贪污私分;享受不到村社集体的配股分红等。特别注意两点:一是基于村民身份权的股权分配制度,容易引发社区各种群体的利益纷争。在南海80多万农原住村(居)民中,尚有5万多名未能享受集体利益分配的自理粮、知青、"农转非"等群体强烈提出利益诉求,这成为农村社区稳定的重大隐患。二是依《中华人民共和国村民委员会组织法》规定,在当地居住满一年的外来人口可参加当地自治选举。南海农村居民户籍人口为80万人,

[1] 国务院发展研究中心南海调研组:南海十二五统筹城乡发展研究(内部资料)2010-12。

外来人口则超过130万人,其数量远远超出农村户籍人口的数量。[1] 若外来人口当选,势必要求分享村(居)集体经济收益,引发新一轮利益冲突和社会矛盾。因此,合理界定集体经济组织成员权并维护其正当分配权益,乃当务之急。

(四)社区管理模式与体制变革滞后——城乡二元(三元)结构下共治共享合作参与式管理体制和工作机制缺陷导致公共服务不均等

统筹城乡发展综合改革是一场涉及思想观念转变、体制机制改革、利益关系调整的系统性工程,涉及面广,参与部门多,政策性强。长期形成的城乡二元结构体制短期内难以消除,政府公共服务职能尚未完全延伸到农村社区,不少政策还存在城乡二元差别,加上外来人口集聚在社区且与本地人口倒挂,形成新的"三元"结构社会。[2] 目前南海全区224个村已有121个完成"村改居",涉及村民48万人。"村改居"后应当进一步理顺城乡基层管理体制,按照城市化建设和管理标准,区、镇两级财政加大公共财政转移支付力度,让城市公共服务逐步向农村社区延伸,提高公共服务能力与社会管理水平。虽然区、镇两级已建立统一协调型的管理体制和工作机制,但综合决策、统筹推进的力度有待于加强,而且其编制少、工作多、压力大,其在统筹权威性及协调动员能力等方面较欠缺。因此,要通过完善社区公共服务平台,为村(居)民及外来人口提供"一站式"无差别的便捷服务;积极探索建立由村(居)干部、驻地企事业单位代表以及党员代表、村(居)民代表、外来工代表等各阶层人士组成的社区理事会,建立社区议事协调机制,调动区域内成员广泛地参与到社区建设事务中,充分发挥其集聚资源、民主议事、合作参事、协商共事的作用,构建共建、共治、共享的新机制。但也要注意,南海农村社区行政、环卫、治安等费用由村组"自筹"承担,财政仅少量补贴,客观上造成了城乡之间公共服务不均等。同时,由于投入的差异,造成了城乡之间市政交通、文体娱乐、医疗卫生等公共服务的严重不平衡。另外,社会服务职能弱化。南海常住人口为261万人,农村分红人口为76万人,但村、组在服务群众时往往只考虑有股份的股东,很少考虑村中居民、外来务工经商人员,造成资源分配不公。

(五)村社治理遭遇危机,危及基层社会稳定

南海农村经济一直快速发展,但农村治理结构未能同步转型,相对滞后于经济发展。改革开放40年来,尽管我国在改革初期废除了政社合一的人民公社制度,但"三级所有、队为基础"的制度框架基本保留,后来只是在原有框架中嵌入一个村民自治制度。迄今,南海村社治理结构主体仍包括三部分:党支部—村组两级集体经济组织(经联社及经济社或股份公司)—村(居)民自治组织。"三驾马车"的架构在南海农村社区遭遇运行障碍:农村党组织、自治组织和集体经济组织三位一体,党组织和村民自治的职能模糊。长期以来政经不分、机构繁杂、体制混淆,既不利于社会事务专业化管理,也造成利益群体和宗族势力捆绑基层组织,集体经济组织绑架党组织和自治组织。谁掌握了村(居)的行政权,谁就掌握了经济权。一旦村(居)干部在资产管理交易、财务开支或利益分配等核心方面出现问题,若处理不济,整个村(居)基层组织因此纠葛而陷入瘫痪。村社集体资产尽管由股份公司在经营,但是股份公司本身极不规范,董事会、经理层和监事

[1] 佛山市南海区城乡统筹办公室:稳妥推进政经分离建设富民强区幸福南海(向省汇报材料)2014-4。

[2] 徐明华等:《中国的三元社会结构与城乡一体化发展》,载《经济学家》2003年第6期。

之间的权责划分与行使不规范,导致集体资产经营和保值增值困难。村(居)民自治制度的实施,本质是农村社区治理结构由“委任制”向“选任制”转变,但实施过程也存在不少弊端,如民主决策行为不规范、民主管理制度不完善、民主监督不深入等。村社治理出现危机,每届村社班子换届选举,成为南海农村工作的头等大事,选举成本越来越高,甚至在南海发生多宗罢免村干部的事件,出现危及农村全局稳定的“骨牌”效应。

二、改革关键——夯实基层民主法治基础,规范社区多元化治理机制,保障村(居)民自治和有序参与公共事务

(一)完善基层组织建设与民主法治保障机制

实现农村社会稳定一向是党的农村工作重要目标,而“安定有序”更是和谐社会的内涵之一。历史经验证明,农村社会矛盾积累到一定程度,必将危及国家政权的社会根基。因此,首先须加强和改善党对基层组织的领导与监督,健全社区各类组织并明确界分其职能,这是促进社区和谐发展稳定、确保集体资产管理安全的关键。虽然国家目前难以提供有关村社治理整齐划一且细致可行的法律法规,但地方有必要切实补充有关实体性和程序性制度规范。制度建设应当围绕民主选举、民主决策、民主管理、民主监督来进行,既要由省人大完善村社治理的实体立法及“三资”管理立法,同时市(县)级政府要完善落实“四个民主”的程序保障机制。通过加强基层组织建设与民主法治,促使社区治理工作走向制度化、规范化的轨道。选举仍是基层民主法治重点,是干部群众关注的焦点与矛盾根源,基层选举问题直接影响村社自治机制的构造。当然,也要兼顾其他方面的制度建设,坚持依法治理,用制度规范村社干部权限;加强依法监管,健全村(社)务公开制度,保障群众知情参与权和监督权;完善社区自治章程和规范村规民约,依法解决影响社区稳定的面源性问题。完善社区村(居)民自治机制,不仅要明确社区自治组织的职责,还要完善其自治事务的办理机制。现阶段,重在培育社区参与精神,拓展合作治理的渠道,切实设置参与形式和内容。社区参与注重建构社区民间组织并依靠其组织参与,对社区民间组织参与提供相应的引导帮助与激励支持。

(二)依法厘清城乡社区基本治理主体的地位及其职能

首先,出台相应的立法或规范文件明确诸治理主体各自的职能,承认非政府治理主体的地位和作用,从而为多元治理主体的合理互动提供运行规则。其次,需要平衡各治理主体之间的资源分配。多元治理主体之间良性互动关系的产生要求资源分配的平衡以保持各自的独立地位,立法或规范文件要确认保障实际运作的有效性;只有在各主体资源平衡且相对独立的情况下,才能避免各主体相互控制和交易失范,同台实现资源的合理流动和良性互补。这就需要政府对多元治理主体一视同仁,通过多种方式平衡各种资源在多元治理主体间的分布,创造主体间平等合作的条件。最后,需要建立规范的监管体制和协作机制,重在于健全规章制度,完善激励措施,明确职能,规范工作,理顺社区各组织之间的关系,实现合作治理方和协作方式的转型。[1]

---

〔1〕 王权典等:《城市化转制社区治理机制转型之法律探微》,载广州市法学会编:《法治论坛》(2011 年第 3 辑),中国法制出版社 2011 年版,第 233 ~ 258 页。

（三）改善城乡社区党组织领导工作机制

随着“单位”功能日益转移到社区，城乡居民与社区关系越来越密切，这也对党领导社区管理提出了新要求。同时，由于社区党组织与社区居民、各组织单位之间没有行政或经济关联，不能使用强制手段进行领导。在“小政府大社会”的新形势下，党要继续保持领导地位，势必进行领导方式改革和创新。要从根本上打破“党组织—单位—单位人”的传统格局，社区党组织找准定位，凸显服务把关职责，保障社区群众根本利益，维护社区和谐稳定。为适应城乡社区建设的现实需要，要发挥党组织的政治保证优势：一要充分利用党组织的政治功能，建立维护各方利益的监督协调和保障机制，化解矛盾，让社区居民共享改革发展成果，促进社区和谐发展。二要发挥党组织的渗透功能。城乡社区党建工作要与时俱进，积极发挥其引导、监管社区组织的重要作用。三要使城乡社区党组织转变领导方式、改进工作方法，强化服务职能。集体经济产权制度改革促使社区党组织要保证集体企业依法自主经营，而股份合作组织新型民主决策管理体制和运行机制——根本改变了原农村党支部直接支配人、财、物的领导方式，代之以支持、协调、指导和服务，实现在服务中参与，在参与中监督，使党组织树立威信、塑造新形象。党组织要从源头上消除违背社区群众普遍意愿随意处置集体资产的条件，消除因利益处理不当而引发的不安定因素。[1]

（四）政府职能部门恪守职责本分，理顺其与社区的关系

政府部门应明确自身在社区建设与治理中的任务，不再把社区平台当成转嫁工作负担的“腿”。政府须转变职能，改变工作方式，不能凡事都交办或委派社区完成，自顾监督检查。需要加强和改进社区服务工作，形成行政机制、市场机制、资源共享机制、协同机制之发挥合力作用的体系，这是城乡社区公共服务的基本要求。社区与社区单位要共驻共建、资源共享，走出彼此利益平衡的有效路子。一是街道体制要改革。需解决的问题是，在城市政府与社区之间，有无必要设立一层与民争利的“派出机构”，其功能究竟如何合理定位——因为实际工作中“办事处”都成了“指挥处”，事情都交给居委会去做。二是街道办要适应形势变化，改变工作方法。三是落实完善村（居）民自治机制。只有建立完善的村（居）民自治规则，民主自治才是真的自治，才能确保村（居）民有序自主参与社区公共事务。

（五）加大政府投入，确保社区治理与公共服务的保障力

社区公共治理是政府公共服务的重要方面，政府须担当责任——组织引导社区服务管理、兴建基础设施和鼓励市场或非政府机制进入社区服务领域等。树立公共财政理念，即意味着政府用纳税人的钱向社区购买一定的公共服务。积极探索财政投入、社会支持、费随事转、有偿服务等多元化筹措社区建设经费的渠道，如拟建立起以财政为主，社区组织资助与社会捐助相结合的多元化投入机制。但当前政府投入并非最主要的，应建立从省市到县级财政的社区建设专项预算，使社区建设投入拥有相对稳定的来源，特别是省级财政率先列社区建设经费，以激励市县财

---

〔1〕 王权典等：《城市化转制社区治理机制转型之法律探微》，载广州市法学会编：《法治论坛》（2011 年第 3 辑），中国法制出版社 2011 年版，第 233 ~ 258 页。

政投入。城乡社区多元治理主体关系的理顺和善治目标的达到,亟待加大城市化社区的财政投入,使各项改制管理措施得到有效推行。由此,首先必须建立社区服务发展的财政保障体系;落实扶持社区服务政策;促进社区公共服务机构改革和基础建设;积极开展便民利民服务。其次,必须大力扶持民间组织参与社区服务,提供政策帮助和政府购买服务资金。最后,必须鼓励各类企业提供社区公共服务产品,政府从税收方面给予优惠,或根据其服务内容给予财政补贴。通过多渠道建立社区建设发展基金,建立有效的公共物品和公共服务供给机制。

三、改革后劲——破解以集体成员权保障难题为基点的配套制度改革

通过社区股份制改革创设集体所有制结构下成员权制度安排,可谓南海农村经济社会改革创制的重要产物。随着农村经济非农化产业发展和土地收益股份化分红的普及,这一制度安排似乎更加固化。然而,由此伴生的棘手问题越来越成为影响南海农村深化发展与社会(区)和谐稳定的痼疾。在当前及以后,发挥南海敢于并善于改革创新的精神,通过一系列配套制度改革,破解这一困惑难题,能够为南海农村经济社会发展、实现城乡统筹提供长期稳定、普适可行的制度基础,也能够为其他地区集体所有制改革提供参考经验。

(一)实行以经济社(原村民小组)为单位的成员权时点确权

1. 由于各村社情况千差万别,建议“一村一策”确定成员权时点,区政府作出统一的政策部署及指导,但具体各村社的时点确定由其自主决定。

2. 由各经济社社委会或召开社员代表会议成立专责小组,对相关历史遗留问题、土地权利关系、股东与非股东成员权利等,进行摸底调查、甄别情形、民主协商,在政府指导下提出改革处理建议或参考意见。

3. 待各村社确定成员权时点以后,改革方案报镇(街)政府备案后付诸各村社民主表决确认,重新颁发集体成员权证(股权证),依法合理固定经济社成员,封闭其成员权资格,不再在传统村庄意义上随意扩展村民成员。

(二)锁定享有成员权资格的成员权益保障范围

随着村社城市化,村庄已经从封闭走向开放,必须划定原始成员的权利享有范围,明确限定享有成员权资格的成员只与集体化时期土地和资产有关的权益分配、权利行使。这样既保障了原集体组织成员的权益,也有利于村庄开放以后,其他成员通过其他方式加入非集体资产相关的权益的参与和利益分享。

(三)深化成员权和资产权相分离的股份制改革

若以上两项制度安排妥当后,再对现行基于成员权的股份制进行改造优化。其基本思路是:(1)对集体资产进行一次性全面量化,明确其为成员权所有者的财产。(2)组建以成员权为纽带的股份资产公司,由核定成员分享原土地和其他资产收益的福利分红。该公司不具体负责土地和资产经营,只是基于成员的共同委托代表从事对拥有成员权资格的土地分红,负责社区部分公益和公共服务的组织与提供。(3)组建以资产为纽带的股份公司,原村(居)民、外来居民均可以出资入股、购股,组建新的股份公司,由出资人组建完善股份公司治理结构,与基于成员权的股份

资产公司脱钩，以合约形式从事土地开发，也可以从事其他资产经营项目。该股份公司的经营、管理与收益分配按现代股份公司原则营运，原来的村（居）自治组织和党组织不再干预其具体经营活动。

（四）继续推进“政经分离”后社区治理结构配套改革

积极探索与城乡一体化格局相适应的新型社区治理结构，切实发挥党组织在社区的核心领导作用，有效实施村（居）民自治，规范经济组织权能行使，划定党组织、自治组织、集体经济组织的权利、职责与义务，构筑促进农村向城市社区管理转型的新型治理结构。为此，我们进一步建议：

1. 明确社区党组织在社区的核心领导作用。社区党组织的作用是落实中国共产党对城乡基层社区的直接领导，承接上级党组织交办的任务，承担总揽全局、协调各方、发展党员的功能，管方向性、政策性、全局性大事。其领导成员由所在党组织的全体党员选举产生。（1）党支部不再参与集体资产的经营和收益获得。（2）以党支部成员为主体组成“两委”决策工作机制，负责村社会重大事项决策的协调把关。（3）党支部人员工资及活动经费由上级党组织安排，初期可以由区财政专项列支承担。

2. 推进自治组织与经济组织职能的分离。（1）村（居）民委员会的基本职责是组织社区公共服务、社会管理、协助行政、村（居）民自治、不再直接参与集体经济组织的经营活动，主管社区事务性、公益性服务工作。其领导成员由具有选民资格的村（居）民选举产生，不再由集体经济组织负责人兼任。（2）集体经济组织是民主制订集体资产发包方案，按照集体资产管理交易平台运作的有关规定，落实发包方案民主管理程序，组织监督本级集体资产发包，追收发包款等经济管理事务，其领导成员由具有选举资格的股东选举产生。

3. 完善适应城市化转型的社区公共服务中心。（1）成立社区政务服务中心，使其成为集民政、国土、建设、房产、工商、税收、计生、就业、低保、流动人口、综治维稳等便民服务的公共服务平台，形成政府行政服务向村居社区延伸新机制，实现农村社区公共服务和社会管理向城镇的全面对接。人员可由村党组织、村民委员会成员兼任或聘用，运作经费逐步由财政专项列支承担。（2）成立农村财务管理服务中心，使其成为资金管理使用、票据管理、会计核算、财务公开、合同管理等服务平台，形成一项委托（村社委托镇街）、两级审核（镇街、村）、三权不变（资源、资产、资金的所有权、使用权、审批权）、四层监督（业务监督、审计监督、群众监督、检查监督）、五个统一（统一全区财务管理制度、统一财务审核、统一记账、统一公开、统一建档）为主要内容的农村财务管理精细化管理新机制。中心主任由镇分管领导或集体资产主管部门领导兼任。

论我国村庄规划制定和实施的法律保障机制

——一个被忽视的法治领域*

曹春华**

目 次

一、前言

自2008年1月《中华人民共和国城乡规划法》[1]（以下简称《城乡规划法》）颁行以来，它对协调城乡空间布局，改善人居环境，促进城乡经济社会的全面、协调和可持续发展起到了重要作用。城乡规划工作无论是在技术创新上，还是在体制建设上都取得了长足进步。然而，村庄规划发展的法律保障问题一直没有引起人们的足够重视，以致成了一个被忽视的法治领域。

据住房和城乡建设部:《2007年城市、县城和村镇建设统计公报》[2]显示:2007年年末，全国设市城市有655个，县城有1635个，建制镇有19,249个，乡有15,120个，城、镇、乡建成区总面积

* 本文在撰写期间得到李昌麒教授悉心指导和帮助，在此深表谢意！

** 西南政法大学经济法学博士后研究生，城市规划博士，注册规划师。

〔1〕 第十届全国人大常委会第三十次会议表决通过了《中华人民共和国城乡规划法》，自2008年1月1日起施行，现行《城市规划法》同时废止。从《城市规划法》到《城乡规划法》，中国正在打破建立在城乡二元结构上的规划管理制度，进入城乡一体规划时代。

〔2〕 公报统计范围:城市(城区)是指设市城市(含直辖市、地级市、县级市)的城区，不含市辖县与独立的市辖建制镇;县城是指县、自治县、旗、自治旗、林区、特区的政府驻地;建制镇(乡)是指乡镇政府驻地的公共设施和居住设施没有和城区(县城)连接的建制镇(乡);村庄是指除城区、县城、建制镇(乡、农场)建成区之外的区域。

14.5 万平方公里；全国有 264.7 万个自然村，其中村民委员会所在地有 57.16 万个。[1] 这表明全国村庄总体数量和规模上远远超过了城、镇、乡的总和。

近年来，随着城市化进程的加快，虽然这种对比关系已经发生了很大的变化，但是农村建制仍然很大。因此，在推进城乡统筹发展的进程中，如何运用法治的力量保障村庄规划的实现和发展尤为重要。

二、我国村庄规划法制化进程的简要回顾

（一）村落自然形成时期

考古证实，原始村落的形成源于人类农业的产生。大约在 6000 年以前的新石器时期，随着农业的产生，出现了人类历史上的劳动分工，农业与畜牧业、狩猎业分开，逐渐形成了一些以从事农业劳动为主的固定居民点，这就是最初的原始村落。[2]

当农业生产逐渐成为主要生产方式时，又形成了以血缘为纽带的聚族式固定居民点——村落。考古发现，这种村落已经具有一些规律性特征：在选址上，村落一般位于较为高爽和土壤肥沃松软的地段；在分区上，居住地与葬地有了明显划分；在布局上，形成了以氏族成员集聚地为中心、其他住所环布其外的功能格局。另外，出于安全防护功能的考虑，村落周边大多设置壕沟、土墙、石墙等防护设施。[3] 可以认为，这些原始村落所体现的规律性特征，实际上已经具备了原始朴素的"村建制"思想。这时的村建制，主要是由宗法、礼仪和习惯法维系的。

（二）村庄规划与城市规划分离时期

随着生产不断发展，手工业从农业、畜牧业中分离出来，出现了人类社会第二次劳动大分工。当手工业发展形成一个相对独立的部门后，手工业类型逐渐增多，产品交换和私有制得到进一步发展，商业也随之兴盛，集市贸易开始出现。为了适应这种生产与生活方式的变化，原始村落开始分化，于是出现了以商业、手工业为主的城市和以农业为主的农村。据《周礼·考工记》记载："匠人营国，方九里，旁三门，国中九经九纬，经涂九轨，左祖右社，前朝后市，市朝一夫。"[4] 这说明周代已经出现了初具规模得城市建制，由此又形成了一种较为系统的古代的"城建制"思想。

周代以后，随着儒家、道家思想相继盛行，在儒家的"宗法礼制"和道家的"自然至上"思想影响下，我国古代城市规划思想得到了进一步的发展。遍及华夏大地的皇城、官宦陵园、商贾大院以及各具特色的民居都是这个时期形成的，只不过这时的建筑布局以及风格并不完全受制于"城建制"的安排，而主要取决于居住者的意志。近代以来，我国城市规划受到欧美、苏联等外来城市规划理念及大陆法系立法的影响，孕育并依次产生了近现代的法治城市规划思想。这时的城市规划思想与原始的城市规划思想有一个很大的不同，就是将城乡建设纳入了作为国家机器的行

[1] 参见中华人民共和国住房和城乡建设部：《2007 年城市、县城和村镇建设统计公报》，载 http://www.mohurd.gov.cn/xytj/tjzljsxytjgb/200806/t20080624_173507.html，最后访问日期：2018 年 6 月 26 日。

[2] 黄光宇、冯华、黄天其：《当代集镇建设》，重庆出版社 1992 年版，第 18 页。

[3] 董鉴泓：《中国城市建设史》，中国建筑工业出版社 1999 年版，第 4 页。

[4] 同上。

政机关管理范围。比如,1939 年中华民国就制定了《都市计划法》,其立法宗旨是为了改善城市居民环境,促进市、镇、街建设有计划地均衡发展。

中华人民共和国成立伊始,我国实行的是高度集中的计划经济体制,几乎所有的经济活动包括基本建设活动都纳入了计划管理的范围。由此,1958 年党中央和国务院发布了《关于改进限额以上基本建设项目设计任务审批办法的规定》,1964 年又颁布了《关于严格禁止楼堂馆所建设的规定》,从而确立了城乡规划分别立法的格局。改革开放以来,1990 年《城市规划法》的颁布和施行使城市规划的法律性质得以明确,从此城市规划逐步走上了法治化的轨道。1993 年《村庄和集镇规划建设管理条例》的颁布不仅在一定程度上助推了村庄规划的发展,而且还使村建管理具有了可以遵循的基本制度。

(三)村庄规划与城市规划统筹发展时期

实践证明,城乡分割的规划法律体制很容易形成"重城市、轻农村"和城市规划与村庄规划不协调乃至冲突的局面。特别是随着改革开放的深入推进,在社会主义市场经济强力推动下,城市社会、经济得到迅猛发展,"城市中心论、城市优越论"的思维定式,不可避免地影响并制约了村庄规划的发展。

为了改变这种状况以适应社会主义新农村建设对村庄规划发展的要求,2008 年 1 月由全国人民代表大会颁布了新的《城乡规划法》,从而结束了城乡规划分别立法的体制。将城市规划和村庄规划放在一部法律里加以规定无疑是我国规划法制的一大进步,这必将推动我国城市规划和村庄规划的协调发展。现在,我们已经看到不少地区在新农村建设过程中因地制宜地按照"生产发展、生活宽裕、乡风文明、村容整洁、管理民主"的新农村建设目标,把村庄规划纳入了《城乡规划法》的调整范围。"城乡一体"规划法制体系的形成,对于城乡规划在新时期引领城乡健康、协调、持续发展有极其重要的意义。

三、我国村庄规划在法制化进程中存在的主要问题

(一)在观念上存在两大认识误区

1. 否定村庄规划的法律执行力。这主要表现为要么认识不到经过法定程序编制下达的村庄规划是具有法律约束力的,要么尽管认识到了村庄规划的法律约束力而又不去认真地加以执行。对村庄规划法律执行力的否定主要来自农民阶层[1]和少数利益团体,在基层干部中也有表现。

首先是在农民阶层中的表现。在这类人群中,由于他们文化水平较低、组织程度较差、传统习俗意识浓厚、现代法制观念淡薄,因而对村庄规划的法律执行力表现出两种态度:一种态度是对规划漠然置之,认为与己无关;另一种态度是不了解为什么要制定村庄规划,甚至担心村庄规划的制定和实施将会直接或间接地损害自身利益,进而对村庄规划的落实抱抵触态度。

---

〔1〕 陆学艺在 1991 年通过对中国农民的阶层分化进行系统考察,以职业类型、使用生产资料的方式和对所使用生产资料的权力作为分成标准,将农民划分为村庄干部、集体企业管理者、私营企业主、个体劳动者、智力型职业者、乡镇企业职工、农业劳动者、雇工、外聘工人和无职业者十种类型。参见陆学艺:《三农论——当代中国农业、村庄、农民研究》,社会科学文献出版社 2002 年版,第 20 页。

其次是在少数利益团体中的表现。这主要是指在村庄建设中的直接或间接利益相关者，如开发商、投资商、村干部等。该群体在个体利益驱使下，无视村庄规划的存在，往往利用农村居民法制意识淡漠、建设监督管理不到位等漏洞，实施各种违法建设行为。例如，近些年来在农村集体土地上出现的小产权房建设、容易造成严重污染的工矿企业建设、具有封建迷信和胡编乱造的人文景观建设，以及违反农民意愿强制集中居民点建设。这对农村的发展起到了极不好的影响。

最后是在基层政府部门和基层干部中的表现。这部分人群对于村庄规划的制定和实施往往具有两面态度：一是热衷于村庄规划的制定，其间既有持正确态度的，也有追求“政绩”效益的，还有纯属应付的。有的是想通过规划的制定表现自己的政绩目标，有的纯属应付检查。这类计划不少是在不调查、不研究的情况下制定的，往往脱离农村实际，甚至违背农民意愿。二是消极地对待村庄规划的实施，要么不以积极的态度推进村庄规划的实现，要么忽视村庄规划的存在而另搞一套。

除此之外，有的行政和司法人员缺乏对村庄规划法律执行力的认识，以为可以执行也可以不执行，因而在行政执法和司法实践中往往不敢理直气壮地实施行政执法和监督，司法机关也不愿意把因村庄规划而发生的矛盾和冲突纳入自己的解决范围。

2. 夸大村庄规划的法律执行力。依据《城乡规划法》的程序编制的村庄规划必须执行，这是毫无疑问的。人们将村庄规划描绘为“村庄建设蓝图”以及依规划办事的意识也是无可非议的。基层规划部门依据规划进行管理和监督也是其职能所在。这些必须予以肯定。但是，也要认识到对村庄规划的执行，不能不考虑农村的实际情况。现在需要把握的，一是不能将“村庄规划设计文本”完全等同于“法律文本”，因为它不完全具备法律所必须具备的假定条件、行为模式和法律后果等要件。在笔者看来，规划是在我国现实条件下出现的一种具有“软法”性质的法律文件，不能机械地执法而应进行创造性的执法活动。二是要充分重视村庄规划本身的科学性。从理论上讲，村庄规划一定是要科学的，但是由于种种原因，它可能出现某种不科学，要么违背自然规律，要么违背农民意愿，要么未经法定程序编制和下达等。对这样的规划，如果强行执行，往往会激化矛盾乃至冲突，在这种情况下就不宜一味地强调执行，而应当按照法定程序将原来的规划进行修改或撤销后再作处置。

（二）在实践中缺乏城乡协调发展的大谋划

1. 忽视村庄规划的制定，人为割裂城乡关系。毋庸置疑，城市化是人类社会发展的必然之路。近年来，我国明显地加快了城市化的步伐，这使许多村庄变成了城镇，许多城镇变为了城市。在这种成就与光环下，人们会很自然地加强对城市发展和规划制定的研究，而往往容易忽视对村庄发展问题的研究和村庄规划的制定。随着城市规模和数量的急剧扩张，一方面，城市越来越不堪重负，这就迫使人们不得不重视研究和处理农村发展面临的各种问题；另一方面，大量农民涌向城市又带来了农村房屋、土地和其他生产资料大量闲置，“老人村”“儿童村”“空置房”比比皆是。据人民网报道，自2005年至2009年，全国每年减少村民委员会7000多个，平均每天有20个行政村消失。中国农村劳动力流失导致土地撂荒现象严重，影响了国家的农业稳定和粮食安全。人们似乎更愿意把这些现象归结为城市化进程中必然要经历的“阵痛”。现在的问题是在城市化加速发展背景下，重“城市”轻“农村”，人为地割裂城乡关系的问题又出现了，这样又导致了对村庄规划问题的忽视。这个问题如果不解决,久而久之又将加剧城乡网络结构总体布局的失衡状态,[1]进而造成农村空间环境资源的浪费和劳动力资源的不合理配置,这不仅不利于"三农"问题的进一步解决,同时还会对城乡发展带来新的不平衡。

2. 缺乏科学系统规划,农村建设发展带有片面性和盲目性。随着城乡统筹发展的不断推进,村庄规划工作越来越得到重视。据住房和城乡建设部《城市、县城和村镇建设统计公报》显示:截至2007年年末,有规划的行政村195,919个,占所统计行政村总数的34%;2007年,全国村庄建设投入3544亿元,占村镇建设总投入51.4%。但是,不能不看到,不少村庄规划,即使是依法批准的村庄规划,仍然还存在不少问题:有的村庄规划在制定时由于缺乏上一级规划部门的指导,导致发展方向和协作关系不够明确,使规划缺少整体协调;有的村庄规划缺少长远的战略眼光,致使村庄建设不科学或功能布局不合理;有的村庄规划仅注重农村居民点的规划建设,对其他方面建设发展缺少统筹考虑。"由于现代规划以城市发展建设为中心,农村社会调查随着规划重心的偏移已经逐渐被规划行业所淡忘,规划从业人员对农村的认知远不及对城市的认知深入。……而农村社会相对城市而言有其自然独特性,以城市模式规划农村难免水土不服,这也是很多农村庄规划缺乏可操作性德根源所在。"[2]因此,规划虽有但不能科学地引领村庄建设的发展,致使村庄建设发展常常陷入片面性和盲目性。

3. 村庄规划建设违法行为突出,极端执法普遍存在。随着社会经济的发展和城市化进程的加速,在村庄建设中,违法建设行为相当普遍。例如,近期深圳对全市农村地区违法建设进行了全面普查,结果显示:截至2009年12月,违法建筑总量已经突破31万栋。由于农村地区法律意识普遍不强,再加上农村土地所有权存在的问题,违法建设行为也显得较为复杂。从违法建设类型上看,可以分为三大类:(1)居住类的违法建设;(2)厂矿类的违法建设;(3)旅游、服务类的违法建设,其中又以居住类违法建设居多。从违法建设主体上看,可以分为两类:(1)非本村村民或非本村村办企业的违法建设行为;(2)本村村民或者本村村办企业的违法建设行为。从违法建设用地形式上看,主要分为三类:(1)在集体农用耕地上的违法建设行为;(2)在集体土地建设用地上的违法建设行为;(3)在宅基地上的违法建设行为。从违法审批程序上看,主要表现为三类:(1)没有合法审批程序的违法建设行为;(2)没有取得相关合法权证的违法建设行为;(3)没有合法建设资格主体的违法建设行为。

面对上述违法建设行为,当地主管部门在处置时容易出现两难困境:一是村庄规划本身合法、正当和科学,但村民不理解、不支持,在这种情况下主管部门就可能面临严格执法和放纵执法的选择。笔者倾向于认为应当按村庄规划执行,而不应当去迁就建设主体的违法行为,但必须要做好疏导工作。二是在规划存在问题的情况下,如不合法、不正当、不科学,如果强行执法就可能导致群体斗殴、围攻政府、堵塞交通等极端的抵制行为,严重影响社会的安定团结。面对这种情况,笔者认为,执法部门不应一味地强调按规划办事,而要具体问题具体对待。但是,考虑农村许多违法建筑,如将违法建筑作为生产经营场所时,经营者不能申办营业执照,商户就会游离于监

---

[1] 高毅存:《城市规划与城市化》,机械工业出版社2004年版,第5页。

[2] 汪光焘:《城乡统筹规划从认识中国国情开始——论中国特色城镇化道路》,载《城市规划》2012年第1期。

管之外，从而出现逃避税收、制假售假、藏污纳垢等现象，同时违法建筑没有经过质检验收和消防检查，坍塌和火灾隐患较多，安全事故随时都可能发生，在这种情况下，执法部门不能放松执法，该惩处的一定要惩处，不容迁就，否则是对人民生命和财产不负责任的表现。

四、建立和完善村庄规划法律保障机制的若干思考

（一）正确认识村庄规划的法律约束力

村庄规划的法律约束力来源于《城乡规划法》的赋予。《城乡规划法》第2条第2款规定："本法所称城乡规划，包括城镇体系规划、城市规划、镇规划、乡规划和村庄规划……"第7条规定："经依法批准的城乡规划，是城乡建设和规划管理的依据，未经法定程序不得修改。"这两条规定表明：第一，村庄规划不仅是我国整个规划的重要组成部分，同时是最基础的规划。村庄规划发挥得好，对城乡建设发展往往能够起到"事半功倍"的助推作用。第二，依法制定的村庄规划是必须执行的，未经法定程序不得改变。村庄规划执行得不好，对城乡建设发展必然会起到"事倍功半"的阻碍作用。第三，村庄规划既是城乡建设和规划管理的依据，也是司法机关执法的依据。

虽然《城乡规划法》赋予了村庄规划与城市规划同样的法律约束力，但是在一些关键问题上，村庄规划并未像城市规划那样作了具体规定。例如，村庄规划的编制程序、范围、内容等，缺少像城市规划那样明确的强制性规定；经依法批准的村庄规划，在规划期限上，也没有像城市规划那样有明确的期限规定；在编制与审批程序上，村庄规划较之城市规划缺少明确的法定规定。总之，从现实角度看，村庄规划较之城市规划的规定性较为模糊，它可能更适合当前的农村实际情况，有助于推动村建设从无序向有序的发展。但是，不可否认的是，这种在立法上的宽泛性和模糊性又会在一定程度上弱化村庄规划的法律约束力。

另外，村庄规划在实现方式上与城市规划相比更具宽泛性。一般来说，城乡规划的实现方式是城乡规划建设的行政许可。相比起来，城市规划建设的行政许可要比村庄规划建设的行政许可详细得多、具体得多。例如，在城市建设中，衡量一项建设活动是否符合城市规划，主要看其规划建设的形式要件，即"一书、两证"[1]是否依法取得；在建设过程中，是否取得消防、建设、环保、绿化、人防以及国土房管部门的行政许可；有些城市还规定需要取得《建设工程竣工验收许可证》方能使用。

《城乡规划法》之所以对村庄规划和城市规划作出不同的要求，主要是基于以下三个方面的考虑：一是考虑必须从原则上将村庄规划纳入《城乡规划法》的调整范围，使其具有法律约束力，否则村庄规划将成为一张废纸；二是考虑农村不同于城市，它往往会受到城市化进程、城乡统筹发展布局等多种因素的影响，存在许多不确定性，因而不像城市规划那样具有较强的稳定性和预期性，不能朝令夕改；三是农村发展的主力军是农民，因而农村的每个布局，包括农村庄规划都必须在尊重农民意愿的基础上进行。如前所述，村庄规划由于种种原因，可能存在某种不科学或者

[1] "一书、两证"即《建设工程选址意见书》《建设用地规划许可证》《建设工程规划许可证》。

随着实践的变化以及农民意识的变化,原先设想与实际情况并不相符。在这种情况下,法律就应当显示一定的灵活性,不要一味地强调按规划行事,即村庄规划是可以依据实际情况的变化而做出必要的修改和调整的。但是,这种修改和调整并不取决于某个人的意志,而应当按法定程序进行。

(二)充分发挥相关法律法规对村庄规划编制和实施的合力作用

我国现行调整规划关系的除《城乡规划法》外,还有《中华人民共和国土地管理法》《中华人民共和国环境保护法》《村庄和集镇规划建设管理条例》《基本农田保护条例》等法律法规。由于村庄规划本身所具有的社会科学、技术科学意蕴,再加上它对社会、经济和环境的发展具有综合协调和宏观调控职能,这与上述相关法律、法规对乡村社会经济和环境发展所具有的最终目的和效力价值都是高度一致的,因此它们应当共同作用于村庄规划的制定和实施。

在村庄规划编制与实施过程中,《城乡规划法》与相关法律法规的合力作用发挥得越充分,村庄规划的协同性法律约束力就显得越强。因此,如何使这些法律、法规在村庄规划编制与实施过程中充分发挥合力作用,就成了影响和决定村庄规划建设是否能够有序发展的重要问题。

无疑,村庄规划从编制到审批的过程就是一个与调整村庄建设相关法律、法规不断协调、不断磨合,最终形成共识的过程。由于我国是允许部门立法和地方立法的,因此现行的调整村庄建设关系的法规规章,许多都是部门和地方性的,一个比较完善的调整村庄规划的法律体系尚未真正形成。至今,我国尚未明确授权由哪个部门来牵头制定更具体的调整村庄规划关系的法规或规章,相关职能部门差不多都是根据部门规章行事的。由于不同部门自身有不同的利益诉求,这致使村庄规划与其他规划之间缺少主动的沟通和相互的配合。现在的情况是,在村庄规划编制、审批过程中,一直是由基层政府牵头,规划、建设、国土、环保、农业、市政、园林、交通等相关职能部门进行被动性协调和交涉。这个协调和交涉的过程实际上就是一个多方权力和利益博弈的过程。在这过程中,如果各自所依据的规章出现矛盾和冲突,那么权力和利益冲突就很难达致协同。

考虑这种合力作用发挥会受到认识、制度和体制等诸多因素的影响,一时还很难以形成,因此当前最需要做的是在村庄规划编制和实施中不断加大地方政府及村庄规划行政主管部门的影响力和协调力度,争取最大限度地发挥相关法律、法规、规章在村庄规划编制与实施过程中的合力作用。从长远看,应该建立、健全城乡规划建设法律体系和相关行政体制,通过体制建设和法制完善,结束"多头治理"村庄规划的局面。

(三)正确处理村庄规划与其他现行规划和制度的关系

凡事预则立,不预则废。在科学发展观思想提出之前,我国城乡体系战略规划主要是以"城"和"镇"作为经济结构的重点来考虑的,对于"乡""村",特别是"村"的社会经济发展问题则考虑较少。科学发展观践行以来,"乡""村"社会经济发展问题逐渐得到重视。《城乡规划法》增设"村庄规划"这个基层规划种类,主要目的是统筹城乡规划发展,并且按照科学发展观的思想,指导、规范村庄建设行为。从这个角度讲,在制度和机制运行上,如何落实村庄规划与其他规划、制度的协调发展,是保障统筹城乡发展的基础性条件。

第一,必须处理好村庄规划与其他产业发展规划的关系。任何单线的城、镇、乡、村的孤立式发展规划,或重“城镇”轻“乡村”的不均衡发展规划,都会出现产业布局“一头沉”的问题,从而造成“经济社会发展看城市,环境生态问题在乡村”的局面。

从产业布局来看,在过去相当长的一段时期内,由于未能充分考虑农村的产业发展,致使大量农村劳动力涌入城市,这已经造成了城市的不堪重负,农村经济发展的受阻,相应地又影响了城市的发展。这表明农村产业发展与布局是至关重要的。然而,要清醒地认识到,如果不顾大局,农村产业的发展不依托城镇,就必然会带来对未来发展估计不足,造成土地资源与劳动力资源的不合理配置以及生态环境的恶化等问题。因此,必须高度重视城乡产业发展规划与村庄规划的衔接,实现统筹兼顾,协调发展。具体讲,在城镇体系规划中,对村庄规划涉及的产业问题,要在产业发展的宏观布局上,给予重视和落实;在产业发展政策上,根据村庄规划建设发展的需要,适当向村倾斜;在村庄规划编制时,要划定承接“产业落地”的空间范围,实现城乡有机对接。

第二,必须处理好城、镇、乡、村建设用地的关系。[1] 土地是社会经济发展的主要载体。随着社会、经济快速发展,城市建设用地需求的急剧上升,对于农村地区建设发展来说,近郊农村“被城市化”的现象比较普遍,许多农村用地包括耕地变成了城镇建设用地;远郊农村“被边缘化”现象也很突出,在不同地区存在不同程度的农村耕地荒废、闲置等问题。因此,出于对农田保护、农业发展以及农村可持续发展的考虑,做好统筹城乡土地利用,做好村庄规划与村级土地利用的有机衔接,尤其显得重要。

第三,必须将创新土地使用权制度与村庄规划的编制有机地衔接起来。长期以来,我国是以单一的“征地”方式向农村要城市建设用地的,这种方式受损的往往是农民。因此,现在应当尽快改变单一的“征地”方式,按照推进农业发展与保护农民利益原则,创新土地使用制度,多渠道、多方式促进城乡用地协调发展,实现城乡建设用地增减平衡。值得一提的是,重庆市的地票交易制度是重庆统筹城乡综合配套改革的一项制度创新。这项制度开启了农村集体土地流转的一种新模式,它不仅对促进农村集体土地向城镇建设用地合理有序流转,显化农村土地资产价值方面具有现实意义,而且对优化城乡建设用地配置,处理好城、镇、乡、村建设用地的关系具有重要的示范作用。如果有更多的类似制度创新得到进一步实施和推广,那么村庄规划的编制就必须因地制宜地与这些农村土地制度的变迁相协调,助推并保障城乡建设规划的协调发展。

(四)严格遵循村庄规划编制、实施与修改的法定程序

前文谈到,考虑农村社会的实际情况,村庄规划在立法上与城市规划相比具有宽泛性和模糊性,在编制与实施中与城市规划相比更具宽泛性。但是,这种特殊性并不意为村庄规划编制与实施的法定程序就不必严格遵守。《城乡规划法》第18条规定,村庄规划应当从农村实际出发,尊重村民意愿,体现地方和农村特色;第22条规定,乡、镇人民政府组织编制村庄规划,报上一级人民政府审批。村庄规划在报送审批前,应当经村民会议或者村民代表会议讨论同意;第48条规定,修改村庄规划应当依照该法第22条规定的审批程序报批。这三条规定明确要求:应当充分

---

〔1〕 根据《土地管理法》第4条规定,农用地是指直接用于农业生产的土地,包括耕地、林地、草地、农田水利用地、养殖水面等;建设用地是指建造建筑物、构筑物的土地,包括城乡住宅和公共设施用地、工矿用地、交通水利设施用地、旅游用地、军事设施用地等。

发挥民主，体现地方特色，科学地编制村庄规划；应当严格按照法定程序审批村庄规划；修改村庄规划应当依照原审批程序执行。

第一，要不断探索完善村庄规划编制方法。科学地编制方法是村庄规划编制的基础条件。在村庄规划的编制过程中，切忌为了完成任务而照搬、模仿城市规划的编制方法。这种简单的做法，不仅难以适应村庄建设的实际需要，而且有可能违背村庄生产固有规律，最终造成村庄的建设性破坏。农村中蕴含着中国社会变迁的一切基因，深入了解农村不仅有利于把握农村特征，也有利于全面正确了解中国社会的特征和城乡关系。[1] 因此，不断探索完善村庄规划编制方法，不但必要，而且必须。同时，在经费、技术、人才和设备上，要进一步加大对村庄规划编制工作的支持力度，不断提高村庄规划的理论研究水平，不断充实村庄规划专业编制队伍，不断提高村庄规划水平。

第二，要认真落实村民的知情权和参与权。《城乡规划法》明确要求，村庄规划应当经过“村民会议或村民代表会议”讨论，这是落实村民知情权与参与权的重要形式。现在的问题是，如何将这些制度落实到具体的行动上。这里至关重要的是，要组织好村民会议和村民代表会议的召开，让村民充分表达自己的意愿，能采纳的要采纳，不能采纳的要做解释工作，以便达成共识。按照这个思路，解决村民知情权和参与权问题的关键是：作为“村民自组织”的村委会要充分发挥自己的积极作用，尊重村民意愿，不屈从于来自其他方面的干扰。为此，村委会必须做好三件事：(1)制订有针对性的行动计划，激发村民参与村庄规划编制的热情；(2)负责召开村民会议或村民代表会议，向村民介绍村庄规划草案，并引导村民充分讨并提出具体意见；(3)村庄规划一经批准，就要做好宣传和动员工作，把村民的行为引导到对村庄规划的施行上。

在这期间，村庄规划编制部门要为广大村民搭建提供意见和建议的交流平台，有针对性地做好村庄规划编制的解答、讨论、处置和反馈等互动工作，以保障当地社会群众的参与权和知情权的落实。同时，村庄规划编制部门在规划编制前一定要进行调查研究，尽量使编制草案符合实际情况，简明易懂，这也是落实村民知情权和参与权的一个重要方面。“闭门造车”式的规划，村民不仅不理解，还可能引发矛盾和冲突。现在因村庄规划不当、解释不好而引发的群众事件时有发生，这是需要引起高度重视的一个问题。

第三，严格执行村庄规划，未经法定程序不得修改。依法批准的村庄规划，具有法律效力，未经法定程序不得修改。为了杜绝规划执行的随意性，至少应从三个方面保证村庄规划的实施：(1)必须在广大农村地区进行法律知识包括《城乡规划法》的普及教育，提高广大村民的法律意识；(2)规范行政主管部门行政管理行为，严格村庄规划的审核、批准和下达程序；(3)规范执法部门执法行为，认真解决村庄规划实施中的执法难、执法乱和不执法的问题。

第四，加强对村庄规划编制与实施的法律监督。为了严格遵循村庄规划编制与修改的法定程序，必须建立、完善督导机制：(1)健全权力机关的监督机制，可以考虑在县级人大内设立监督小组专司对村庄规划的监督。(2)强化行政机关的监督职能，可以考虑在县乡两级和村委会内设置规划监理机构，明确其权力、义务和责任，使其能够对违反村庄规划的行为，做出快速、正确

---

〔1〕 汪光焘：《城乡统筹规划从认识中国国情开始——论中国特色城镇化道路》，载《城市规划》2012年第1期。

和有效的纠正和处理。(3)加强司法机关、执法机关和仲裁机关对违反村庄规划行为的处理工作,这主要包括三个方面的处理:一是村民因规划原因造成损害而诉诸法院的,法院应当受理并作出公正处理;二是由于村庄规划编制和实施不当,村民有权提请行政解决或者提请仲裁,村庄规划主管部门应当本着坚持正确、纠正错误的原则做出处理,切忌固执错误,加剧矛盾和冲突;三是因规划主管部门工作人员玩忽职守、滥用职权、徇私舞弊,构成犯罪的,要依法追究刑事责任。

总之,无论是权力机关的监督,行政机关的行政执法,还是司法机关的审理,都要坚持对违法行为给予查处和制裁;对符合村庄规划的建设行为,要依法给予保护和支持;对农民参与和监督村庄规划行为,不仅要给予保障,同时还要畅通诉求渠道,把因规划原因而可能带来的矛盾和冲突消灭在萌芽状态。

京津冀一体化环境保护法律对策研究

孟庆瑜[*]　易崇艳[**]　马洪超[***]

目　次

环境保护问题，是京津冀一体化进程中需要优先解决的问题。2014 年 2 月 26 日，习近平总书记针对京津冀协同发展强调指出："要着力扩大环境容量生态空间，加强生态环境保护合作，在已经启动大气污染防治协作机制的基础上，完善防护林建设、水资源保护、水环境治理、清洁能源使用等领域合作机制。"解决环境污染问题，必须找准问题根源。从根本上解决环境问题，必须充分依靠环境法治，在当下环境法律体系框架下，进行制度创新是解决环境问题的有效方式之一。京津冀地缘犬牙交错，环境问题同多异少，但特点明确。

一、京津冀一体化面临的环境问题

（一）共同的环境问题

就地理位置来讲，如果没有行政区划分割，京津冀三地面对的自然环境问题、遭受的环境影响程度几乎相同。其中，以下三个方面最为突出。

1. 大气污染

在持续两年之久的雾霾中，京津冀受到的影响最严重。在环境保护部（今生态环境部）公布

---

* 河北大学政法学院教授、博士研究生导师，法学博士。
** 重庆大学法学博士研究生。
*** 河北大学政法学院副教授。

的大气质量最差的城市中，京津冀区域多次包揽前8名。[1] 2014年7月，在全国环境质量最差的10个城市中，京津冀占据9个。[2] 恶劣的大气环境，迫使北京率先在全国颁布实施严格的大气污染防治法规。[3]

2. 水资源污染

根据列入国土资源部调查计划的《华北平原地下水污染调查评价》显示，华北平原直接可以饮用的地下水仅占22.2%，[4]京津冀地区水污染是全国的重灾区，北京地下水已经下降了25米，[5]浅层地下水已达不到饮用标准。除污染外，超采地下水，在华北平原上已经形成了巨大的漏斗区，造成人为地质灾害的巨大隐患。[6]

水资源污染，特别是华北地区严峻的水污染形势，直接影响本区域居民的生存环境和生命健康安全。河北、天津多地被列入中国"癌症村"的名单当中，[7]诱发癌症的直接原因，就是饮用污染水所致。

3. 土壤污染

土地是承载人类社会发展的最基本的资源，所有的发展都离不开土地。据国土资源部(今自然资源部)的土地污染调查警示，我国的土地污染已经影响了社会发展。其中，仅河北省就有40万亩耕地无法生长出无公害标准的农作物，而工业"三废"、垃圾都是污染土地的罪魁祸首。

(二)北京、天津的环境现状

北京、天津当前面临的主要的环境问题就是大城市病。人口数量的快速增加，带来一系列的环境问题。北京规划到2020年，人口达到1800万，[8]2012年北京人口就超过了2000万。[9] 北京现有汽车保有量已达到531万辆，日排尾气折合二氧化碳39,800多吨，天津拥有汽车259万

---

[1] 《2014中国空气污染排名：最新全国十大空气污染城市》，载天气网：http://www.tianqi.com/news/22894.html，最后访问日期：2018年7月4日。

[2] 环境保护部发布7月重点区域和74个城市空气质量状况，按照城市环境空气质量综合指数评价，7月空气质量相对较差的前10位城市是唐山、邢台、石家庄、保定、济南、北京、邯郸、天津、廊坊和衡水，载http://www.mep.gov.cn/gkml/hbb/qt/201408/t20140819_287924.htm，最后访问日期：2018年6月22日。

[3] 2014年1月22日北京市第十四届人民代表大会第二次会议通过《北京市大气污染防治条例》。

[4] 参见《华北平原地下水污染防治工作方案》。

[5] 《北京社科院副院长赵弘：北京的病》，载凤凰网：http://city.ifeng.com/cskx/20140215/404761.shtml，最后访问日期：2018年6月3日。

[6] 《华北平原因地下水超采成为世界最大"漏斗区"》，载环保网：http://www.chinaenvironment.com/view/ViewNews.aspx? k=20111104160931874，最后访问日期：2018年6月3日。

[7] 《"中国癌症村地图"村子数量超200》，载腾讯网：http://health.qq.com/a/20130225/000037.htm，最后访问日期：2018年6月3日。

[8] 《北京新城规划展蓝图 2020年人口1800万》，载中广网：http://www.cnr.cn/guonei/200501140012.html，最后访问日期：2018年6月23日。

[9] 《北京人口承载极限调查 1800万红线2013年将修改》，载新浪网：http://finance.sina.com.cn/roll/20110530/02129916522.shtml，最后访问日期：2018年6月23日。

辆,日排尾气折合二氧化碳19,400多吨。[1] 垃圾处理能力不足,北京日产垃圾量超1.8万吨,如果用卡车装载,能绕北京三环路整整一圈。天津面对的环境状态,除汽车尾气、垃圾问题外,机械、冶金、海洋化工、石油化工、电子、汽车等工业污染情况比北京严重。

二、京津冀一体化环境问题的制度应对策略

环境问题的产生,与法律制度的实施成正比例关系。科学的环境法律制度的实施效果好,环境质量自然就会提高;环境保护制度实施不力,落后于社会经济发展,环境质量就会降低。

(一)制定预防京津冀区域环境质量恶化制度

在环境科学领域,对于环境的评述,以数据表达的形式出现。以数据来确认环境质量的高低,以法律制度确定各种环境数据,以保证环境质量的稳定,是保证环境质量的有效方式。

1.京津冀环境总量数据固定制度

针对京津冀环境容量排放总量问题,应当科学测算并公布京津冀三地的污染物环境容量总量和污染物排放总量理论值,并作为强制性规范遵守执行。总量控制是环境法中的重要制度之一,分为环境容量总量和污染物排放总量,是标志一个区域内环境容量的极限数值,超过这一数值,环境质量就会发生变化,也就是污染现象。国内尚无一个区域公开这两个数据以作为强制性制度进行环境防治。

2.京津冀统一环境标准、统一规划制度

京津冀一体化,需要制定统一的环境标准,明确法律责任,使环境标准能被遵守。统一的环境标准,既可以防止污染源在区域内转移,也能避免京津"三高"企业向河北境内转移。此外,统一的环境标准,还可以推进碳交易制度的发展,为通过市场手段防治环境奠定基础。

在环境领域,环境规划制度是首要制度,是对整个领域环境保护的总体布局。京津冀一体化的国家环境保护规划具体内容尚未公开,三地统一规划能够避免地方利益保护问题出现。

(二)构建京津冀环境信息共享制度

京津冀环境信息共享系统的建设,对外是公众信息公开的主要平台,应当包括法律规定的全部环境信息;对内则是行政部门实施环境管理的依据,是了解环境变化的平台。这个系统应当包括以下主要内容:第一,环境行政部门依法应当公开的信息;第二,企业依法应当公开的信息;第三,监测因子、环境监测实时信息等;第四,区域污染物排放种类,排放数量、排放总量,区域污染物环境容纳总量,设定污染物排放超标报警值;第五,环境事件处理进程信息;第六,环境事件应急自动报警装置。当环境监测点监测到某一物质数据异常时,系统自动报警,所有系统内的部门能在第一时间发现问题,启动应急预案,做出反应,控制环境事件造成的危害,避免污染扩大,造成更大的损失。

设立环境信息共享系统制度,要求所有环境信息统归于一个系统内,京津冀三地相关部门在这

[1] 按每辆机动车每天行驶25公里、每百公里油耗10升计算,每辆机动车每天的油耗就是2.5升,大约就是2千克。燃烧后的尾气排放物主要为二氧化碳,大约是7.5千克。城区行驶100万辆机动车,每天就会排放大约7500吨二氧化碳。

一系统内，可以随时了解整个区域和某个区域的具体情况，进而对环境防治可以做到有的放矢。

（三）完善京津冀区域内生态补偿制度

制定京津冀区域生态补偿制度，应当科学评估生态价值，制定生态补偿方案。生态补偿应当坚持"应补尽补"的原则。补偿对象应当包括水资源补偿、森林补偿、退耕还林、还草及"稻改旱"中的农业补偿。

设立专项生态补偿基金，面向京津地区的受益群体征收生态补偿费，这项费用可以与水、电等费用一起征收，以保证费用来源。

张家口"稻改旱"工程的直接损失，被限制的工业项目损失，仅赤城县自1996年因环境保护问题被限制项目，影响这个县的产值达到3.4亿元。[1] 北京自2006年起每年向张承地区补偿2000万元，但这个补偿与张承地区近800万人口相比，无异于杯水车薪。

三、京津冀一体化环境保护的立法建议

当下京津冀一体化进程中主要采取区域协议的方式，众所周知，区域协议是一种松散的合作方式，没有强制约束力，无法防止地方保护主义的实际发生。保障京津冀一体化战略的长期推进实施，开展区域立法势在必行。

（一）制定京津冀环境防治条例

京津冀环境防治条例应是一部环境科学技术责任法规，以实用和具体操作性为立法目标，统一防治环境问题。该条例要打破一城一地单独应对环境污染的方式，从根本上实现京津冀三地环境问题治理的联动性。

1. 京津冀环境防治条例的框架设计

该条例应由总则、区域划分与环境数据、信息公开与共享、排污权交易、监督与管理、法律责任、附则等部分构成。

该条例应坚持环境保护原则，生态化原则。区域划分主要是对本区域进行功能划分，如依法确定对北京产业的疏解，确定张家口、承德发挥生态区域功能的作用，统筹布局区域的城市分工。环境数据包括确定环境容量总量、污染物排放总量、污染物排放浓度值、统一环境标准等实际问题。信息公开与共享指规范公开环境信息，确定环境信息共享机制。确定区域内排污权交易制度，规范构建交易平台及确定碳交易市场机制，通过市场防治环境污染目的，实现清洁发展。监督与管理部分规范相关主体的环境责任，规范鼓励公众参与环境保护，防治公害事件。法律责任部分要进一步加大对污染环境、破坏生态行为的责任后果和打击力度。

2. 京津冀环境防治条例的特殊功能

该条例首先要考虑区域的整体性功能的发挥，整合本区域的经济产业结构。其次是平衡整体环境质量，确定每个区域的环境质量标准。最后是确定市场机制，实现节能减排，就是通过构

---

[1] 《构建京津冀北流域生态补偿与流域环境保护的互动关系，形成生态补偿市场机制　异地开发破解生态补偿难题》，载中国环境报网：http://www.envir.gov.cn/info/2005/12/1215772.htm，最后访问日期：2018年6月1日。

建碳交易平台，拓展碳交易市场，推进EPC[1]推进速度，确定污染防治、生态修复、生态建设一体化的法律体制。

（二）制定京津冀大气污染防治条例

在大气污染防治领域，北京市走在了全国进行大气污染防治立法的前列，但2014年1月通过实施的《北京市大气污染防治条例》并不适用于津冀两地，应对区域大气污染，有必要制定区域大气污染防治立法。

1. 京津冀大气污染防治条例的框架设计

该条例应由总则、统一联动原则、总量控制、排污权交易、机动车及以石油为燃料的机械、石化标准的统一、扬尘防治、减排奖励、监督与管理、法律责任、附则等部分构成。

该条例的立法目的是控制大气环境不再恶化，逐步提高大气环境质量。区域统一联动防治，即京津冀三地在应对大气污染时，统一联合行动，避免三地出现因各自行动而成效不佳的现象。制度措施主要包括控制区域环境容量总量、污染物排放总量、京津冀区域内因功能不同划分的区域总量内容等。排污权交易则包括强制碳排放权及自由碳排放权的确定方式。机动车及以石油为燃料机械、石化标准统一，则是指三地的机动车排放标准，以石油化工为燃料的机械排放标准统一。扬尘防治，在落实工业、建筑、矿山、堆放场所的防治外，对于农业季节性扬尘，以发展农业碳汇来避免，规范提倡农民进行免耕、间耕、垄耕。对于依法采取节能减排技术，提升生产结构或者节能措施的企业、事业单位、行政机构及社会组织，依法确定奖励制度。监督管理及法律责任部分，可以借鉴北京市的处罚方式，甚或更为严厉。

这里需要特别强调的是，该条例除对京津的机动车排放作出规定外，应当对燃煤行为予以重点规制，重点是依法促导燃煤企业进行生产结构调整，避免关停的僵硬规定。换言之，大气污染防治的重点，不是减少生产企业，而是去除和减少生产企业带来的环境外部性问题。

此外，专章规定排污权交易制度，主要是源于当下京津冀区域内正在通过行政手段要求开展脱硫、脱硝、河北的钢铁产量限产，限制燃煤等措施，为碳交易市场带来了大量的优质减排项目，这就为通过规范市场行为、建立碳交易平台、扩展碳交易市场提供了最佳时机。

2. 京津冀大气污染防治条例的特殊功能

该条例的特殊功能在于：第一，统一三地应对大气污染的步伐，以实现对京津冀大气污染防治的统一性，实现事半功倍的效果。第二，迅速提高京津冀大气环境质量。第三，保障区域内人体健康。第四，为生态文明构建夯实基础。

（三）制定京津冀水污染防治条例

京津冀一体化发展，为京津冀水资源问题的科学调配，缓解用水紧张状况带来了契机，制定京津冀水污染防治条例，能够为缓解水危机提供保障。

---

[1] EPC（Engineering Procurement Construction），是指公司受业主委托，按照合同约定对工程建设项目的设计、采购、施工、试运行等实行全过程或若干阶段的承包。通常公司在总价合同条件下，对其所承包工程的质量、安全、费用和进度进行负责。

1. 京津冀水污染防治条例的构架设计

该条例主要由总则、水污染(水害)防治、水生态修复、水资源区域分配、节水制度(包括水资源市场)、水生态补偿、法律责任及附则等部分构成。

内容主要是确定水生态系统修复原则、区域内水量按功能调配原则、奖励节水原则、确定水生态补偿制度、确定培育水市场机制及防治水害制度。确定区域内雨水集蓄模式,实现水源涵养、地下水保护和污染防控一体的水生态保护工作,打造“海绵城乡”的生态理念,强化重要水功能区和饮用水水源地保护。

2. 京津冀水污染防治条例的特殊功能

京津冀一体化为治理水环境、提升水资源承载力带来契机。因此,要在一体化框架下,对水资源科学配置,打破行政分割,通过提高配置效率,达到提高水资源利用率,增加水资源承载力的目的。三地协力共同依法改善区域水资源环境和供水安全,围绕南水北调、海水淡化、水源地保护、水循环利用等策略,共同构建一个水资源安全、保障用水的法律体系。

(四)制定京津冀土壤污染防治条例

在2011年开展的农业污染源调查中,河北省有10%左右的耕地不同程度受到了工业“三废”的污染,可疑污染区域面积达676,287.3公顷,占河北省地表总面积的3.603%,可疑区域内污染耕地面积达319,891.4公顷,占河北省总耕地面积的5.065%,已发现有40万亩耕地不宜生产无公害农产品。

1. 京津冀土壤污染防治条例的框架设计

该条例应由总则、区域土壤功能划分、土壤污染分类、区域土壤污染数据公示、区域土壤污染预防措施、生态修复、土壤污染监管、法律责任及附则等部分构成。

内容主要包括确定土壤污染类型、规范修复方式、确定预防土壤污染和修复原则、确定行政促导制度、明确污染者责任、土壤污染公示。在京津冀一体化区域内,应当公示土壤污染数据,让公众知情,以便公众进行自我防范。

2. 京津冀土壤污染防治条例的特殊功能

该条例的主要功能是在把土壤污染划分不同的级别的同时,制定相对应的惩罚措施。这种责任,以恢复环境原状为主,同时辅以罚款、行政责任和以恢复土壤质量所需资金额度,以承担相对应的刑事责任,以弥补环境污染事件中只有造成污染事故才承担刑事责任的不足。

四、京津冀一体化环境保护的司法保障

京津冀一体化发展中的司法问题,主要是司法保障。司法保障是个体环境案例的司法处置结果,对其他主体的环境权保护,提高环境保护意识、警示违法行为,教育遵守环境法律的作用。

(一)设立京津冀区域环境法庭

京津冀一体化环境保护在司法领域的首要问题,就是环境保护法庭的功能实现问题。2014年7月,最高人民法院宣布设立环境资源审判庭,这是最高人民法院对多年来地方环境法庭工作的确认与推进。可以预见,以后会有更多的环境纠纷、争议侵权进入专门的环境司法机构处置程序。

鉴于京津冀一体进程中的环境问题严重，建议设立京津冀区域环境法庭，级别为中级人民法院，上诉选案发地以外的另外两个高级人民法院上诉，做到管辖地法院的回避。京津冀区域环境法庭，专门审理京津冀涉及两地或者三地的环境案件。为推动改革进程，对于这一新型司法机构，可以先行确定机构，不设人员编制，司法人员由三地选调，判决在三地同时生效，执行也由三地人员组成。审判、执行人员的组成，可以要求案发地人员回避，或者审判组成人员中，由不涉案地人员担任审判长。涉及三地的案件审判人员组成形式，可以借鉴仲裁庭人员组成制度。京津冀区域环境法庭的设立，交叉受理环境案件，不但可以解决有关环境纠纷，更能体现当下环境问题处置过程实现公开化，带给公众更大的公正、公正的感觉。

(二)扩大环境公安机构的规模

环境公安部门的成立，目的非常明确，就是处置环境案件，但是，从当下环境公安受理环境案件的程序来看，主动性不够。

1. 扩大环境公安机构规模

环境公安专门机构在当下的问题是设置级别高，多是省一级公安机关，在级别高的情况下，基层环境情况反映，中间有一个过程，在这个过程当中，反映情况无法到达的情况比例较大。因现在受理程序尚在完善，有些环境案件被接案人员只是记录而已。建议在县级公安机关设置配备专业人员，处理环境案件。基层派出所，应当有指定的人员受理环境案件，并且明确责任制度。因为基层部门对当下的环境情况最清楚，这样可以消除大量的环境案件发案隐患。

2. 环境公安规模的扩大利于环境案件取证和保存

公安机关对环境案件的及时介入，对于案件进行司法程序后的证据提取、保存有当事人无法比拟的优势。虽然在环境侵权案件中，采取的是举证责任倒置制度，但是，当事人主动提交的证据，对于案件的处理有决定性的作用，公安机关的办案记录、办案人员证人证言等，与普通证据也有先天的优势，符合优势证据制度规则，可以影响司法人员的判断方向。

五、构建京津冀碳交易市场

碳交易市场制度是通过市场解决环境问题的有效方式。我国国内碳交易市场尚没有一个完整的交易系统与规范框架，2011 年我国制定并发布了第一国内自愿碳减排交易标准，称为“熊猫标准”。在政策方面，2011 年我国公布了七个省市作为碳交易的试点省市，这七个省市各自制定了碳交易制度框架，并在辖区内进行试点交易。

(一)构建京津冀区域碳交易平台

京津冀一体化，给碳交易市场的发展带来了千载难逢的机会。天津排放权交易所规模在国内属于一流的碳交易平台，通过京津冀协调机构，把河北环境能源交易所、北京环境交易所三所联合，实现资源共享。三所联合，成为国内最大的碳交易平台，经营顺利，能成为亚洲最大的碳交易平台，这将对京津冀通过市场机制防治环境问题产生巨大影响，京津冀环境质量将有质的提升。

(二)设立京津冀碳交易区

北京市、天津市都是 2011 年国家发改委通过《关于开展碳排放权交易试点工作的通知》(发改办气候〔2011〕2601 号）确定的碳交易试点城市。单独在辖区内试点碳交易，首先是碳源不足，其次是受行政影响，市场影响力不足。

设立京津冀为碳交易试点区域，可以说是占尽天时地利，京津作为碳交易试点城市，已经有近三年的时间，两市虽然地理位置相近，在试点工作中因行政区划原因，并没有交集，北京重工业少，碳源天然不足，条件限制其只能小打小闹。天津工业虽多，但科技含量较高，节能减排的空间较小，导致交易量受限，但也促使天津排放权交易所做大，碳交易区的发展，可以产生如下社会影响。

1. 提升京津冀产业结构

因北京天津作为交易试点，已经有近三年时间，经验有了一定的积累，可以直接设立京津冀碳交易区。京津的试验经验，加上河北丰富的碳源，京津冀在短期内经济结构将会大幅度提升，使环境质量发生质的变化。因企业改造的需要，大批高科技工业技术将流入京津冀区域。

2. 解决企业改造资金难题

通过碳交易平台，河北合法的高排放企业将通过碳交易市场获得资金，为生产结构改造解决资金难题。按市场规律推算，碳交易市场的兴起，不但能够解决重污染企业改造资金问题，技术，人才也将向京津冀聚拢。当然，最明显的变化就是环境质量的提升，绿水青山，将不再是京津冀的梦。

3. 促进工业、林业、农业碳汇的发展

京津冀经济结构复杂，地理环境位置优越，传统工业、农业占主要部分，有丰富的工业、林业、农业碳汇资源，在政府正确引导下，这些减排项目都是财富的一种方式，也是改善环境的主要方式。

4. 促进光伏领域等清洁能源的发展

清洁能源的发展，是传统企业更替的主要发展方向，也是碳交易制度产生的理论基础之一。

（三）大力发展合同环境服务产业，助推京津冀产业结构转型

京津冀区域环境本底和环境容量较低，又有大量的环境历史欠账，而依靠"关停并转"强制推行产业结构转型的社会、经济和政治成本又太高。京津冀一体化发展在环境保护与经济社会转型之间处于两难境地。通过合同环境服务模式，可以变"休克式"产业转型为"内源造血式"产业转型，能够在京津冀产业结构转型中发挥重要作用。

合同环境服务，以既定环境效果为合同标的。通过鼓励和吸引社会资本或直接政府投资于环境产业，发展培育以环境保护和污染治理为核心业务的环境服务业，以合同形式，为排污企业和政府提供污染治理服务和环境解决方案，在"洗净"和"减重"第二产业的同时，增加第三产业的"分量"，是一种社会代价较小，而环境效益显著的破解环境与经济两难问题的方案。

京津冀地区重化工业较为集中，开展合同环境服务有较大的市场潜力。当前需要政府加大对合同环境服务产业的扶持力度，可以通过财税支持，鼓励社会资本投入；或者由政府以收费的方式将环境责任集中起来，再向社会招标，购买环境治理服务，对污染进行集中治理。

当前发展合同环境服务的障碍主要在付费问题，可以探索地方财政购买环境服务，或征收环境税用于购买环境服务。

通过立法有助于增强产业发展预期,稳定政府购买特定环境治理目标的资金来源,[1]也可以为其他环境效益的买卖双方提供标准化的合同范本,明确法律依据等。

(四)政府引导EPC制度发展,加快京津冀产业结构升级

EPC制度,是国家2010年4月发文提倡推进的一项改造环境有效制度,是通过市场力量达到改造环境目的的少数制度之一,一个良好的EPC项目,既是CDM[2]的来源,也是国内碳交易市场的优质碳源。采用EPC制度,可以避免政府动用行政强制力量,强制关停企业。[3]

1. 企业生产技术改造零投入

当下污染企业,高耗能企业的生产设备改造最大的困难就是资金问题,通过EPC制度,企业可以以资金零投入的方式获得生产结构改造,当下缺乏就是政府正确的引导。

2. 企业生产技术改造零风险

污染企业,高耗能企业的生产设备改造最为担心的就是生产设备改造失败,采用EPC制度,可以使企业对生产技术改造承担零风险,风险完全由节能公司来承担。

3. 企业生产技术改造资金纯收入

污染企业、高耗能企业的生产设备改造,在零投入、零风险的模式下,享有的是纯经济收入的模式。

4. 提高环境质量

污染企业、高耗能企业的生产设备改造,最直接受益的是企业,公众受益的方式是因为污染企业,高耗能企业因技术改造而降低或者消除了污染物排放量,[4]提升了环境质量,这也是国家主推EPC制度的根本原因。

六、结语

涉及环境问题,公众参与热情很高,从近年来我国多地发生民众反对PX项目的事件中,可以窥见我国民众参与环境决策的热情。推动环境保护社会组织的发展,解决环境保护公益社会组织困难和问题,增加环境保护专业知识的培训,为培育公众参与社会环境保护管理的良好社会基础。京津冀一体化进程中涉及的环境保护问题种类多,问题复杂,有历史遗留问题,也有刚刚发生的环境保护事件,有些可以通过司法途径解决,有些通过其他渠道解决,也有很多问题,当下可能没有解决方案,还有很多案例处置正确与否有待历史的检验。上述建议,希冀对京津冀一体进程中的环境保护问题提供法律解决思路。

---

[1] 孟庆瑜:《绩效预算法律问题研究》,载《现代法学》2013年第1期。

[2] CDM(Clean Development Mechanism),即清洁发展机制,是指《京都议定书》中引入的灵活履约机制之一。核心内容是允许其缔约方即发达国家与非缔约方即发展中国家进行项目级的减排量抵消额的转让与获得,从而在发展中国家实施温室气体减排项目。

[3] 马洪超:《经济诱因型节能法律制度研究》,人民出版社2013年版,第175~180页。

[4] 马洪超、易崇艳:《关于加强能源管理提升企业经济效益的探索》,载《科技创业家》2013年第22期。

全面建设小康社会背景下
农村公共产品协同供给机制研究

金福海[*]　王圣礼[**]

目　次

党的十八大报告特别提出"我国仍处于并将长期处于社会主义初级阶段的基本国情没有变，人民日益增长的物质文化需要同落后的社会生产之间的矛盾这一社会主要矛盾没有变……"同时，胡锦涛在全面建设小康社会，人民生活水平全面提高目标阐释时指出："基本公共服务均等化总体实现。"这一有利论断为实现我国城乡基本公共服务的平等提供了准确的指引。[1]

根据国家统计局2012年1月17日发布的数据，截至2011年年底，我国（不含台湾地区）总人口为134,735万人，城镇人口69,070万人，农村人口65,656万人，城镇人口占总人口比重达51.27%，农村人口占总人口的比重为48.73%。城乡二元对立的基本格局依然未有明显的改观。

我国农村公共产品的供给水平严重影响着全面建设小康社会综合目标的实现，而农村公共产品有效供给不足也严重制约着农村经济社会发展，同时也是造成我国乡村治理低水平的瓶颈，直接影响社会主义新农村建设以及小康社会的全面实现。

一、我国农村公共产品供给主体的转变——由单中心体制向多中心体制的转变

21世纪以来，我国农村公共产品的供给体制发生了明显的变化：2006年农村税费改革以后，农村公共产品的供给体制由主要以政府供给为主的单中心体制转向以政府供给为主的多元化供

---

* 烟台大学法学院教授、硕士研究生导师，法学博士。

** 烟台大学法学院副教授、法学博士。

〔1〕 胡锦涛：《坚定不移沿着中国特色社会主义道路前进为全面建成小康社会而奋斗——在中国共产党第十八次全国代表大会上的报告》，载中国经济网：www.ce.cn/xwzx/gnsz/gdxw/201211/19/t20121119_23859552.shtml，最后访问日期：2018年6月28日。

给体制。同时,政府供给主体的内部错位现象依旧存在。私人、慈善组织等民间供给在政府的支持、鼓励下,继续增多。

（一）政府供给

2006年农村税费改革后,并没有改变政府,尤其是乡镇政府及村委会是农村公共产品的主要组织者的特征。也就是乡镇及村委会除承载作为国家地方管理与控制的行政机构职能以外,仍要继续负责乡村两级办学、计划生育、优抚、民兵训练、修建道路五项公共事业的供给,负责维持农村社会治安、组织农村基本设施建设、田间水利设施的兴修、植树造林绿化建设,以及负责完成上级安排的其他各种公共产品供给工作等。总之,从供给主体的制度安排上说,农村基层公共产品供给的组织任务没有任何缩减。

中央政府负责大江大河的治理、大型水利设施、国防、广播电视、政策与制度的供给、气象信息等各项惠及所有人,包括农民的公共产品的供给。

（二）非政府供给

此阶段,在政府的支持与鼓励甚至倡导下,非政府供给的形式继续存在,出现了越来越多的私人供给、自愿捐助供给、农村新型合作经济组织供给等。

1. 农村新型合作经济组织

农村新型合作组织是继家庭联产承包制之后,针对分散经营的个体农户势单力薄、信息闭塞、技术薄弱,难以适应市场经济条件的缺陷,对我国农村微观经济组织制度的又一次创新。它是在家庭承包经营基础上,在农民保持产权相对独立的前提下,依照加入自愿、退出自由、予以返还、民主管理、自主经营、利益共享、风险共担等原则,主要按照自己制定的章程进行活动的各种经济组织。[1] 这类组织最早萌芽于20世纪80年代中期,90年代,以农业产业化经营为突破口而获得了新的拓展,但迄今覆盖面仍然较低,尚属于起步阶段,且各地发展不平衡。根据江苏省农委提供的数据表明:江苏农民专业合作社工商登记成员数、出资额、农户入社率、社均成员数均位列全国第一。目前江苏全省农民专业合作社已达到4.8万家,入社农户749万户。[2] 从类型上看,主要包括社区类合作经济组织、专业的行业协会及股份合作制组织。各类农民合作经济组织,主要是为入社农民提供了产前、产中和产后的各种信息与农业科技技术服务,这为农民进入市场创造了条件。

2. 自愿捐献

自愿捐献从组织主体看,分为政府牵头、民间组织牵头或纯粹个人自愿供给几种。

(1)政府负责组织。多年来,民政部发行中国福利彩票形成的福利基金,有一部分通过民政系统用于资助乡镇敬老院、孤儿院或福利院,一些地方政府在修建乡村道路时,动员个体户、民营企业家等出钱出物,各事业单位组织职工捐款捐物等。

---

〔1〕 王景新:《长三角乡村新型合作经济组织的崛起,在中国农民组织建设国际研讨会讲话》,载中国改革网:www.chinareform.org.cn/cirdbbs/dv_rss.asp,最后访问日期:2018年6月28日。

〔2〕 沈建华:《"第二次飞跃"的加速助跑——江苏农民专业合作组织发展新观察》,载中华人民共和国农业部网:http://www.moa.gov.cn/sjzz/jgs/yw/201207/t20120709_2780843.htm,最后访问日期:2018年6月28日。

(2)慈善机构负责组织。慈善机构属于民间团体,由政府部门分化出的中华慈善总会、中国红十字基金会等都属此列。一些名人创办的慈善基金会也是其组成部分。据中国社会科学院2012年5月22日发布的《民间组织蓝皮书》显示,截至2010年年底,全国的民间组织有44.6万个,其中社会团体数增加到24.5万个,与2009年23.9万个相比,全年增加了6000个,比上一年度增长了2.5%。[1] 多年来,各种社会慈善组织在募集善款善物、发动社会力量救助困难群体中,发挥着不可忽视的重要作用。它们所资助的项目覆盖扶老、助残、救孤、济困、救灾、助学、助医等各个慈善领域,很多项目也惠及农村。

(3)其他非政府主体自发捐献。有网民自发在网上发布过需要帮助的农村贫困村落或个人的信息资料,呼吁其他网民自行予以直接捐助,得到了众多网民的积极响应。也存在一些个人自行以匿名方式直接向报刊等媒体公布受助人地址汇款、捐物的事例。2007年4月12日,中国首家以博客为载体的专业公益平台——搜狐公益博客群正式上线,以便在弘扬慈善理念、交流发展慈善经验、通报公益事业信息的同时,组织网络救助,包括对于农民的救助。此外,部分村落自发组织人力提供本村的防盗防抢维护秩序等社会治安服务,也属民间自愿供给。

3.乡镇企业

随着经济体制改革的不断深入,市场体系的不断完善,各种所有制企业纷纷进入了市场运行,国内市场竞争逐渐加剧。再加上受金融体制商业化改革使乡镇企业融资困难的影响,县乡政府及村委会在经济上的不断索取造成的繁重压力,以及受乡镇企业自身存在的诸如产权制度缺陷、经营机制、决策机制,用人机制,分配机制的不完善等种种问题的影响,1997年后,乡镇企业出现了经营艰难、发展速度放慢、企业亏损面扩大、出口大幅度下降、企业大量倒闭或停产等现象。乡镇企业面临着严峻的挑战,为了摆脱困境,自1997年起,乡镇企业进行了大规模的改制,逐步走上了现代企业制度之路。特别是2000年以后,乡镇企业事实上大部分已经由各种私营企业、股份制企业与个体经营者支撑着,原来那些具有特定历史印记、特定历史内涵的、集体属性的乡镇企业已逐渐不占重要地位。而这些改制后的企业,在产权关系上显然与乡镇政府及村委会不再会像以往集体性质的乡镇企业那样密切。更何况,部分乡镇企业改制上市后,为了寻求更广阔的发展空间,还纷纷从乡村迁移到城市或各类工业开发区,与原来的社区脱离了关系。所以,改制后的乡镇企业更多是开始按照市场规律办事,追求自身利润的最大化,而不再是必须承担解决农村中的社区就业、支付乡村社会福利等各种超经济的义务。乡镇政府、村委会即使急需资金,却无权、也不能够再直接、大量去索取转制企业的经济剩余。如此的结果必然是,来自有限的乡镇集体企业的农村公共产品供给量逐渐缩小。

当然也不排除某些“超级村镇”依旧得力于集体经济的发展。譬如华西村、南街村,等等。在这些村庄里,生活在其中的村民一直享受着村集体给他们带来的富裕生活。

4.私人市场

私人市场主要体现在农村的小型水利建设、医疗诊所、大型农机设备、义务教育阶段的私立

---

[1] 常红:《中国共有民间组织44.6万个 吸纳618万人就业》,载凤凰网:http://gongyi.ifeng.com/news/detail_2012_05/22/14715836_0.shtml,最后访问日期:2018年6月28日。

中小学校学校、部分农村就业职能培训的供给上。其中,有些是私人以市场经济规律为原则,以牟利为导向,自行寻找机会,经过成本收益比较后完全主动提供的,以私立学校、诊所、大型农机具、运输设备、农村就业技能培训居多;也有些是在乡镇政府或村委会的号召下,在“谁投资、谁所有,谁经营、谁收益”的原则鼓励下,经过公开的招投标方式争取到的,以农村基础设施为多。[1]

(三)小结

综上所述,我国农村公共产品的供给存在在主体方面已经改变了由政府单独供给的局面,而呈现供给主体多元化的明显趋势。

二、农村公共产品供给主体多元化带来的挑战

自2006年农村税费改革以来,我国农村公共产品供给主体的多元化一方面为农村公共产品的供给提供了较为充分的供给来源,另一方面对农村公共产品的供给效率提出了挑战。

(一)政府类供给主体在供给农村公共产品方面权责不清

当前,各级政府的公共支出责权划分不够清晰,供给主体缺位现象普遍存在,政府的职能缺陷导致农村公共物品在供给方面缺乏协同。

1.各级政府间权责不清,导致中央政府供给不足

我国农村公共物品供给在制度上实行的是政府分级负责制,中央政府和地方政府各司其职,分别提供全国性和地方性公共物品。中央政府应对农村基础教育、医疗卫生和社会保障等公共物品的供给进行合理的预算安排。但在实际操作中,中央政府与地方政府的责权划分不尽合理,难以为农村公共物品的有效供给提供保障。

同时,由于各级政府供给公共物品的权限划分不明,责任不清,使基层政府担负着相当沉重的支出责任,特别是县级政府,它们共同提供庞大而重要的农村公共物品,而作为供给第一主体的中央政府只承担很少的支出份额。县、乡基层政府的财力匮乏、村级组织的资金短缺和乡村治理模式的落后,这些因素已经成为造成农村公共物品供给短缺的直接原因。

多年来,从中央和地方财政承担农业支出的结构看,地方财政一直吃力地扮演着主力军的角色。据2007年中国农村统计年鉴数据显示,国家财政在支援农村生产和各项农业事业费支出方面,地方财政占支出总额的90%左右,中央财政却在10%左右徘徊。[2] 这一数据反映了我国中央政府作为农村公共物品供给主体的缺失和应承担的供给责任的不足。

2.地方政府财权与事权不对称,造成地方政府在供给农村公共产品方面难以为继

一直以来,中央和地方政府间事权划分就不够清晰:《中华人民共和国宪法》《中华人民共和国国务院组织法》《中华人民共和国地方各级人民代表大会和地方各级人民政府组织法》等法律

---

[1] 《重庆市自2004年就开始鼓励私人投资农村饮水工程》,载新浪网:http://news.sina.com.cn/c/2004-12-24/06044612584s.shtml,最后访问日期:2018年6月28日。《忠县“五措”并举加强农村饮水安全工程建设助推村庄宜居建设》,载重庆市城乡建设委员会网:http://www.ccc.gov.cn/xwzx/wgzq/yjzq/2009-12-02-183083.html,最后访问日期:2018年6月28日。

[2] 中国统计年鉴2007统计归纳。

对各级政府的职能、事权作了一般性规定，如中央政府承担18项职权，县级以上的地方各级政府承担10项职权，乡级政府承担7项职能等。但这种事权的划分过于宽泛，事权说明不够具体。只有中央政府才具有的事权（如国防和外交）或只有地方政府才具有的事权（如对本地区提供公共物品和服务）尚可以在各级政府间清晰划分；而对于中央和地方各级政府都具有的事权或者相互间有交叉的事权，在划分时就存在很大的模糊性，难以准确判断事权的归属。一旦出现事权争议，要么依靠上一级领导的决断，要么在各级政府之间进行博弈，通过讨价还价的方式解决。这两种解决途径都缺乏相关法律依据，存在很大的主观性和随意性。另外，中央政府把有些事权下放得过低，事权长期层层下移，造成中央政府和省、市一级政府事权缺位，出现了基层政府的事权过重、财权过低的极不对等现象。例如，在人民公社解体建立乡镇政府后，农村公共物品供给的重担便落在了乡镇政府一级。但由于乡镇财政困难，未从根本上解决农村公共物品供给不足的问题。

1994年的分税制改革，同样没有做到事权与财权的统一，中央和省、市一级财政收入与县乡财政收入的差距越来越大，许多地方出现了县乡财政困难的问题，地方政府缺乏可持续发展的财政汲取能力。财权与事权不匹配不仅加大了中央政府转移支付的压力，而且分税制改革没有考虑农村公共物品投入的需要，这就导致政府在农村公共物品配置方面出现了严重的权利义务不对称现象。还使地方政府在面对教育、医疗、住房等问题时有心无力，并且间接引发了地方政府的各种乱收费和中央政府连续多年的宏观调控不力的现象。

（二）非政府供给主体在供给农村公共产品方面出现各自为政

在非政府类供给主体方面，我们不能够忽视在政府类供给主体的引导下，充分发挥非政府类供给主体在供给农村公共产品方面的作用。

1. 市场供给乏力

对于农村公共产品的供给，引入市场机制仅能起到有限的作用。因为农村公共产品的市场供应者在法律上将公共产品私有化之前很难采取有效措施限制未付费农民对公共产品的使用，市场没有必要或者不值得采取措施去排除这些人的使用权。由于农民普遍具有“经济人”“理性人”的特点，有的农民都希望自己可以不付费而无偿享用农村公共物品，即产生“搭便车”行为，最后农民个人的经济理性会导致农村集体的非理性，所以，市场在供给农村公共产品方面乏力。

目前个别地区已经出现由私人投资农村公共产品的做法，这种做法符合价值规律的前提通常是由地方政府对投资者做出保证，保障投资者投资公共产品的收益或取得收益的方法。

2. 非营利性组织供给发展缓慢

随着我国市场经济的深入发展和政治文明的不断进步，我国非营利组织在城市得到了长足的发展，它们的存在极大地方便了社区居民生活，提供了政府和市场无法或难以有效提供的公共物品。但在农村，除可以为农村提供信息和农业科技技术服务的农村新型合作经济组织外，其他非营利组织的发展没有得到足够的重视，所以其发展极其缓慢，难以承担提供农村公共产品服务的大任。

3. 捐助性供给缺乏可持续性

农村公共产品的捐助性供给系在特定情况下由政府、慈善机构和其他非政府个体自愿出资捐助农村公共产品的供给，从产品类别上来说包括捐助农村文化建设、捐助农村道路建设、捐助农村饮水工程、捐助农村养老院、捐助学前教育事业、捐助义务教育事业等。

但这些捐助通常都是依据捐资人的意愿进行，受捐助进行的建设活动很少会有受捐助人的独立意志表达；另外，由于捐助人捐助意愿和实际经济情况所限，捐助通常具有不可持续性。

4. 农民自愿性供给公共产品缺乏积极性

自2006年农村税费改革以后，大多数农村集体经济组织无力负担本集体经济组织需要的公共产品问题，通常通过一事一议来解决，但在一事一议制度框架下的筹资额度有限，[1]难以弥补农村公共物品自愿供给模式的缺陷。而基于市场供给农村公共产品存在缺陷的理由，农民存在"搭便车"的行为，导致一事一议在事实上很难发挥满足农村公共产品需求的作用。

（三）政府类供给主体和非政府类供给主体在农村公共产品的供给方面缺乏协同

在农村公共产品的供给方面，政府类供给主体和非政府类供给主体在供给的具体内容方面缺乏协同，容易导致供给的不均衡，以至于某些供给比较轻松不需要过多投入精力的领域容易发生过度供给，而在供给需要付出较多的某些领域却缺乏供给或无供给。

1. 农村纯公共产品严重不足

（1）农村科技、农业相关信息等"软"公共产品远不能满足农民的需要。为农民提供现代科技信息和市场信息是基层政府的一项重要职责。但是目前大多数基层政府并不重视农产品信息的收集、传播，致使文化程度偏低的中国农民缺乏对现代科技和周边地区市场供求的了解，往往盲目生产，从而导致生产出缺乏科技含量和供大于求的农产品，以致出现产量增长收入反而下降的现象。

（2）法律政策供给不足。在全国政协十届一次会议的"三农"提案中，许多委员指出，当前我国农村土地变动和调整非常频繁，农民土地承包权的稳定很难落实；农民在农村的房产缺乏明确的法律保护，引发了许多房产纠纷；农民组织化程度过低，缺乏自助、维权组织。

（3）农村生态环境恶化。由于全球环境的恶化、我国人口增多、乡镇工业的发展，我国农村的生态环境恶化迅速，主要表现为：土壤肥力减弱、水资源匮乏、环境污染严重等。近年来，国家虽然采取了一系列措施，如退耕还林、退牧还草、南水北调等，使我国环境恶化的程度有所下降，但大部分农村地区仍缺乏政府保护环境的实质性举措，尤其是一些地方政府单纯追求短期的经济发展，甚至鼓励经济效益好但污染严重的企业扩大规模、提高产量，把环境保护的责任留给下一任政府，给农村的可持续发展带来重大的危害。

2. 农村准公共产品严重短缺

（1）农业基础设施严重不足。这主要表现在以下方面：农业水利设施老化，抗灾能力差，大部分农民仍然摆脱不了靠天吃饭的命运，这几年来的抗洪救灾足以证明这一事实；大型灌溉设施短缺，农业机械化程度低，大部分农民还是停留在传统的手工耕作方式上；农村交通不便，虽然近几

---

[1] 根据国务院办公厅《关于转发农业部〈村民一事一议筹资筹劳管理办法〉的通知》（国办发〔2007〕4号）第11条规定，省级人民政府农民负担监督管理部门应当根据当地经济发展水平和村民承受能力，分地区提出筹资筹劳的限额标准，报省级人民政府批准。

年县乡公路有了很大的改善，但仍然不能满足农村的需要。

(2)农村教育供给严重短缺。一方面，农村义务教育不能满足农村学生的需求。现在的农村义务教育的资金基本上由地方政府和当地农民来承担，因此在农民收入偏低及地方财政有限的情况下，政府往往又不愿意把资金投到义务教育上，这就呈现了农村校舍破烂、教育设施落后、师资水平低下的现象。另一方面，科技培训远不能满足农民的需求。要使本来文化程度偏低的农民跟上现代科技的步伐，学会用科学技术来提高生产效率，就需要政府及时对农民进行科技培训，但是大多基层政府往往并不重视此项职责。

(3)现行的农村社会保障制度建设仍不完善。截至2011年年底全国有27个省、自治区的1914个县(市、区、旗)和4个直辖市部分区县开展国家新型农村社会养老保险试点。国家新型农村社会养老保险试点地区参保人数32,643万人，比2010年年末增加22,367万人。其中实际领取待遇人数为8525万人，[1]仍然有接近6亿的农村人口在国家新型农村社会养老保险试点范围之外。

3. 供给过剩

(1)"政绩"工程建设过多。有的地方政府多热衷于投资一些凸显"形象"、易出政绩的短期公共项目，热衷于提供看得见、摸得着的"硬"公共产品，如一些发展较落后的地区大力修建公共设施、楼堂馆所、农贸市场、歌舞剧院、"美化"景点等，美其名曰是建设新农村，提高农民的生产、生活条件，实质上这些公共设施的利用率极为低下，浪费了大量钱财，而有的地方政府却乐此不疲，究其原因不外乎领导可以因此而升迁，甚至还可以因此建设致富。这不仅加重了农民负担，而且严重影响了政府形象。

(2)政策供给过多。有的政府官员往往制定过多的政策干预农民生产，如近年频现的各地万亩蔬菜工程、万亩黄烟工程，曾经严重破坏了农民正常的生产计划。即使政府的出发点是好的，政府提供的公共产品也并不一定会使全部农民受益。例如，政府的决策出现偏差，从而影响了资源的有效配置；政府官员中的个别人为了谋取私利，导致"豆腐渣"工程等。

三、我国农村公共产品协同供给机制的构建

建立我国农村公共产品协同供给机制，需要充分考虑我国现有农村公共产品供给机制的特点，结合我国现阶段农村经济发展的特点，可以借鉴国外经验。

我们初步设想，我国农村公共产品协同供给机制的建立应该在政府主导下建立，包括以下系统：农民对公共产品需求的表达系统、农村公共产品需求的评估分级系统(分为政府供给公共产品和非政府供给公共产品)、政府间公共产品的分级供给系统、非政府公共产品供给系统、政府与非政府公共产品供给的交流系统、公共产品投入运行的实效反馈系统。

为农村提供公共产品供给是政府不可推卸的责任，故农村公共产品协同供给机制应该在政

---

[1] 《2011年度人力资源和社会保障事业发展统计公报》，载中华人民共和国人力资源和社会保障部网：http://www.mohrss.gov.cn/page.do?pa=402880202405002801240882b84702d7&guid=62bfe5a694194d7fb1a9cbb840fce896&og=8a81f0842d0d556d012d111392900038，最后访问日期：2018年6月28日。

府主导下建立,在各级政府内以非常设机构的定期会议形式存在,可以设立一牵头部门,由民政部门或社保部门牵头比较合适。

（一）农民对公共产品需求的表达系统

公共产品的供给肇始于农民对公共产品的需求,没有农民对公共产品的需求,就没有公共产品的供给。为避免农村公共产品供给与农民对公共产品的需求不一致,如出现供给不足或过度供给的情形,需要建立农民对公共产品需求的表达系统。

农民对公共产品需求的表达应当依托村民委员会,以家庭为单位进行,在《中华人民共和国村民委员会组织法》框架下由村民代表大会或村民大会对全村的公共产品需求进行收集和梳理,确定本集体经济组织的公共产品需求。为充分收集农民的公共产品需求,需要对政府对农民进行培训,让农民了解充分表达公共产品需求的优点以及不充分表达公共产品需求的缺陷。在必要的情况下,如果农民没有表达自己对公共产品的需求,地方政府可以引导村民大会或村民代表大会进一步表达自己的公共产品需求。在特定情况下,地方政府应该主动为农民提供公共产品建设项目初步设想供农民参考,如该初步设想为绝大多数农民反对,则地方政府应慎重为之。

（二）农村公共产品需求的评估分级系统

对于由村民大会或村民代表大会确定的公共产品需求统一汇总后,由县级牵头部门统一进行梳理、评估和分级。

评估分级系统首先应该建立评估专家库,由符合条件的专家申请加入专家库,为农村公共产品的评估储备合格的评估专家。

对农村公共产品需求进行评估旨在确定该公共产品需求得到满足需要具备的条件:人员、资金、建设周期、后期维护等。评估由牵头部门统一委托专家库内随机抽取的专家进行。评估完成后须出具评估报告。

根据评估报告的内容和农村公共产品供给部门的权限对评估报告涉及内容进行分级,分级的依据是各公共产品供给部门的权限和级别,将由农村公共产品的供给按供给主体分为中央政府供给、省级政府供给、市级政府供给、县级政府供给、乡镇政府供给和集体经济组织自行供给,以及联合供给。对于由集体经济组织自行供给的公共产品,可由集体经济组织自行寻求政府外供给主体的帮助。

分级的主要目的是明确应该由政府负责提供的公共产品,以及提供公共产品的政府级别,分级的标准可以借鉴美国农村公共产品供给的经验,即联邦和州负责全国性的农村公共产品,如大江大河的治理、环境保护等;地方政府负责规模中等,受益范围在本辖区以内的公共产品;规模小且小群体受益的公共产品由农场主联合投资提供,并在政府监督下自行经营管理。

评估分级完成后,牵头部门应将评估报告交由集体经济组织做出反馈,并依据公共产品的供给级别分别交由本级相关供给部门和上级牵头部门,逐级上报,直至到达中央政府牵头部门。

（三）政府间公共物品分级供给系统

对于需要由政府供给的公共产品,交由政府间公共物品分级供给系统处理。

政府间公共物品分级供给系统分为县级、市级、省级和中央级四个层次。每个层次的牵头部门接到下级牵头部门提交的评估分级报告后根据报告涉及内容的级别分别处理,报告须提交上级牵头部门的,需要由本级政府处理的,本级牵头部门将评估报告审核后做出工作报告提交本级政府办公会,由本级政府办公会责成相关部门处理,相关部门接到政府办公会的安排后,对评估报告认真研究,制定实施的方案报同级政府批准后列入财政预算,需要紧急处理的事项按照特事特办的原则在本年度内处理完毕,不需要紧急处理的事项安排下年度的政府财政预算处理。

对于需要由不同级别的政府联合供给的公共产品,由底层牵头部门与上级牵头部门分别联系本级政府相关部门制定协同实施方案。

(四)非政府间公共物品供给系统

对需要由农村集体经济组织自行供给的公共产品,由非政府间公共物品供给系统处理。

非政府间公共物品供给系统的建立需要政府牵头部门引导各种非政府力量如非政府组织、企业、有能力的个人为农村公共产品的供给贡献力量。

首先由牵头部门对需要由非政府力量供给的农村公共产品进行公示,并将相关需求有针对性地发送至各种非政府组织如各种慈善基金会等、有实力的企业和有能力的个人,引导相关非政府力量为农村捐助公共产品。在可行的情况下,引导有实力的企业和有能力的个人与农村集体经济组织协商投资农村公共产品适宜,一方面满足农村公共产品需求,另一方面满足企业和个人投资回报的需求。

除前述供给方式外,农村集体经济组织可以通过一事一议制度来确定某些公共产品的其他供给方式,如由村集体经济组织成员自行筹资建设。

(五)政府与非政府公共产品供给的交流系统

对于在建和已经建成投入运行的农村公共产品,牵头部门应组织非政府供给力量与相关政府供给力量交流建设心得,互相提供建设意见,为农村公共物品的供给总结经验和教训,为双方在农村公共物品的供给方面进行进一步合作提供交流平台。

(六)公共产品投入运行的实效反馈系统

对于已经投入运行的农村公共产品,在投入运行一段时间后牵头部门要及时组织专家库中的专家组成评估小组对其运行实效进行评估,并听取农村集体经济组织成员的意见,做出评估报告,并将评估报告提交牵头部门备案。牵头部门根据评估报告的意见对业经评估的公共产品做出有效果但需要加强维护、完全有效、需要整改后有效、完全无效的反馈结论。对于有效果但需加强维护、完全有效的公共产品应交由农村集体经济组织或相关维护部门接手处理,对于需要整改后有效的公共产品列入下年度政府间或非政府间农村公共产品供给系统处理。对于完全无效的公共产品,应做进一步评估是否需要重新建设,如果需要重新建设,应该深入总结无效公共产品建设过程中的教训,并根据供给权限交由政府间公共产品供给系统或非政府间公共物品供给系统处理。由政府供给的无效公共产品要进一步追求相关责任人的行政责任,由非政府供给的无效公共产品要追究其他相关责任人的责任。

农业环境侵权及其责任保险救济研究*

王育才**　彭刚红***

目　次

目前我国农业污染量已占到全国总污染量的1/3～1/2,因农业污染带来的农产品有毒有害物质(如谷物、水产、畜禽、蔬菜水果等产品中重金属残留、激素抗生素残留、农药残留等)严重超标。日益严重的农业环境侵权事态对生态环境、财产安全、人身健康和社会稳定构成了严重威胁。然而,近年来农业环境侵权事件及其救济渠道困境的多发,凸显我国农业环境侵权救济制度的缺失。因此,本文探讨农业环境侵权的责任保险救济问题,以期将该类环境侵权的负外部性内部化,并使被侵权人得到公平和及时的补偿。

一、农业环境责任保险的提出

随着现代工业和科学技术的发展,现代农业生产在满足人类食品等需求的同时,也存在威胁农业生态环境和农产品消费者健康安全的环境侵权风险。近年来,我国农业环境侵权事件的多发及其救济所面临的困境,凸显农业环境侵权社会化救济制度的严重缺失。农业环境侵权司法救济面临种种困境,其行政救济又欠规范和公平。在日趋严重的农业环境侵权形势下,寻求新的救济渠道是必然的选择。在现代农业生产进程中,试图排除人类对自然资源的利用或完全消除农业生产的污染都是不现实的,农业环境侵权救济的关键问题是如何有效地恢复环境与赔偿受害人损失。

作为将环境责任保险延伸到农业领域的一种创新和尝试,农业环境责任保险是指以农业生

* 本文为西北农林科技大学基本科研业务费——人文社科重点项目(2013RWZD04)。

** 西北农林科技大学法学教授。

*** 成都市现代农业发展投资有限公司职员。

产者在从事农业生产活动中造成环境污染或破坏而应当承担赔偿或治理责任为标的的保险。在这种保险制度中，农业生产者作为投保人预先向保险人支付一定数额的保险费，当农业生产者因从事农业生产活动造成环境污染致人损害而应当承担赔偿责任时，保险人在约定的责任限额内承担赔偿责任。

农业环境风险（广义）有来自大自然的风险和人为的风险两大类，前者属于农业保险和巨灾范畴，本文不研究；后者属于环境责任保险范畴，但本文只研究其中的一部分——农业生产活动导致自然环境污染或破坏的环境风险（狭义，下同）。本文研究的对象具有投保人的弱质性、保险的特殊型和政策性，而一般环境责任保险通常是商业性的。此外，农业环境侵权的民事诉讼、国家赔偿或其他社会化救济，均不属于本文的研究对象范畴。

在我国环境责任保险试点中，无论是强制的还是鼓励参与的投保范围的企业，往往限于涉重金属企业，石油化工企业，生产、储存、使用、经营和运输危险化学品企业，产生、收集、贮存、运输、利用和处置危险废物企业，以及存在较大环境风险的二噁英排放企业等，并不包括农业生产企业。

另外，同各国立法将初级农产品排除在产品责任法范围之外的通例（如《欧共体产品责任指令》：产品是指初级农产品和狩猎物以外的所用动产），《中华人民共和国产品质量法》也有规定，产品是指经过加工、制作，用于销售的产品。究其主要原因在于：农产品易受自然环境因素影响；其产品品质标准不易规范；其生产的潜在缺陷难以确定缺陷来源。[1]

那么，面对日益增加的威胁生态环境的农业环境侵权风险，有无可能通过一定的创新弥补其外部性内部化制度安排上的隙罅，在上述困境下使得相关侵权责任得以及时、公平的承担呢？本文认为农业环境责任保险制度可能是突破点之一。

因此，本文提出构建农业环境责任保险制度以补充该类侵权的社会化救济。农业环境责任保险制度构建力图实现以下目的：首先，分析农业环境责任保险制度的理论依据和必要性，以及构建我国该项制度的现实依据；其次，结合国情设计农业环境责任保险制度建设的路径、原则和框架内容，为农业环境责任保险制度构建提供理论参考；最后，研究我国农业环境责任保险制度与其他相关侵权救济制度的配套衔接，完善我国农业环境侵权救济制度体系。

研究农业环境责任保险理论问题的重要意义在于：[2]（1）通过对农业环境侵权及其责任社会化的责任保险制度研究，促进农业生态环境保护和农产品安全问题的解决，防范和化解现代农业生产领域的相关风险。（2）补充环境侵权责任社会化和公平救济理论，将农业生产的环境责任分散化、社会化，增益社会稳定与可持续发展。（3）达到发展现代农业和环境保护政策的契合，推动环境责任保险制度创新，完善环境权利保护和救济法制建设。

---

〔1〕 王育才：《我国农业环境责任保险的若干思考》，中国环境科学学会环境法学分会2012年会议论文集，福州大学，2012年9月，第110页。

〔2〕 王育才：《农业环境责任保险理论问题研究》，中国保险法学会2013年年会论文集，大连海事大学，2013年10月，第370页。

二、农业环境侵权及其保险救济

农业环境侵权是指因农业生产活动致使自然环境污染或破坏,并因此对他人人身权、财产权造成损害或有造成损害之虞,依法应当承担民事责任的行为。较之一般的环境侵权,农业环境侵权具有以下特殊性。

第一,农业环境侵权主体的弱势性。从上述农业环境侵权定义来看,农业环境侵权主体应该是从事农业产业活动的农业生产者,他们虽是侵权的一方,却并不像工业环境侵权中企业侵权者一样处于优势地位。我国农业环境侵权主体的弱势性,来自农业产业的弱质性和长期的社会二元结构(是指在整个社会结构体系中,明显并存着比较现代化的和相对非现代化的两种社会形态)。由于我国城乡、工农和地区贫富差距大,处于经济弱势地位的农业生产者具有采取一些以危害或破坏环境的行为来换取生活改善的负向激励。而国家环保资源配置又是偏向城市,农业的环境保护长期受到忽视,环保政策、环保机构、环保人员以及环保基础设施均供给不足。

同时,农业作为满足人类食物需求的基础产业,采用增产技术虽有环境污染之虞,但又有其经济正当性。长期以来,农业是城市的食品和原材料供应者,面对经济和社会发展不断扩张的需求,农业生产不得不加大投入(包括化学品等)来提高或稳定产量。

第二,农业环境侵权行为的间接性和复杂性。具体表现在以下方面:(1)施害者不是直接作用于受害人及其财产,而是通过环境介质,侵害受害人和环境;(2)污染过程的持续性。不像工业污染的集中排放,农业化学品等污染从施用开始就作用于环境,其产生与排放之间没有时空间隔;(3)污染方式的隐蔽性。农业环境污染常以间接、隐性、微量的形式表现,其隐性污染源大大超过显性污染源。而现实中环境管理者只关注"看得见"的污染事故,忽视这些"看不见"的污染,使农业环境侵权行为往往游离于被查处之列。农业作为食物来源产业,其产品缺陷对生命健康的直接危害是极大的。

第三,农业环境侵权结果的放大性。农业环境污染的隐蔽性使人们往往认为其为"小污染",无足轻重;但实际上农业环境污染往往会是面源性的,危害更广。在顶极环境阈限原理(旨在表明生态系统的再生能力对发展的限制,任何超越生态环境顶极阈限的发展都会对生态环境质量造成无可回复的损害)下,农业环境并不是供人类无限攫取的,其容量与自净能力也是有限的。农业环境是整个生态系统极为重要的组成部分,一旦遭受污染或破坏,其恢复和治理过程将十分漫长、成本昂贵,有的甚至难以逆转。农业环境受到污染或破坏进而会产生对农产品质量安全、人类身心健康甚至社会稳定的严重危害。

第四,违法性侵权构成要件不适用。理论界对环境侵权责任构成要件存在争议,有二要件说、三要件说、一般民事侵权的四要件说。笔者认为,农业环境侵权构成要件应采用二要件说,即只要环境侵权产生了法定损害结果并且侵权行为与损害结果之间有因果关系,侵权者就要承担侵权责任。其理由如下:其一,该类环境侵权不仅作用于人而且作用于生态环境,影响人类社会的可持续发展;其二,此类环境侵权结果可能是由多个环境侵权行为的累积叠加所致,但不及时处理可能会造成不可逆转的损害;其三,此类环境侵害在一定程度上具有社会发展的经济合理性。[1]

由上得出,农业环境侵权行为的特征是:(1)发生在农业生产活动中;(2)通过作用于环境而致人损害和环境破坏;(3)应当承担民事法律责任。对此,我们建议,运用农业环境责任保险承保农业环境侵权赔偿责任,使之与民事救济、国家赔偿制度相互配合,形成有效的农业环境侵权救济体系。[2]

在环境侵权责任风险趋高的现代社会,传统侵权救济制度无力单独承担对农业环境侵权受害人赔偿或补偿的任务,侵权责任社会化制度的发展体现了责任赔偿从个人本位到社会本位的转变,可以通过责任社会化的方式更简便、迅速地赔偿或补偿受害者。从这一角度探寻,在农业环境侵权救济制度安排上,除应充分发挥传统民事救济与国家赔偿制度的作用外,适时引入责任保险制度,将农业环境侵权损害通过社会化途径合理分配与消化不失为一种理性选择。

环境权是环境侵权救济产生的基础,侵权责任社会化发展是侵权救济社会化的理论依据。现代侵权责任制度突破个体责任承担和过错责任原则,是环境损害赔偿社会化的伴生物;其理论逻辑是经济发展与环境问题的矛盾和统一性,其演进结果之一是以环境责任保险为制度渠道的环境侵权防预和损害赔偿的社会化。责任保险的发展程度是衡量一个国家或地区保险产业发达与否的重要指标,也是反映产险市场险种是否良好的主要参照。然而责任保险却是我国保险产业的短板,尤其是在环境责任保险方面,还具有很大的拓展空间。

虽然我国现行法律对农业环境保护的国家责任、侵权人的民事责任作了规定,但仔细研读这些法条不难发现,这些法律包括宪法在内,一方面缺乏对农业环境权内容和主体的明确界定;另一方面对农业环境侵权行为救济途径的规定也过于原则、笼统,缺乏可操作性。这使农业环境侵权受害人缺乏充足的法律依据来为自己所遭受的损害进行救济。[3]

对于环境侵权救济,包括自然灾害在内的很多农业风险实际上都属于公共风险,本身具有得到财政补偿的合理性,但是,对于通常经济和生态双重脆弱的后发国家,财政风险补偿能力往往难以经得起考验,因此,仅依靠国家财政对农业环境侵权造成的损害进行补偿是不现实的。[4]

由于农业环境侵权行为的复杂性,使农业环境污染多表现为面源污染,且通常具有总体可观察、个体难察觉的特征。根据这一特性,可以通过指派具体区域的环境目标来实现农业环境侵权救济,即当区域内指派的环境目标没有达到时则该区域内的全体成员都将受到相应的惩罚。在实践操作中,可以将村集体区域设置为一个环境目标区域,当村集体区域环境目标没有实现时则该村全体成员要承担相应责任。这就是农业环境侵权责任承担的集体责任模式。此外,为了保障这一模式的顺利实施,还应当选取对区域环境目标中的个体生产者进行监控,这种随机抽查的

[1] 参见陈俊娣、王育才:《环境侵权与一般侵权辨析》,载《商业时代》2013年第2期。

[2] 参见彭刚红、王育才:《农业环境侵权与农业环境责任保险探索》,载《贵州农业科学》2013年第3期。

[3] 参见于华江、于志娜:《农村环境侵权行为问题探究》,载《中国农业大学学报》(社会科学版)2005年第4期。

[4] 参见张梓太、张乾红:《我国环境侵权责任保险制度之构建》,载《法学研究》2006年第3期。

方式可弥补集体责任模式的缺陷。[1]

三、农业环境责任保险的研究内容

如前所述,完全避免现代农业生产中农业污染造成的损害几乎是不可能的。面对农业环境侵权风险及其难以依靠现有制度加以内部化,缺乏这类风险的社会化救济渠道,将影响我国农业的发展和社会稳定。因此,研究农业环境侵权及其救济问题,有利于农业生态环境保护、农民利益维护和侵权相对人的及时有效救济。我们认为,农业环境责任保险主要研究的内容应包括以下几方面。

(一)农业环境责任保险的定性和理论依据

环境正义理论和环境损害责任社会化分担为农业环境责任保险提供了理论依据。农业环境侵权危害范围广、监督成本高,由此决定农业环保管理比工业等环保管理更复杂。因此,在农业环境侵权救济制度安排上,除应充分发挥传统民事救济与国家赔偿制度的作用外,引入责任保险措施,将农业环境侵权损害通过社会化途径合理分配与消化不失为一种理性选择。

农业环境资源的公共物品属性,决定农业环境责任保险应当是农业政策、环境保护与保险制度相结合,承保农业环境污染责任的保险制度。农业污染的广泛性、随机性、隐蔽性等特点使污染损害结果难以预计,往往超出一般商业保险人的风险经营能力。因此,应将农业环境责任保险定位为政策性保险。

农业环境责任保险虽与农业保险都属于财产保险的范畴,但农业保险是以已存在或将来可得的利益为保护对象的,因此是一种权利保险。而农业环境责任保险是一种责任保险,两者的区别显而易见。农业环境责任保险作为一项创新的责任保险,虽与环境责任保险同属责任保险范畴,但它们之间亦有所区别。与环境责任保险相比,农业环境责任保险具有公益性和正外部性特征;其投保人为长期社会二元结构下具有弱质性的农业生产者;承保风险有其特殊性,非普通环境责任保险制度所能涵盖。

(二)农业环境责任保险承保对象和范围

农业环境侵权原因行为所具有的合法性和价值性,决定了农业环境责任保险的目标将是追求污染损失补偿与生态环境保护的双重目标。因此,其承保范围应包括农业污染损害赔偿责任与受损环境治理责任。

如上所述,农业环境侵权是指因农业生产活动致使自然环境污染或破坏,并因而对他人人身权、财产权造成损害或有造成损害之虞,依法应当承担民事责任的行为。由此可以原则限定其承保对象和范围:(1)承保对象是农业生产者;(2)承保范围是其在农业生产活动中发生的环境侵权行为作用于环境而致损害;(3)依法应就其所致损害承担法律责任。

(三)农业环境责任保险损害界定和责任范围

农业环境责任保险承保的损害,应当是直接的环境破坏和人身财产损失。考虑我国责任保

---

〔1〕 参见付中元、吴敏娜、李晓丰:《农业发展与农业环境可持续性管理》,载《经济体制改革》2011年第6期。

险市场发展现状，农业环境责任保险制度需要一个渐进过程，因此可采取分步走的策略来实现。换言之，先承保突发性的农业环境侵权行为所致的直接环境破坏和人身财产损失，待条件成熟时再承保持续性的农业环境侵权行为。具体的损害范围和界定有待不断深入研究。

引入农业环境责任保险措施不仅有助于农业污染损害事后救济，也有利于预防农业污染损害事故的发生。因为在承保农业环境责任保险后，保险人被赋予勘查保险标的的权利以控制风险，督促保险合同的义务人履行维持保险标的安全状况。此外，保险人还可以通过保险费率差异及限制责任条款来促使投保人采取措施降低风险。

在农业环境责任保险下，保险人通过保险单将各个潜在污染者的资金汇聚起来应对其中较少数的实际发生事故的支出，这种集众人资金之力填补部分受害人损失的方式，能让受害人的赔偿请求在农业污染者财力有限的情况下获得相对可靠的资金保障。并且，相较于民事救济措施，农业环境责任保险制度能够节约诉讼成本，将资金更多地运用在损害填补上。

（四）农业环境责任保险制度构建原则和路径

农业环境责任保险制度构建应遵循以下相应的原则：第一，充分考虑保险市场容量的原则；第二，政府引导和干预的原则；第三，各方当事人利益平衡原则；第四，与农业政策相结合原则。

在前些年试点经验的基础上，2013 年 1 月 21 日环境保护部与中国保险监督委员会联合发布了《关于开展环境污染强制责任保险试点工作的指导意见》，全国环境责任保险试点工作进入第二个阶段，全国总共有 16 个省份（自治区、直辖市）被列为试点，相关地区的实践经验，可资构建农业环境责任保险制度借鉴。

就我国目前而言，一方面，农业生产者的保险意识普遍偏低；另一方面，一旦发生事故农业生产者往往承担不起巨额赔偿费用，进而影响整个社会的稳定。因此，我国现阶段应考虑实行与农业补贴政策相结合的强制农业环境责任保险的投保方式。具体细节有待结合实验和试点经验深入研究。

（五）农业环境责任保险的承保机构、保费来源与理赔机制

农业环境责任保险的政策性与社会公益属性，决定它的业务经营宜由专门的主体来承担，可考虑由政府创立、参股或给予财政兜底的政策性专业保险公司来承担。同时，建议在乡镇级以及乡镇级以下基层成立农业环境责任保险合作社，以协助办理农业环境责任保险业务。这种组织形式设立简单，运作成本低，与我国国情相适应。此外，在这种组织形式下，农业生产者的主人翁责任感强，能够调动他们参与的积极性，并有利于规避道德风险与逆向选择问题。

因此，农业环境责任保险应有专门的承保机构从事，其保费来源可包括缴纳保费、生态补偿费、财政补贴、绿色税收、捐赠赞助等。自 2004 年以来，我国不断加大农业直接补贴力度，并且有逐步实行“绿色补贴”的趋势，即将农业补贴额度与生态环境保护和食品安全等标准挂钩，把大量农业补贴转变成农业生态补贴。

（六）农业环境责任保险的引导、监督和监管

如上所述，农业环境责任保险作为一种特殊的政策性保险，将是政府综合运用环境管理手段管理农业污染风险的重要选择，它的发展自然离不开政府的引导和监管。同时，针对农业生产者

与消费者和监管主体的信息不对称导致“道德风险”与“逆向选择”现象,该保险市场也需要社会公众的参与和监督。

四、该项制度构建的原则和主要问题讨论

农业环境责任保险制度作为环境责任保险制度在农业领域的新尝试,还是一个有待开发的责任保险制度。因此,我们在进行具体制度设计时,必须遵循以下相应的原则。

(一)充分考虑保险市场容量的原则

充分考虑现有保险市场容纳环境侵权责任风险的能力,是为农业环境责任保险制度的有效设计服务的,因为只有充分考察现有市场上对农业环境侵权责任风险转移的需求数量和保险企业承保农业环境侵权责任风险的能力,才能确定市场上对农业环境责任保险制度的需求与供给能否达到一致,也才能明确农业环境责任保险制度设计的方向。而只有在正确的方向指引下,农业环境责任保险制度设计思路才能满足现实市场环境的需求,这一系列连锁反应充分证实了农业环境责任保险制度的良性设计必须遵循保险市场容量原则。[1]

(二)政府引导和干预的原则

保险的发展本应是市场化运作的结果,然而对于农业环境责任保险制度来说,由于其公益性、正外部性和高风险性,决定政府干预和引导具有必要性。当然,政府的干预并不等同于完全控制,而应当是引导和推动,即政府可以通过制度建设、政策支持、保费补贴、税收优惠等措施来推进农业环境责任保险制度的顺利开展。[2]

(三)各方当事人利益平衡原则

各方当事人利益的平衡,是农业环境责任保险制度顺利开展的重要前提。农业环境责任保险制度涉及多方主体,包括政府、农业生产者、农业环境侵权受害人,农业环境责任保险人等,而要使农业环境责任保险制度顺利开展,则必须在这些利益当事人之间寻找平衡点。

因此,在进行农业环境责任保险制度设计时,既要关注社会公众的利益,也要考虑农业生产者的承受能力,更要衡量农业环境责任保险人的利益,只有衡量利益的天平平衡了,才能保证农业环境责任保险制度建设的顺利开展。

(四)与农业发展政策相结合原则

农业环境侵权责任风险具有社会公共风险特征,可见农业环境责任保险制度是为维护公共利益服务的,其对农业生态环境保护、公民权益维护均体现了其公益性特征。而农业生态补贴,是指对促进农业生态环境保护和建设的活动给予的财政补贴。农业环境责任保险制度作为促进农业生态环境保护的活动,自然应当获得农业生态补贴的支持。

农业环境责任保险制度应当与农业生态补贴相结合。具体来说,就是将农业生态补贴的申领与农业生态环境保护义务和责任结合起来,这样不仅能够增进农民与生态环境的利益相关度,

---

[1] 张辉:《海洋石油开发油污强制责任保险基础问题研究》,载《江西社会科学》2011年第9期。

[2] 许飞琼:《环境污染、损失补偿与责任保险》,载《东岳论丛》2010年第8期。

克服单纯以保险单对农民行为进行环保管理的缺陷,使农民能在利益的作用下自发保护农业生态环境,充实农业环境责任保险的社会力量和群众力量,而且能够使农业补贴更为灵活,更利于其发挥激励功能。[1]

以下,本文就我国农业环境责任保险制度构建的几个主要问题进一步展开讨论。

第一,农业环境责任保险的可保性及其定性。

农业环境侵权责任风险并不完全符合传统意义上的可保性原理。首先,我国农业生产者人数众多,但大量分散,致使难以实现对农业环境侵权的监测与评估;其次,农业污染通常表现为面源性污染,相互间联系十分紧密,导致难以分清农业生产者的个体责任,因此也不符合保险标的要求的风险独立特征;最后,农业污染常以间接、微量、隐性的形式表现,以我国目前的监测技术,在污染发生初期是难以监测到的,而当隐性污染逐渐显现时,又可能导致大面积的巨灾风险。由此可知,农业环境侵权责任风险并不符合传统意义上要求的可控性与可预测性条件。

然而,随着农业环境保护法律制度的不断完善,农业环境侵权责任承担也将日益严厉,当农业环境侵权损害赔偿责任受到法律制度的严格规制时,农业生产者从事生产活动的风险压力将增大,农业环境侵权责任保险的需求就会增加。而且近年来,我国政府不断加大对农业污染监测评估技术研发的财政投入,随着这些技术的发展,农业环境侵权责任风险的监测以及农业环境侵权损害的评估会越来越准确,对未知的风险事故也能有一定的把握。此外,随着保险人自身风险评估能力的提高,也可以通过设计更为合理的保险范围、保险费率、免赔付等限制条款来提高农业环境侵权责任风险的可保性。

农业污染的分散性、广泛性、随机性、隐蔽性等特点使污染损害结果难以预计,往往超出一般商业保险人的风险经营能力。因此,在我国保险市场发展水平仍相当有限的情况下,要求商业保险全面介入农业环境责任保险业务是很不现实的。在此情况下,我国发展农业环境责任保险有必要逐步推进,即先将农业环境责任保险定位为政策性保险,由国家参与供给,待条件成熟后再向市场化发展。然而,政策性的保险只能提供一个基本的普遍性保障,对农业污染风险的进一步分散,必须依靠商业保险人的参与[2]和再保险机制的完善。因此,政策性农业环境责任保险应作为目前市场状况下一种过渡的供给形式,农业环境责任保险的发展方向将是由国家补贴的商业性保险。

第二,农业环境责任保险的功能。

相对于现有其他的侵权救济方式,农业环境责任保险具有以下优势和功能:

1. 分散风险。保险的目的是把风险责任转移到许多微观主体上,使风险化整为零。通过农业环境责任保险制度安排,农业生产者通过小额的投保费用支出将农业环境侵权损害赔偿风险转移给保险人;保险人通过收取保险费,将各个潜在风险承担者的资金汇聚起来应对其中较少数的实际发生事故的支出,有利于将现代农业生产中的环境责任风险分散化。

2. 填补损失。在有农业环境责任保险承保的前提下,保险人通过保险单将各个潜在侵权者

---

〔1〕 参见彭刚红、王育才:《农业环境侵权与农业环境责任保险探索》,载《贵州农业科学》2013 年第 3 期。

〔2〕 参见张梓太、张乾红:《我国环境侵权责任保险制度之构建》,载《法学研究》2006 年第 3 期。

的资金汇聚起来应对其中较少数的实际发生事故的支出,这种集众人资金之力填补部分受害人损失的方式,能让受害人的赔偿请求在农业环境侵权者财力有限的情况下获得相对可靠的资金保障。

3. 外部性的内部化。农业环境责任保险既能内部化农业环境侵权的外部性,也能减轻国家在农业环境侵权损害赔偿上的压力。作为弥补损失进行的预先积累,其为国家财政提供了社会化分担渠道。

4. 管理和预防农业环境侵权风险。引入农业环境责任保险措施,不仅有助于农业环境侵权事后救济,也有利于预防农业环境侵权损害事故的发生。因为,在农业环境责任保险合同订立后,为控制风险,保险法赋予保险人勘查保险标的的权利,督促保险合同的义务人履行维持保险标的安全状况。此外,保险人还可以通过保险费率及限制责任条款来促使投保人采取有效的管理措施降低损害发生。

5. 低成本化。相较于民事救济措施,农业环境责任保险能够节约诉讼成本,将资金更多地运用在发展农业生产或填补相关损害上。[1]

第三,农业环境责任保险承保范围和投保方式。

政策性保险与商业性保险最大的区别在于,前者直接立足于社会公众的利益,所以直接减损社会利益,影响社会发展的环境污染行为都可以在承保之列。农业环境责任保险的目标将是追求污染损失补偿与生态环境保护的双重目标,因此,农业环境责任保险的承保范围应包括农业污染损害赔偿责任与受损环境治理责任。也就是说,在一些农业污染事故中,即使产生的农业污染并未现实造成第三人的人身伤害或者财产损失,污染者仍要承担污染治理责任。

将所有的环境侵权行为都纳入责任保险的范畴无疑是最理想的。但一项制度的实际效果,既与其制度完善程度有关,更与其满足社会生活的需要程度以及其在程序上的可执行程度有关。考虑我国责任保险市场发展现状,农业环境责任保险制度的实施和完善需要一定的过程,应当采取分步走的策略来实现农业环境责任保险的目标,即先承保突发性的农业环境侵权行为所致的直接环境破坏和人身财产损失,待条件成熟时再承保持续性的农业环境侵权行为。[2]

由于农业环境责任保险具有政策性,国家对于农业环境责任保险在必要的情况下可规定并采取强制性手段,要求一定范围内的人以一定方式和条件参与保险,这样才能全面覆盖有投保必要而商业保险又不愿涉足的领域。[3] 一方面,由于农业污染行为的特殊性,致使对其责任承担属于责任主体难以判别或责任主体太多、公益性很强、没有投资回报或投资回报率较小的领域,[4]保险人从经利益考量不会自愿承保,这就不利于农业污染责任风险的分散;另一方面,我国农业生产者的保险意识淡薄且存在侥幸心理,若采取任意投保模式,不利于保护受害人的赔偿

[1] 参见彭刚红、王育才:《农业环境侵权与农业环境责任保险探索》,载《贵州农业科学》2013 年第 3 期。

[2] 参见周珂、刘红林:《论我国环境侵权责任保险制度的构建》,载《政法论坛》2003 年第 5 期

[3] 参见李华:《我国环境污染责任保险发展的路径选择与制度构建》,载《南京社会科学》2010 年第 2 期。

[4] 参见苏杨、马宙宙:《我国农村现代化进程中的环境污染问题及对策研究》,载《中国人口资源与环境》2006 年第 2 期。

利益。因此,在我国农业污染问题日趋严重的今天,为了严厉控制和防范农业污染损害,及时有效地保护受害人的利益,应实行强制责任保险的投保方式。

第四,农业环境责任保险承保机构。

农业环境责任保险的政策性与社会公益属性,决定它的业务经营宜由特殊的主体来承担,即由政府创立、参股或给予财政兜底的隶属于政府的专业保险公司来承担。这种模式的优势在于可以充分运用政府国家管理职能集合危险单位,迅速地形成整治规模;有利于保险基金的积累和风险的空间分散;也有利于将农业环境责任保险与国家发展农业和生态保护政策契合。

但是,仅依靠保险公司的机构体系,难以为地域分散、数量众多的农业生产者提供有效的承保、定损和理赔服务,保险公司的许多保险业务都需要在农村基层机构的协助下完成。因此,本文建议,在乡镇级以及乡镇级以下基层成立农业环境责任保险合作社,以协助办理农业环境责任保险业务。这种组织形式设立简单,运作成本低,与我国国情相适应。此外,在这种组织形式下,农业生产者的主人翁责任感强,能够调动他们参与的积极性,也可以规避道德风险与逆向选择。

当然,为规范基层农业环境责任保险合作社协助办理农业环境责任保险业务的行为,强化保险公司的管理责任,保险公司应当与其签订书面合同,明确双方权利义务,并在合同中约定相关费用的支付。另外,保险公司应当加强对农业环境责任保险合作社的业务指导,制定合法、科学、有效的业务管理制度。同时,保险公司也将在试点、推广和发展中不断地提高自身的经营管理水平。

总之,在我国发展现代化农业的过程中,农业生产者所面临的环境风险较为特殊,又难以纳入现有责任保险体系下加以保障。但这类风险若缺乏社会化渠道和保障机制,将影响我国农业的可持续发展并有可能殃及社会稳定。因此,通过构建农业环境责任保险解决这类问题显然是一条可行的途径。研究农业环境侵权及其保险救济问题,不仅有利于农业发展和生态环境保护,有利于农业生产者利益的维护和侵权相对人的及时、有效救济,而且对完善我国金融和环境保护等法律制度具有积极的作用。

文化多样性对城镇化政策的启示

刘国利*

目　次

一、文化多样性范式的提出

（一）文化与文化多样性的概念

"文化"（culture）与"文明"（civilization）是近义词，都是指人类创造的物质成果、制度成果、精神成果的总和。受西方的多元文化主义、联合国教科文组织的《保护文化多样性公约》和我国学术界普遍接受的"文化多样性"提法的影响，本文也使用"文化"一词。本文着重探讨与民生密切相关的文化。

在民生意义上，"文化"包括如下具体类型：物质文化（如产品、建筑）、制度文化（如产权制度、交易制度、公共政策）、精神文化（如传统技艺）、行为习惯（如饮食习惯、服饰习惯、消费方式、风俗习惯）等。

文化多样性是指异质文化的共存、互动、交融的状态。"文化多样性"与"文明多样性""多元文化""多元文明"词汇的含义大致相当。文化多样性要求尊重多元文化存在的合理性（依照正当法律程序认定为非法的文化类型除外），主张多元文化的交流与融合。文化多样性也可以称为"文化宽容"。

文化多样性具有如下特点：第一，存在不同类型的异质文化。文化类型过于单一不是文化多样性。第二，不同类型的文化存在资源、信息、人员上的交流。一定地域存在多个彼此隔绝、对抗的文化属于文化单一性的范畴，不属于文化多样性的范畴。例如，传统住房与现代住房、私有住房与公有住房如果不存在交流，则属于多个单一文化；如果存在交流，则属于多元文化。国家收

* 河北大学政法学院副教授，法学博士。

购传统住房作为保障房,不仅可以提高财政资金的使用效率,而且可以减轻生态压力。

(二)文化多样性范式的形成与发展

西方的多元文化主义(Multiculturalism)是20世纪西方一种兴起于人类学、民族学领域,并具有广泛影响的社会思潮。该思潮主张多元文化和谐共存,反对文化对抗、反对强势文化对弱势文化的同化。在该思潮产生之前,西方国家对少数民族文化普遍采用同化政策。同化政策"就是利用国家的一些公共机构或制度——比如学校、法律体系、公民资格审查——来抑制或说服其他文化走向消亡,并最终使主导文化成为唯一的一种文化"。[1] 多元文化主义促进了西方各国国内的文化政策开始由强势文化同化弱势文化向强势文化包容弱势文化转变。多元文化主义蕴含着少数民族与主体民族、弱势文化与强势文化之间形成的折中妥协方案。该方案既避免了少数民族与主体民族、弱势文化与强势文化的分裂,又避免了主体民族、强势文化的大一统。

2001年联合国教科文组织发布的《文化多样性宣言》指出:"文化多样性对人类来讲就像生物多样性对维持生物平衡那样必不可少","文化多样性是人类的共同遗产,应该从当代人和子孙后代的利用考虑予以承认和肯定"。如果说生态多样性、生物多样性是保持生态系统内部和谐的条件,那么,文化多样性是保持社会文化系统内部和谐的条件。生态多样性、生物多样性、文化多样性都是保持可持续发展的条件。

2005年联合国教科文组织通过了《保护和促进文化表现形式多样性公约》(可简称《文化多样性公约》),以及《世界遗产公约》《保护非物质文化遗产公约》。这些国际公约对我国保护文化多样性的工作具有启示作用。联合国《经济、社会及文化权利国际公约》中规定的各项文化权利,特别是弱势群体的文化权利是保持文化多样性的重要法律条件。文化多样性范式的基本观点是既认同现代文化,又尊重传统文化;既认同本土文化,又尊重外来文化。除少数依照法定程序认定为非法以外,绝大多数文化都是人类文化宝库中的精神财富。多元文化共存共生、相得益彰,共同促进人类文化的繁荣,使世界更加丰富多彩,更具有生机和活力。文化多样性是人类社会的基本特征,也是人类文明进步的重要动力。

2005年9月15日,胡锦涛在联合国成立60周年首脑会议上的讲话中指出:"应该以平等开放的精神,维护文化的多样性,促进国际关系民主化,协力构建各种文化兼收并蓄的和谐世界。"一方面,社会主义文化具有更大的合理性,应当在多元文化中发挥主导作用。社会主义只有不断吸收多元文化的营养,才能实现自身的完善与发展;只有借助多元文化的补充,才能发挥好调整社会生活的作用。如果社会主义文化排斥多元文化,就会造成自身的僵化,就不能与时俱进,就无法胜任主导文化的作用。另一方面,社会主义文化以外的其他文化具有一定的合理性,也是多元文化不可缺少的组成部分。社会主义文化的兴起为人类多元文化宝库增添了瑰宝,但也应当注意保护其他文化瑰宝。社会主义主导的多元文化是有利于增进人的幸福的文化体系。因此,坚持文化多样性是高度文化自觉和文化自信的表现。

文化多样性是一个跨越法哲学、政治哲学、社会哲学的研究领域,具有理论层次高、视角多

---

[1] 参见[英]C. W. 沃特森:《多元文化主义》,叶兴艺译,吉林人民出版社2005年版,第4页。

元、体系开放、内容包容、目标协调、策略可行、道路渐进等特点。文化多样性已经成为法学的一种新范式。该范式不仅是推进法治研究的一个新的生长点，也是推进民生法律研究的一个新的生长点。

二、文化多样性对民生法律的意义

(一)文化多样性是民生选择权实现的条件

1. 民生选择权的概念

民生选择权，是指公民享有的选择合法谋生方式的自由权利。民生选择权隶属于文化选择权的范畴。公民作为理性的求利者，对自己的选择及后果具有一定的识别能力。公民是自己利益的决断者和支配者，公民有权利按照自己的最大利益选择谋生方式。如果没有主体的授权，选择不可由他人代替。由于人们的经济地位、政治地位、文化水平、经历的不同，个人的文化选择都具有倾向性，造成不同的人的文化选择的差异性。在宽容的社会，公民可以在社会中寻找更为适合自己的合法的谋生方式(各得其所)，当发现选择错误的时候，可以作出重新选择。

尊重民生选择权，使民众对自己选择的后果负责，可以减轻民众对政府的抱怨，增加民众对政府的满意度。尊重谋生方式选择权，有利于最大限度地发挥个体的潜能和创造性，有利于保护民众的自主谋生能力，有利于躲避不利和危险。幸福是主体的主观体验，尊重谋生方式选择权有利于增加大众的幸福感。

2. 文化多样性扩大了可供选择的谋生方式的范围

每一种文化类型都对应着一定的谋生方式，包括生产方式、消费方式、合作方式等。文化类型与民生选择权的类型密切相关。文化多样性是文化选择权、民生选择权实现的条件。每一种文化都是一种社会发展的尝试，法律承认多种文化的尝试，可以为民生选择权的实现提供条件。只有在文化多样性条件下，民生选择权才有可能实现。有学者认为："我们都很乐意生活在文化多样性的社会，因为它使我们的生活方式变得多姿多彩，增加了我们作为消费者的选择的范围。"[1]在文化多样性之下，人们更容易找到适合自己的文化类型。

例如，经济多样性是择业权实现的条件。经济多样性包括行业多样性、经济类型多样性、所有制多样性、经济组织形式多样性等。例如，大量传统行业的保留扩大了人们选择行业的范围；多种经济类型(谋生方式)使人们可以在不同经济类型之间作出选择，人们既可以选择生活在市场主导的环境下，也可以选择生活在自然经济主导的环境下；多种所有制并存可以使人们在不同所有制之间作出选择；多种经济组织形式并存可以使人们在不同所有制形式之间作出选择。

再如，居住文化多样性是居住选择权实现的条件。街区类型的多样性是居住选择权实现的条件。人们既可以选择居住在现代街区，也可以选择居住在传统街区。住房多样性是住房选择权实现的条件。人们既可以选择居住现代住房，也可以选择居住传统住房。

文化单一性社会在事实上剥夺了公民的民生选择权。在文化单一性之下，人们无法比较不

---

〔1〕 参见[英]C. W. 沃特森:《多元文化主义》，叶兴艺译，吉林人民出版社2005年版，第114页。

同文化的优劣，更不可能作出选择，人们的生活更多地是被决定。文化单一性的社会通过对文化多样性的限制取消了民生选择权实现的条件。例如，只重视发展现代文化，忽视保护传统文化，就会造成现代文化的单一性，就会在事实上限制甚至是剥夺人们选择传统文化和传统谋生方式的权利。例如，摧毁传统街区、传统建筑就会在事实上剥夺人们选择传统居住方式的权利。

3. 法律与政府对民生选择权的尊重

国家有尊重民众的自然生存状态的义务，这种义务属于不作为义务。国家应当尊重历史形成而又无害于社会的谋生方式、居住方式，尊重经济主体的经营自由权。国家可以从公共利益出发对民众的选择加以合理引导、依法管理，但不宜非法干涉，不宜滥用强制力量，更不能采取禁止了事的简单化的做法，否则将破坏民众自我谋生条件。

国家（政府是国家的代表）的民生服务对于政府而言是法定职责，对于公民而言则是自由权利。公民既可以选择接受公共服务，也可以选择不接受公共服务。政府提供的社会保障应当具有备用性。一方面，法律与政府应当允许公民选择低于公共服务标准的生活。国家应当尊重公民选择成本低廉、低碳环保的传统生活方式。国家在民生服务中应当尊重文化的多样性，尊重公民的选择权，不宜强制推行法定的民生保障标准，不宜用整齐划一的民生服务标准约束民众的生活，不宜强迫人们过现代化的生活。国家强制提供公共服务将扼杀文化的多样性，造成文化的单一化，消灭公民选择权赖以实现的条件。另一方面，法律与政府应当允许公民争取超过公共服务标准的生活，这样有利于增强社会的活力和灵活性。社会保障应当是实现民生权利的途径之一，而不是唯一途径。如果将社会保障作为满足基本权利的唯一途径，将伤害文化的多样性，会剥夺公民自由选择的权利。忽视民生选择自由的思想根源在于为民做主的人治思想。

哈耶克说："强制是一种恶，它阻止了一个人充分运用他的思考能力，从而也阻止了他为社会做出他所可能做出的最大的贡献。"[1]法律应当最大限度地尊重公民的自由选择，强制措施的使用必须有法律依据，并且应限制在必要的限度内。

国家在民生服务过程中应当保留多种文化空间供大众选择。如果政府的民生服务只提供一种文化空间，没有其他文化空间可供选择，这将与提供强制服务无异。

文化多样性与文化选择权是互为因果的。一方面，文化多样性是文化选择权的实现的条件。另一方面，文化选择权是文化多样性得以保持的条件。在尊重文化选择权的社会，文化一定具有多样性。

（二）文化多样性可以增加民众参与社会生活的途径

1. 文化多样性有利于保障民众的话语权

每一种文化既是一个观察问题的角度，也是一条表达利益和价值的渠道。在文化多样性之下，生活在各种文化类型下的人都有表达权。文化多样性为民众表达意见（利益和价值）提供了多条渠道。文化多样性意味着表达利益和价值渠道的多样性。文化类型越丰富，民众表达意见的渠道越畅通。

---

〔1〕 参见［英］哈耶克：《自由秩序原理》（上册），邓正来译，生活·读书·新知三联书店出版社1997年版，第165页。

在文化单一性条件下,强势文化主体垄断了话语权,造成弱势文化主体的话语权不充分,甚至被剥夺,因而处于社会的边缘地带。文化类型越单一,民众表达意见的渠道越拥堵。

2. 文化多样性有利于减少边缘化现象

弱势文化是多元文化不可缺少的组成部分,其发挥着不可缺少的作用。弱势文化是弱势群体生存和发展的环境,也是他们心灵的寄托。尊重弱势文化有利于保障弱势群体的生存权、发展权、参与权。尊重弱势文化有利于弱势群体融入多元社会,防止其被边缘化。哈贝马斯认为,包容就意味着这样一种政治秩序,它对一切受到歧视的人都敞开大门,并且容纳一切边缘人,而不把他们纳入一种单调而同质的人民共同体当中。[1] 如果强行毁灭弱势文化,强迫弱势群体加入强势文化支配的单一社会,将使弱势群体处于边缘化的处境,造成他们的不适应。生活在受到尊重的弱势文化下比生活在受到歧视的边缘文化下更有尊严。保持文化多样性,有利于弱势群体寻找躲避市场大潮冲击的港湾,有利于增强弱势群体的幸福感。

在文化单一性之下,处于文化中心地带的人享有充分的话语权,成为强势主体,而处于文化边缘地带的人的参与权受到抑制,甚至被剥夺,成为边缘人,他们有可能永远地被剥夺改变命运的机会。因为单一文化的利益涵盖性和价值包容性有限,所以,单一文化不可能为全社会所有的人提供充分展示潜能的公平发展的机会,单一文化之下的边缘化现象更为严重,反主流、反社会的现象更为严重,社会冲突更为剧烈。

3. 文化多样性有利于抵御国家权力的滥用

每一种文化都是制衡国家权力的力量。实行文化宽容有利于发挥文化多样性遏制国家权力膨胀的积极作用。国家与法律的力量既可以用来增进不宽容,也可以用来增进宽容。来自国家与法律的不宽容是最大的不宽容,来自国家与法律的宽容是最大的宽容。多元社会具有高效率的纠错机制,其能够及时纠正国家的不当决策和决定,防止损失的扩大。多元社会是民主与法治赖以存在的社会基础。

民主法治制度为多元文化主体的对话提供了制度平台。多元文化主体可以在民主法治的框架下,通过协商妥协达成社会契约,为法律提供参考。文化多样性为契约型法律的生长提供了土壤。文化多样性使法律具有更大的包容性,防止法律走向只考虑一元文化目标造成的片面性,有利于提高民生法律的质量,保持民生法律的稳定性,防止法律价值取向的更迭造成的社会震荡和民生资源的损失。文化多样性既是社会可持续发展的条件,也是一个国家软实力的重要组成部分。

(三)多元文化的合理配置是保持经济与社会的稳定的重要条件

1. 多元文化的合理配置有利于提供稳定的民生资源

每一种文化都有其独特的民生资源(包括天然物产、传统技艺、传统产业、居住方式、风俗习惯、蕴含在礼仪仪式中的互助方式等)。文化的差异性越强,互补性越强,不同文化的依赖性也就越强。文化多样性是人类生存所不可缺少的条件。哈耶克说:"在安排我们的事务时,应该尽可

---

[1] 参见[德]尤尔根·哈贝马斯:《包容他者》,曹卫东译,上海人民出版社2002年版,第161页。

能多地运用自发的社会力量,而尽可能少地借助于强制。”[1]传统文化构成自发的社会力量的重要内容,多元文化的合理配置必须尊重传统文化,借助于传统文化中蕴含的民生资源。

例如,传统文化与现代文化就具有互补性。传统文化可以提供廉价的商品和服务,保持良好的自然环境,可以弥补现代文化的不足;现代文化可以提供先进技术、充足的资金,可以弥补传统文化的不足。

2. 文化多样性有利于降低竞争的激烈程度

第一,多元社会的文化选择空间较大,竞争目标多元,评价标准多元,竞争目标重合的可能性较低。例如,印度的社会分层很明显,但是,印度有多元文化的传统,在一定程度上尊重低种姓居住的传统街区、生存空间和发展目标,所以并没有出现较大的社会冲突,这为其经济社会发展提供了相对稳定的社会条件。尊重多元文化与人才培养带动科技研发都是现代印度成功的经验。随着全球化进程的发展,不同文化的依存度不断增强,获得商业利益已经取代争夺权力、土地和人口,成为主要的竞争目标。经济目标重要性的提高增强了竞争目标的多元性,这有利于降低竞争的激烈程度,从而有利于促进和平。而单一社会可供选择的竞争目标较为单一,竞争目标的重合性较高,从而加剧了竞争的激烈程度。

第二,在文化多样性条件下,资源可以在不同文化之间流动,可以使人们分享资源带来的利益,对资源的竞争较为缓和。而在文化单一性条件下,资源独占现象严重,资源难以在不同文化之间流动,人们难以分享资源带来的利益,对资源的争夺较为剧烈。例如,在我国自然经济占主导地位的东周时期,秦人和巴人关于自贡井盐展开过殊死争夺。再如,在物本主义盛行的社会中,追求财富是最高目标,争夺财富的斗争是不择手段的。

第三,保持文化多样性有利于借助于文化纽带,加强不同群体、不同阶层的沟通,有利于形成协议。在宽容的社会,多种利益得到更多的尊重,多种价值得到更多的吸收,人们对现有的社会秩序更为认同,心态更为平和。文化多样性社会更有可能选择渐进道路。例如,在中国传统社会,中原农耕文化与北方草原文化的经济互补性就很强,不同文化的“互市”(属于多元文化)有利于促进和平,而禁止互市(属于两个单一文化)则会加剧不同文化的冲突。

3. 多元文化的合理配置有利于保持经济运行的稳定

自然经济的弱点需要市场弥补。自然经济具有抵御自然灾害的能力弱、技术落后、资源整合能力弱的弱点,市场因其自发配置资源的功能可以弥补自然经济的这些弱点。

市场的弱点也需要其他经济类型弥补。市场的一个弱点在于经济低迷期出现经济危机。当经济危机出现的时候,民生水平将会降低。越是市场化程度高的国家和地区,民生水平越受市场波动的影响。自然经济和合作经济抵御市场波动的能力强,可以弥补市场的这一弱点。市场的另一个弱点在于就业成本的高昂。市场经济下主要依靠经济增长和扩大出口增加就业机会,容易受到市场波动的影响。自然经济的就业成本低,容纳劳动力的能力强,可以弥补市场的这一弱点。

有学者指出:“在一个如此错综复杂的世界上,不可能只有一种经济逻辑。多维状态和多元

---

[1] 参见[英]哈耶克:《通往奴役之路》,王明毅译,中国社会科学出版社1997年版,第24页。

性质的文化之存在恰恰可以发挥减震器的功能。"[1]因此,在进行一段时期市场经济模式探索并积累经验后,应当探索包括市场经济在内的多元经济模式,发挥包括市场经济在内的多种经济类型在保障民生方面的积极作用。建立在生态多样性、生物多样性、文化多样性基础上的多元经济模式有利于促进经济稳定,避免经济危机,实现经济的可持续发展,有利于为促进民生提供良好的经济环境。

文化多样性的秩序类似于哈耶克所说的自生自发秩序,这一秩序是无数主体参与的、无特殊目的的、渐进形成的秩序。他认为,自生自发的秩序提供的服务比政府提供的服务更为重要。他说:"自生自发的社会秩序为我们所提供的东西,要比政府组织所能够提供的大多数特定服务更为重要,只有政府组织经由实施正当行为规则而为我们提供的安全是个例外。"[2]国家履行保护文化多样性的责任有利于涵养其中的民生资源。发挥多元文化的互补性可以减轻国家保障民生的负担。

4. 多元文化的合理配置是维护秩序的根本途径之一

从压制型法向回应型法的发展是法律进化的方向。回应型法能够回应社会的需要,能够吸收公民参与社会管理,在管理者与公民的互动中作出自我调整。[3] 压制型法和回应型法包含着两种截然不同的实现秩序的方案。

压制型法将强制(包括强制措施和制裁措施)作为维护秩序的首要途径。压制型法忽视反思制度的合理性。因为制度的不合理是冲突产生的根源,所以,压制型法实现秩序的方案是一种治标的方案。

回应型法主张建立合理的利益调整机制,消除冲突产生的根源。利益调整机制应当在民主法治的框架下,通过多元利益主体的互动设计与建立。利益调整机制的重要内容包括冲突权利的合理配置、多元文化的合理配置等。建立合理的利益调整机制可以从源头上预防冲突的发生,即使发生冲突,概率与强度也会较小。将多元文化的合理配置作为管理社会的根本办法,可以减少不必要的强制。回应型法主张采用非强制(特别是非刑事)的调整手段,替代强制的调控手段。回应型法的实现秩序方案给社会带来的幸福最多、痛苦最少,因而是更为优越的方案。

例如,多种街区类型的合理配置是改善城市管理的根本途径。2011 年秋天,荷兰阿姆斯特丹大学的刘本教授在武汉大学法学院做讲座时,笔者提出的问题是"荷兰是否有城管这样一个政府部门"。刘本教授回答说,荷兰没有一个叫"城管"的部门,城管是警察的一项不是很重要的工作,警察通常的工作是提醒市民遵守交通规则(如机动车、自行车不许进入步行街之类),几乎不需要实施强制。荷兰的城市管理经验引发我们对中国城市规划和管理模式的反思。

文化多样性要求城市规划与城市管理尊重自然生态、传统街区、传统谋生方式,为弱势群体保留更多的生存空间。

---

[1] 参见[美]彼得·卡赞斯坦:《多元多维文化构成的世界》,刘伟华译,载《世界经济与政治》2010 年第 11 期。

[2] 参见[英]哈耶克:《法律、立法与自由》(第 1 卷),邓正来译,中国大百科全书出版社 2001 年版,第 209 页。

[3] 参见[美]诺内特、塞尔兹尼克:《转变中的法律与社会:迈向回应型法》,张志铭译,中国政法大学出版社 2004 年版,第 103 页。

现代城市建设与城市管理中主张拆除传统街区、取缔街头小商贩的做法也属于文化单一主义、激进主义，将会导致传统文化的消亡，从而损害文化的多样性，造成民生资源的损失，导致民众自主谋生能力的降低。在现代文化（以工业化、城市化为代表）的盲目扩张的背景下，城市规划与管理的整齐划一、过度拆迁造成了依托于传统文化生存的弱势群体生存状态的恶化。传统文化与现代文化的冲突具体表现为不同谋生方式的冲突、不同居住方式的冲突。现代文化盲目扩张引发的冲突不仅属于利益冲突，而且属于文化冲突。文化冲突是造成城管与弱势群体冲突的重要原因（如王斌余案）。对传统的谋生方式和居住方式的宽容有利于消除此类冲突。现代文化的盲目扩张不仅不会提高幸福指数，反而会降低幸福指数。现代文化的盲目扩张是文化霸权主义的一个具体类型。

再如，多元交通要素的合理配置是改善交通管理的根本途径。现代工业文化下的交通思想认为，解决交通问题需要更多的车辆、更多的道路、更多的停车位。现代交通在给人带来出行便利的同时，也消耗了更多的资源，造成更严重的污染，占用了更多的土地，制造了更多的交通事故。文化多样性理论认为，法律应当站在公共利益的立场上，应当根据人口、经济总量确定机动车保有量、道路总量、停车位总量，并通过税费政策保持这些限额不被突破。法律不应被与现代交通有关的利益集团左右。解决交通问题的治本之策在于：发展公共交通，提倡绿色出行，通过税费政策控制机动车保有量。发挥传统交通的作用可以将现代交通的消极作用控制在最低限度。

5. 文化进化过程中的震荡现象与趋同趋势

文化单一性社会下的不宽容造成了不同文化的剧烈冲突，造成了弱势文化受压抑后的强烈反弹，造成了不同文化走向极端并且不断反复，造成了社会发展道路（模式）的频繁更替，并伴随剧烈的社会动荡，造成民生资源的屡次破坏。文化单一性社会更有可能选择激进道路。

文化多样性下的社会冲突具有振幅小（表示不同历史阶段的政策差异小，损失少）、周期短（表示政策调整较为容易）的特点，意味着冲突的可控性在不断增强。文化多样性下的社会冲突是探索社会发展道路的有益尝试，是探索社会发展道路过程中值得付出的代价，因而是一种良性的社会冲突。频繁的、可控的、良性的冲突可以避免社会矛盾积累带来的恶性冲突给社会造成的重大损失。

三、保持文化多样性的重要内容——保护传统文化

本文所指的传统文化是指较少使用现代文化的资本与技术的文化类型。传统文化的类型包括：传统街区、传统建筑与居住方式、传统职业（包括传统农业、手工业、服务业、小商贩）、传统交通方式、非物质文化遗产等。此处着重探讨与民生有关的文化类型。

（一）尊重与保护传统文化的理由

1. 传统文化对于保障民生具有积极作用

第一，传统文化下的生活成本较低。传统文化可以以较低的生活成本为弱势群体提供最基本的生存条件。传统文化的经营成本较低，可以为弱势群体就业和创业提供最基本的条件，传统文化的消亡将会导致弱势群体失去参与经济生活的条件。传统文化可以为全社会提供廉价的商

品和服务。传统文化的消亡将会导致物价上升、生活成本的提高。

第二,传统文化在保障就业方面效率较高。传统文化可以保存传统产业,可以以较低的物质成本提供几乎无限多的就业机会,为民众就业权和择业权的实现提供条件。传统文化是传统产业(家庭种植业、手工业、小商业、小服务业的经营场所),是普通阶层的创业基地。传统文化消亡将会导致失业率激增。

传统文化具有维护经济社会稳定的积极作用。传统谋生方式受价格波动、国际政治等外在因素影响较小,是稳定经济的重要力量。传统文化能够以较低成本安置大量人口,是稳定社会的重要力量。有学者指出:“在一国内部,暴力冲突和极端主义的中心集中于处在现代化之中的地区,而非那些仍保持传统方式的地区。”〔1〕

第三,传统文化的生态损耗较小。传统文化下的传统产业和传统的生活方式能够以最小的生态损耗满足民生所需要的基本条件。传统文化可以为全社会提供利用可再生资源生产的产品。因此,应当保护无害于生态的民间传统产业。传统文化抵御地质灾害的能力强,恢复重建容易,应当改变将民间传统产业视为落后的过时观念。如果因为认识上的原因导致民间传统产业的消亡,那将会是可惜的。传统文化的存在有利于保持良好的生态环境,传统文化的经济效率虽然不高,但生态效率却是最高的。现代文化主要靠科技进步降低生态损耗,而科技进步的总体结果是加剧生态损耗。保护生态必须借助于传统文化的参与,借助于传统文化与现代文化的协作。没有传统文化的参与,单靠挖掘现代文化内部潜力,不可能实现生态的根本好转。

第四,传统文化是精神遗产的载体。首先,传统文化群体是民俗、民间法等文化现象的载体。而民俗提供了民间协作、互助的方式,民间法提供了民间纠纷解决方式。其次,作为熟人社会的传统文化群体的存在有利于保持商业信用(道德信息传播速度快、监督机制效率高)。熟人社会与陌生人社会不同监督体系的合理配置有利于为民生提供良好的商业信誉环境。传统文化的消亡所造成的精神遗产的损失无法用货币与物质财富估量。

传统文化包含着丰富的民生资源(生存条件、交往方式等),是民众生存权、发展权、民生选择权实现的重要条件,民生法律应当重视传统文化的传承与保护。如果弱势文化不断走向消亡,弱势群体的生存空间将会不断受到挤压,其生计就会变得更为艰难。有学者指出:“要求遗忘过去以及一个人赖以形成自我感和认同感的文化渊源,是强迫性的和不公正的,一个国家提出这样的要求是不恰当的。”〔2〕

2. 保护传统文化有助于弥补现代文化的局限性

现代文化的局限性表现为物质崇拜、资本的泛滥、科学技术的不当应用、消费主义、城市的无序扩张、市场的无序扩张等。现代文化过度扩张具有以下危害:将会导致资源的枯竭和环境的破坏;将会侵蚀传统文化,破坏传统文化中蕴含的民生资源;将会损害文化多样性,限制甚至剥夺人们选择传统文化的自由权利;将会加剧两极分化和社会冲突。

现代文化的局限性不可能在自身范围内得到完全克服,克服现代文化的局限性必须借助于

---

〔1〕 参见[美]亨廷顿:《变化社会中的政治秩序》,王冠华译,生活·读书·新知三联书店出版社1989年版,第42页。

〔2〕 参见[英]沃特森:《多元文化主义》,叶兴艺译,吉林人民出版社2005年版,第30页。

传统文化的力量。

3. 保护传统文化、克制现代文化是文化发展规律(多向性、继承性、连续性)的要求

文化发展的多向性、继承性、渐进性观点的形成受到了文化保守主义的启示。保守主义并不反对变革,只是强调尊重多元文化(包括既有的规则、秩序与权威)前提下的变革。英国保守主义思想家柏克认识到了人造物(属于文化的范畴)的不完备性。他认为:“一切人类构造之物都有缺点,过分追求完美会带来邪恶。”[1]在社会变革过程中应当注意宽容文化的不完备性,并根据时代的需要对文化加以改造,以充分发挥其积极作用。过于追求完美就会导致因文化的不完美而随意对其加以废弃,这样不仅会造成文化资源的损失,而且会加剧文化冲突与社会冲突。如果能够宽容文化的不完备性,文化发展的多向性、继承性和渐进性就会充分显现。

文化发展多向性、继承性、渐进性观点的形成受到了一些国家和地区(如欧洲、印度、韩国、日本)保护传统文化、保持文化多样性政策的启示。

(1)文化发展(进化)的多向性

认识生物进化的多向性对理解文化进化的多向性具有启示作用。生物进化是多向的,而不是单向的。在生物进化中,既存在从低等生物向高等生物进化的过程,也存在每一种生物自身的进化过程。生物进化与生物多样性是两种相辅相成的自然现象。单向进化论在理论上未能把握生物进化的全貌,在实践上则不利于生物多样性的保护,因此,也可以称之为“庸俗进化论”。同理,文化进化也是多向的,而不是单向的。历史学界有学者通过文化史研究提出了“多线历史发展观”,“世界的发展是多线、多模式的……不是单向度的、静态的,而是多向度的和动态的”。[2]一方面,从传统文化向现代文化的进化仅是文化进化的方向之一。按照产生的时间顺序,人类历史上先后出现的文化类型包括:采集渔猎文化、畜牧文化、农耕文化、工业文化。其中,采集狩猎文化、畜牧文化、农耕文化属于传统文化,工业文化属于现代文化。现代文化具有科学技术进步、物质繁荣、民主法治健全等特征,从传统文化向现代文化的进化应当对其予以肯定。不宜一概否定现代文化,只是应当反对无视自然生态和传统文化的畸形现代化,超过大众承受能力的过度超前的现代化,反对强迫人们走向现代化。另一方面,包括传统文化在内的多元文化各自的进化(精进)也是文化进化的重要方向。包括传统文化在内的多元文化都有存在合理性,都在文化多样性体系中占有一席之地。文化政策在处理现代文化与传统文化的关系问题上应当吸收文化进化论和文化多元论的合理因素。

文化单向进化论是对文化史的片面解释。从传统文化向现代文化的进化只是文化进化的方向之一,而不是唯一方向。文化单向进化论未能把握文化进化的全貌。

文化单向进化论是对文化史的机械解释。文化单向进化论还认为,文化竞争的结果是现代文化将会成为优胜者,传统文化将会被淘汰。该观点未能认识到,文化是人创造的,理性的人为了自身的幸福,不仅能够认识到发展现代文化的必要性,而且能够认识到保护弱势文化的重要

[1] 参见[英]柏克:《自由与传统——柏克政治论文选》,商务印书馆2001年版,第65页。转引自谷春德主编:《西方法律思想史》,中国人民大学出版社2004年版,第203页。

[2] 参见罗荣渠:《现代化新论续篇》,北京大学出版社1997年版,第55页。

性。自由主义、现代主义的单向进化观将进化论推向了错误的极端,属于社会达尔文主义在文化发展观上的体现。

文化单向进化论在实践上的危害在于,将会助长过度超前的现代化,将会导致自然生态的破坏和传统文化的消亡,造成民生资源的损失。

(2)文化发展的继承性

文化发展的继承性,是指新生文化接受既有文化合理因素,而不是全盘否定既有文化。文化多样性的这一思想吸收了保守主义的合理因素。

文化单一性的文化发展观具有建构主义倾向,否认既有文化的合理因素,否认文化发展的继承性、连续性,具有历史虚无主义倾向。

(3)文化发展的渐进性

在生物进化过程中,基因突变对推动进化过程具有重要作用,但从进化的总体过程上看,生物进化是一个渐进过程。文化进化的规律与生物进化的规律具有相似性。

在文化发展道路上,文化的渐进道路居于主流地位,文化的剧进道路居于辅助地位。在文化进化过程中,虽然在文化的局部和文化发展的个别时段,剧进变革具有推动文化发展的积极作用,但在文化的整体和文化发展的全过程上看,文化发展总体上是一个渐进过程。理由在于:第一,人类克服文化异化是一个不断发展的渐进过程。文化异化现象可以弱化,但永远不可能立即消除。第二,多元文化的融合需要时间,强势文化(如现代文化)的过度扩张将会妨碍不同文化的有机融合。第三,与文化发展相伴随的利益调整是一个渐进过程。有学者指出:"任何激进的变革将不仅仅无法充分处理可能存在的社会不公,事实上它只会加剧这种情形。"[1]第四,渐进道路的社会成本较低,即造成的人员财产损失较小、文化资源的损失较小。文化的渐进性要求文化发展速度应当符合社会的实际需要,不宜急躁冒进。

文化发展的途径主要有两种:第一种途径是文化培育。文化培育是指尊重文化系统内部的自生自发秩序,尊重文化发展的规律,借助于文化系统的内部力量实现文化发展,国家的文化政策尊重文化主体的自由,营造宽松的政策条件。自组织系统是具有自我调整、自我发展(进化)能力的系统。自组织系统的结构和功能随着系统适应环境的过程而不断进化,因此,自组织系统能够进化出比非自组织系统更为复杂的结构和更为完善的功能。教育领域有句格言是"十年树木,百年树人",文化与树木、人都属于自组织系统,其内部秩序属于自生自发秩序,其发展规律也具有类似性。第二种途径是文化建设(文化建构)。文化建设是指主要依靠国家的力量实现文化发展。文化培育是文化发展的主要途径,文化建设则是文化发展的辅助途径。过于强调文化建设(建构)将会导致文化的破坏。

文化发展的动力主要有两种:第一种动力是社会(民间社会)的推动;第二种动力是国家的推动。文化发展的主要动力来自社会,辅助动力来自国家。国家应当尊重社会作为文化发展主要动力的作用。夸大国家在文化发展中的作用的弊端在于,将会导致社会中文化发展内在动力机制的破坏。

---

[1] 参见[英]C. W. 沃特森:《多元文化主义》,叶兴艺译,吉林人民出版社2005年版,第41页。

文化发展的剧进道路过于追求文化的纯正性和追求过快的发展速度，这将会造成文化资源的损失、民生资源的破坏。因此，在文化发展道路上，应当实现从剧进道路向渐进道路的转变。

文化发展的多向性、连续性、渐进性规律要求文化政策尊重自然生态和传统文化。自然生态与传统文化是现代文化发展的条件。现代文化应当在自然生态和传统文化的背景下自然生长。现代文化应当建立在自然生态与传统文化的基础上，而不应建立在摧毁自然生态与传统文化的废墟上。

4. 保护传统文化、克制现代文化是正义原则的要求

首先，保护传统文化是实质正义的要求。在生态领域，要保持生物多样性，就必须对濒危物种制定特别保护措施。同理，在文化领域，要保持文化多样性，就必须对弱势文化制定特别的保护措施。

形式正义要求强势文化与弱势文化遵循同一竞争规则，形式正义对于建立法治是必要的。但是，形式正义也具有局限性，由于现代文化为强势文化，传统文化为弱势文化，严格依据同一竞争规则展开竞争，弱势文化就会不断被削弱、被边缘化，甚至走向消亡的境地。为矫正形式正义的局限性，就必须引入实质正义，采取法律上措施克制强势文化，保护弱势文化。

其次，克制现代文化的过度扩张是利益与负担一致原则的要求。从正义原则可以引申出利益与负担一致原则，该原则和权利与义务一致原则的含义大致相当。现代文化掌握更多社会资源（物质资源、权力资源、信息资源等），获得更多的利益。根据正义原则，现代文化应当承担更多的社会责任，如自我克制的责任、尊重弱势文化的责任等。强势文化应当保持自我克制，为弱势文化保留生存空间，而不应对弱势文化采取同化政策，更不应试图消灭弱势文化。

（二）保护传统文化的途径

1. 克制现代文化的盲目扩张是保护传统文化的根本途径

在现代文化为强势文化，传统文化为弱势文化的条件下，现代文化的盲目扩张已经成为侵蚀传统文化的重要根源。只有克制现代文化的盲目扩张，才能为传统文化保留存在与进化空间。克制现代文化盲目扩张的具体内容包括如下方面：经济发展速度的克制、资本的克制、城市化目标的克制、现代街区的克制、现代建筑的克制等。其中，克制（节制）资本的泛滥是克制现代文化盲目扩张的重要内容。节制资本的主要途径包括：实行垄断性资源的国有化、发挥国有企业在配置资源方面的积极作用、通过财政税收节制资本扩张、保护劳动者权益等。节制现代文化的扩张虽然使现代文化主体的暂时利益受到抑制，但有利于实现包括现代文化主体在内的全社会的整体利益、长远利益。以往的世俗社会过于追求现代文化带来的物质享受和视觉刺激，而忽视现代文化的种种弊端。体现理性精神与正义精神的良法应当引导人类过高尚生活，远离低级趣味。法律应从全社会的整体利益出发，促进传统文化与现代文化的协调发展，而不应成为现代文化的奴仆。文化多样性意味着人类生活方式的深刻调整。

2. 保持传统街区结构和功能的完整性

城市与农村的传统街区内部相对完整的结构（包括街区结构、建筑结构、职业结构、人际关系结构等）和相对完善的功能（包括居住功能、生产功能、协作功能、交往功能等）是历史形成的。传统街区能够满足其内部成员的基本民生需要，不宜任意破坏。

韩国重视保持传统街区结构与功能的完整性,在传统街区中,传统的社会组织发挥着管理社会的作用,人们穿着传统服装、从事传统产业、居住传统建筑、参加传统礼仪仪式,生产和生活都按照传统的要求进行。传统街区自己生产的产品和旅游收入可以保证其良性运转。韩国和日本保留东方传统文化的生存空间、保持文化多样性的经验值得作为东方文化源头的中国学习。

印度重视保护传统街区,政府在交通、供水、排水、公共卫生、社会保障等方面对居民提供帮助,实现传统街区与现代街区的并存(如老德里与新德里的并存)。中国的苏州、平遥城市并没有拆除老城区,而是在老城区的旁边建设新城区,实现老城区与新城区并存,这种做法也值得借鉴。

城市传统街区对民生的积极作用表现在如下方面:第一,传统街区的存在有利于降低商品和服务价格。传统街区也是物流集散地,传统街区的消亡导致产销衔接障碍是导致物价(商品和服务价格)上涨的重要原因。第二,传统街区的存在有利于保持不同阶层、不同群体人民之间的沟通与合作。传统街区是弱势群体的生存和发展保留空间,传统街区的存在可以为不同阶层人民的合作交往提供便利。传统街区不仅是沟通农民与市民的桥梁和纽带,也是沟通城市富有阶层与普通阶层的桥梁和纽带。拆除传统街区将会导致大量普通阶层民众向郊区迁移,离开他们原来熟悉的生活环境。传统街区的消亡将会弱化不同群体的联系,造成他们感情上的疏离。街区的单一性不利于发挥不同街区的互补作用,不利于不同街区的人的交往、互助。

例如,尊重社区的教育功能是降低校车事故的根本途径。校车事故频发的首要原因是并校造成的传统街区教育功能的缺失,校车质量、司机技术水平、道路质量仅是次要原因。在城镇规划和社区建设中应当保持中小学教学网点的密度和合理分布,方便学生就近入学,方便家长管护,降低校车使用率可以避免绝大部分校车事故的发生。

3. 尊重传统文化组织的完整性

社群是指具有共同利益和价值的群体,包括传统社群与现代社群。传统社群与传统文化、文化多样性具有更为密切的相关关系,本文予以着重关注。传统社群(自然村、传统街区)的形成方式是自生自发的,传统社群内部的人际关系纽带主要是亲缘关系与地缘关系。传统社群具有熟人社会的特点。传统社群内部的价值倾向是团体本位和义务本位,过多地强调个人利益与个人权利将会被孤立。

社群主义是在关注社群的形成方式、结构、功能的过程中产生的一种理论体系。美国社群主义者桑德尔认为:“个人依附于共同体(社团)”,“个人后存于共同体”,“个人被决定于共同体”。[1] 社群主义更强调个人对团体的义务,即个人有服从文化群体的利益、接受文化群体的价值、遵守文化群体的规范、服从文化群体的权威的义务。社群主义强调法律尊重文化群体的自治权利,即在法律范围内享有不受国家干预,自主决定内部事务的权利。例如,团体组织也有接受和拒绝成员的权利;团体在尊重成员加入与退出自由的前提下,有对成员实施纪律处罚的权利。为保护社群组织的存在,发挥其调控社会的功能,对于传统社群轻度违背国家法的行为,国家法应当予以适度宽容。而自由主义更强调个人的利益与权利,主张对社群侵犯个体权利的行为不予宽容。自由主义的比重过大将会造成个体自由过度膨胀,将会出现群体组织趋向衰弱甚至解

〔1〕 参见夏基松:《西方现代哲学》,上海人民出版社2006年版,第508页。

体的危险。社群主义的存在可以矫正自由主义的这一局限，有助于形成个体与团体的合理均势。

尊重传统文化群体的组织机构，有利于发挥其整合利益、表达利益、协调利益、监督政府等功能。

4. 对文化多样性的普遍保护

首先，应当重视保护未列入各种目录的文化类型。过去的文化保护工作中存在的一个问题是，重视列入世界文化遗产目录和各级政府的文物保护目录的文化类型，轻视未列入目录的文化类型。文化多样性的保护应当采取概括与列举相结合的表达方式，不仅要保护列入目录的文化类型，而且要保护未列入目录的文化类型。

其次，既要保护物质文化遗产，也要保护非物质文化遗产。物质文化遗产是指人类创造的有形的文化遗产，如街区、建筑、产业、工具、服饰等。非物质文化遗产是指人类创造的无形的文化遗产，包括民间技艺、民间艺术、风俗习惯、礼仪等。物质文化遗产与非物质文化遗产具有相互依存的关系，其中一种文化遗产受到损害，另一种文化遗产也将会受到损害。

5. 应当尊重人们选择传统谋生方式的自由权利

美国的阿米绪人属于基督教的“再洗礼派”，他们仍然恪守传统的生活方式。他们认为，孩子读书读到14岁就可以了，这与美国各州规定的强制教育至16岁的法律相抵触。美国联邦最高法院在“阿米绪人的权利”一案的判决中对阿米绪人的风俗习惯表示尊重。[1] 如果有宗教信仰和风俗习惯的理由，可以允许与法律的强制性规范有轻微抵触的行为。该案判决可以看成法律的特例，法律的变通。该案判决造成多元文化目标体系的调整，法律的统一性目标降低了，而文化多样性、法律的灵活性目标提高了，总体社会效果是利大于弊的。为实现保持文化多样性目标，应当给予弱势文化一定的特权，给予一定特别保护。帮助选择传统谋生方式的人的最好办法是将他们纳入社会保障系统，并为他们提供各种公共服务。强迫他们过现代生活不仅可能违背他们的意志，而且使用纳税人的钱还可能违背纳税人的意志。因此，强迫他们过现代生活的社会效果并不好。

选择谋生方式的权利的实现必须借助于所有权、契约权、居住权的保护。德国的磨坊主诉皇帝案树立了一个公权力尊重公民的所有权、契约权的范例。在房地产开发过程中，应当尊重居民（拆迁户）的所有权、契约权、居住权。除征收这一特殊情况外，在一般情况下，开发商和拆迁户应当逐一达成协议。只有在保护每一户居民的所有权、契约权、居住权的前提下，才能使人们选择谋生方式的权利得到切实实现。只有实行有节制的、渐进的开发，才能实现传统街区与现代街区的融合。

6. 保护生态多样性是保护传统文化、保持文化多样性的前提条件

自然生态（包括土壤、水体、地形、气候、动植物、矿藏等要素）是人类生存和发展的条件，也是孕育文化的条件。保护生态多样性（包括保护生物多样性）是保护文化多样性的重要前提条件。每一种自然生态都有其独特的物产，生态多样性本身就包含着丰富的民生资源。因此，文化应当在自然生态的背景下自然生长，不宜任意破坏自然生态，经济发展对自然生态的改变应当严

---

[1] 参见周思远：《少数人的权利要保护吗?》，载《大科技》（百科探索）2006年第1期。

格限制在必要的限度内。

传统文化比现代文化更接近自然生态,尊重传统文化有利于保护自然生态。例如,自然经济就比市场经济更贴近自然生态。在民生评价体系和幸福评价体系中,不仅应当体现对传统文化的尊重,而且应当体现对自然生态的尊重,这一点也吸收了生态主义的合理因素。

尊重天然自然和传统文化可以使民众以较低成本获得民生资源,减少对政府的依赖。联合国《经济、社会及文化权利国际公约》第1条第2款规定:“所有人民得为他们自己的目的自由处置他们的天然财富和资源……在任何情况下不得剥夺一个人民自己的生存手段。”破坏天然自然和传统文化将会造成民生资源的损失和生存手段的损失。

7. 发挥政府在保护传统文化、保持文化多样性上的作用

权力的滥用是侵蚀文化多样性的一个重要力量。受集权传统的影响,中国社会是一个权力主导的社会,权力是侵蚀文化多样性的主要力量。在当今中国,掌权者追求政绩的冲动和为民做主的人治思想,加剧了政府权力的扩张,加剧了权力对文化多样性的侵蚀。当前的城市建设忽视对传统街区的保护,现代街区又过于追求整齐划一,导致单一功能区过大,不同功能区的互补作用难以发挥。这些现象背后都有政府权力扩张的影响。

防止国家权力扩张侵蚀文化多样性的途径至少包括如下方面:第一,保护公民财产权并实现财产权分散化,让尽可能多的公民拥有财产,使公民可以通过财产权抵御公权力的滥用。第二,允许公民自主创业,使公民可以在自主创业、受雇于一般雇主、受雇于国家之间作出选择,从而减少对国家的依附。

《文化多样性宣言》第7条指出:“单靠市场的作用是做不到保护和促进文化多样性这一可持续发展之保证的。为此,必须重申政府在私营部门和民间社会的合作下推行有关政策所具有的首要作用。”政府应当在保护文化多样性的事业中发挥领导作用。

过去,政府制定的民生幸福评价标准主要是站在现代文化的立场上制定的,未能体现传统文化的声音。应当实现体现文化单一性的民生幸福评价标准向体现文化多样性的民生幸福评价标准的转化。应当删除或弱化助推现代化过度扩张的评价指标,增加保护传统文化的评价指标。例如,可以将古树、传统街区、传统产业的保留情况作为重要的民生评价指标。

四、文化多样性下法律(包括公共政策)的文化目标体系的特点

(一)文化目标的多元性

以往的法律着重强调经济增长目标,因为现代文化对经济增长的贡献较大,所以现代文化(具体包括“工业化”“城市化”“市场化”“国际化”等分目标)受到的极大的重视,传统文化目标受到冷落,于是形成了法律的文化目标的单一性。有学者指出:“由于公共政策呈现出单一的特性,复合的目标和利益就被抛弃了。人们成了工业增长竞赛的手段。”[1]单纯从现代文化目标上看,过度现代化可能是有所得。而从传统文化目标上看,过度现代化可能是有所失。从文化单一

〔1〕 参见[美]诺内特、塞尔兹尼克:《转变中的法律与社会:迈向回应型法》,张志铭译,中国政法大学出版社2004年版,第42页。

性视角看,单一文化的扩张也能带来民生资源的增量。但是,从多元文化整体上看,单一文化的扩张造成文化多样性的损害也会带来民生资源的减量。在保持文化多样性的前提下,确定多元文化的合适比例,才真正有利于保护和增加民生资源。

应当历史地看待传统文化目标在法律目标体系中的地位。在传统社会,现代化是社会的主要任务,法律突出现代文化目标,轻视传统文化目标的倾向是可以容忍的。而在现代社会,现代文化已处于强势地位,传统文化处于岌岌可危的状态,保护传统文化已经成为社会的重要任务。法律仅体现现代文化目标、忽视传统文化目标,就会造成传统文化的消亡、文化多样性的损失、产业结构的失衡、利益结构的失衡,造成弱势群体生存空间被挤压。例如,过度的现代化就体现了现代文化对传统文化的同化;过度追求城市化就体现了城市文化对乡土文化的同化;过度追求全球化将会导致西方文化对本土文化的同化。文化同化现象的存在将会造成文化资源和民生资源的严重损失。

文化多样性要求法律的文化目标必须具备全面性。促进经济增长和保护文化多样性都是法律与政府的目标,都是增进人的幸福的手段和次级目标。在多元社会,保护文化多样性也是衡量社会进步的重要目标。政府的职能应是多方面的,政府不仅应当为经济发展创造良好的法律条件,而且要为保护文化多样性创造良好的法律条件。如果政府只重视实现经济增长目标(招商引资),忽视保护文化多样性目标,甚至为了经济增长而不惜伤害文化多样性,就会背离公众的幸福。唯经济增长论的错误在于,忽视法律的文化目标的多样性、全面性甚至将两个目标对立起来。

在多元社会,存在许多对偶目标,例如现代化与传统性、城市化与乡土性、全球化与本土性等。这些对偶目标具有相辅相成的关系,其间虽有冲突,但不是绝对对立,实现对偶目标的协调不仅有利于多元文化的协同进化,而且有利于增进社会和谐与公众幸福。

一种文化就是一个观察问题的角度,一种思考问题的方法。站在不同的角度就会看到不同的景象,得出不同的观点。正如通常所说的“兼听则明,偏信则暗”。文化多样性要求法律从多元文化的视角看问题,兼顾多元文化的目标,吸收多元文化的营养,将多元文化的合理因素整合到社会行动方案中去。

文化多样性要求法律不仅应当重视现代文化目标,也应当重视传统文化目标,法律的文化目标开始呈现多样性。法律的文化目标体系应当随着时代需要而有所调整。“现代化”应调整为“传统文化与现代文化的和谐”,“工业化”应调整为“农业文化与工业文化的和谐”,“城市化”应调整为“乡土文化与城市文化的和谐”,“市场化”应调整为“市场经济与其他经济类型的和谐”,“国际化”应调整为“本土文化与世界文化的和谐”。法律体现多元文化目标比体现单一文化目标具有更大的合理性。

文化多样性要求思想方法作出相应的转变:从单向思维模式(单一视角)向多向思维模式(多元视角)转变;从非此即彼向对立统一转变;从各项事业为单一目标服务向每一项事业考虑多个目标转变。

法律的文化目标从单一性向多样性转变意味着其利益涵盖性与价值包容性的增强,科学性与公正性的增强,意味着给社会带来的幸福总量将会增大。

（二）文化目标的开放性

文化多样性下的法律能够吸收多元文化的合理因素。多元文化主体可以在民主法治的框架下，在宽容精神的指引下制定多元文化的配置方案。法律的文化目标体系是多元文化主体协商的结果。

（三）文化目标的灵活性

多元文化主体可以通过协商调整多元文化配置方案，使法律的文化目标体系能够与时俱进。例如，可以对传统街区与现代街区的配置方案作出调整。再如，可以对多种经济类型的配置方案作出调整。在多元文化下，社会可以在不断试错的过程中探索发展道路，社会发展道路的调整的代价可以降低到最低限度。

以往的人性学说着重关注自然人，关注个体，因而其对人性的认识具有孤立、静止的局限。以往的许多民生方案都是在文化单一性背景下形成的，因而不可避免地具有表面性、局部性、暂时性。在现实社会中，人不仅以自然人的身份参与到社会中，而且以文化人的身份参与到社会中；人不仅以个体的身份参与到社会中，而且以群体成员的身份参与到社会中。现实的人具有多重属性。文化多样性范式不仅关注自然人，而且更关注文化人；不仅关注个体，而且更关注群体。文化多样性范式可以弥补传统人性学说的局限，获得对人性更为全面的认识。根据对人性全面的认识，可以提出一系列根本的、整体的、长远的民生法律方案，进而推动民生法律，乃至全部法治迈出稳健的一步。

关于完善乡村建设法律制度的思考*

马　勇**

目　次

一、引言

随着城乡统筹和社会主义新农村建设的推进，乡村建设作为农村城镇化发展过程的基础环节也日益受到重视。统筹城乡互动发展的一个重要融合点便是加快乡村建设，因为这有利于促进城乡资源的互动、产业的相互渗透，实现多层次、多渠道的广泛联合。城乡空间的密切联系，不仅能实现城乡人口的合理配置，促进农村劳动力向城镇转移，推进城乡人口融合，而且城乡空间经济的集聚度和组织化程度往往也能够得到提高，并使城乡的社会资源得到充分地利用。[1]

胡锦涛同志在2006年中共中央举办的省部级主要领导干部建设社会主义新农村专题研讨班上强调：在社会主义新农村建设中，"要扩大农村基层民主，搞好村民自治，健全村务公开制度，开展普法教育，确保广大农民群众依法行使当家作主的权利"。[2] 在这一背景下，政府应当在乡村建设中加强引导和服务。衡量农村城市化的一个重要标准就是为农民创造一个方便、舒适、优美的环境。这既是经济发展和社会进步的一个重要标志，也是乡村建设引导和管理的最终目的。

---

* 本文系2016年度重庆市社会科学规划项目"规划管理视域下重庆市土地储备制度的反思与重构"（2016QNFX47）、2016年重庆市教育委员会人文社会科学研究基地项目"规划视域下土地储备制度的完善"（16SKJD13）的阶段性研究成果。

** 西南政法大学教师，法学博士。

〔1〕 参见马远军：《城乡统筹发展中的村镇建设：国外经验与中国走向》，载《特区经济》2006年第5期。

〔2〕《扎扎实实规划和推进社会主义新农村建设》，载新华网：http://news.xinhuanet.com/politics/2006-02/14/content_4180213.htm，最后访问日期：2018年6月20日。

因此,以政府为主导,以基础设施为主要内容的公共产品供给将是中国村镇建设的一个基本思路。[1]

二、乡村建设的界定及其意义

(一)社会主义新农村建设的时代背景

2005 年 10 月 8 日至 11 日,中国共产党第十六届中央委员会第五次全体会议(以下简称十六届五中全会)在北京举行,会上提出了建设社会主义新农村的战略任务。实际上,乡村建设关系到农村的发展,是深入贯彻落实科学发展观,全面实施统筹城乡协调发展战略的重要环节。乡村建设作为城乡统筹综合改革和推动城镇化工作的重要组成部分,是改善民生、扩大内需、拉动消费、促进村镇与城市协调发展的重要手段,也是新形势下推动农村经济社会发展、推进城镇化进程、全面建设小康社会、加快实现城乡统筹全面发展的重要举措。

实际上早在 20 世纪 50 年代我国知识界就提出过“社会主义新农村”概念。20 世纪八九十年代全国掀起了建设“小康社会”的高潮。2000 年经济学家林毅夫提出“新农村运动”。2004 年中央农村工作会议提出了“努力建设生产发展、生活富裕、生态良好的社会主义新农村”,2005 年党的十六届五中全会把建设社会主义新农村提到“我国现代化进程中的重大历史任务”的战略高度,按照生产发展、生活宽裕、乡风文明、村容整洁、管理民主的要求,扎实稳步推进新农村建设。[2]

(二)乡村建设的法律内涵

从法律层面来说,界定乡村建设的核心在于加强和完善管理制度。无论是乡村建设还是城镇建设,在法律上大致都被区分为规划和建设两个方面。这里所要讨论的乡村建设仅仅指的是除规划以外的建设活动。至于建设的内容则是广义上的,既包括农房的建设,也包括乡村公共设施等工程的建设、乡村公共卫生的保障等内容。

另一个更为重要的问题是何为“乡村”。一般而言,“乡村”这一概念多与“城镇”相对立,分别代表了农业化和工业化的发展方向,“城镇化”则是连接两端的发展历程。在 2007 年以前,我国有关城市和乡村规划管理的法律、行政法规有《中华人民共和国城市规划法》(1989 年 12 月 26 日第七届全国人民代表大会常务委员会第十一次会议通过、1990 年 4 月 1 日起施行)和《村庄和集镇规划建设管理条例》(1993 年 5 月 7 日国务院令第 116 号公布、1993 年 11 月 1 日起实施),简称“一法一条例”。但是“一法一条例”所确定的规划管理制度是建立在城乡二元结构基础上的,城市规划法不涉及乡村规划和管理,《村庄和集镇规划建设管理条例》不涉及建制镇以上的城市规划和管理。这种就城市论城市、就乡村论乡村的规划制度与实施模式使城市和乡村规划之间缺乏统筹考虑和协调,影响城乡协调发展,已经不适应城乡统筹的需要。[3]《中华人民共和国城乡规划法》(以下简称《城乡规划法》)颁布后,我国城乡规划的管理体制上有了较大变革,从

---

〔1〕 参见马远军:《城乡统筹发展中的村镇建设:国外经验与中国走向》,载《特区经济》2006 年第 5 期。

〔2〕 参见徐东云、李孟刚:《村镇建设的理论综述》,载《生产力研究》2011 年第 7 期。

〔3〕 参见安建主编:《中华人民共和国城乡规划法释义》,法律出版社 2009 年版,第 8 页。

原有的城市规划和村镇规划体系[1]发展为城镇规划和乡村规划体系。[2] 鉴于《村镇规划建设条例》中所谓"集镇规划"依照《城乡规划法》实际上已经纳入了村规划或者乡规划的范畴,而《城乡规划法》中的"镇"乃是建制镇,在规划建设的管理方式上与城市基本等同,为避免混淆,故"村镇建设"的概念不宜保留,在城乡统筹的理念下应相应地变更为"乡村规划"。[3] 需要说明的是,《村镇规划建设条例》所谓的"村镇"和《城乡规划法》意义上的"乡村"在地域范围上可以等同,从这个层面上说乡村建设和村镇建设是两个可以互换的概念。

(三)加强乡村建设管理的意义

1. 有利于节约土地

以规划为导向,在有条件的地方可以通过引导等方式调整农村居民点的位置,集中利用土地资源并且在此基础上集中配套建设服务设施和公共基础设施,将农村聚落建设与生产生活方式有机结合,改变传统农村聚落布局分散的现象,促进村镇空间布局优化。

2. 有利于保障工程质量

由于目前政府监管的空白和不到位,村镇建设中大量存在无设计图纸、不报建施工、无资质施工、作业人员缺乏安全技能等问题,造成大量的质量与安全隐患。村镇工程建设的安全问题成为制约我国城镇化进程的薄弱环节。

3. 有利于降低能耗

通过切实可行的农村建筑节能措施和激励机制,推广新技术新材料,推进建筑节能,有利于降低村镇建设能源消耗,对加快我市整体建筑节能步伐、实现农村可持续发展具有举足轻重的作用。

4. 有利于环境保护

通过居民集中供水、垃圾收运、建立公厕等措施,可以减轻环境污染,提高生活卫生条件,有效改善村镇人居环境。同时,通过废弃物循环利用与清洁能源措施,可减少对外界化石能源和化学肥料的需求,维持和改善农村可持续发展的环境质量,实现村镇发展的可持续化。

三、乡村建设管理中存在的问题

(一)乡村管理的机构设置问题

乡村建设管理工作的顺利开展,必须依靠相关职能机构的正常运转。村镇建设管理机构一

---

[1] 《城市规划法》中所称城市,是指国家按行政建制设立的直辖市、市、镇(第3条)。《村镇规划建设条例》中的"村庄",是指"农村村民居住和从事各种生产的聚居点";而"集镇"则是指"乡、民族乡人民政府所在地和经县级人民政府确认由集市发展而成的作为农村一定区域经济、文化和生活服务中心的非建制镇"(第3条)。

[2] 《城乡规划法》第2条第2款规定:"本法所称城乡规划,包括城镇体系规划、城市规划、镇规划、乡规划和村庄规划。"

[3] 就现行法律体系来说,《村镇规划建设条例》中有关规划的内容已经完全纳入《城乡规划法》中,并且在内容和管理体制上都作了非常大的变革。在这个背景下,《村镇规划建设条例》亟待修改,国务院也已经将《村镇规划建设条例》列入了2009年的立法计划。但该行政法规由于争议较多和调整内容复杂,虽经多次调研,至今没有制定出成熟的修订草案。笔者认为,为了保持和《城乡规划法》的一致,《村庄与集镇规划建设管理条例》应当更名为乡村建设管理条例,有关乡村规划的具体实施问题如有必要也可以另行制定"实施办法"。

般为镇政府的二级机构，大多机构不独立，地位不明确，无稳定保障。[1] 以重庆市为例，村镇建设管理机构设置有三种情况：一是以建设办（所）的形式统一进行规划、建设管理；二是分设建设所、规划办。三是将建设管理职能归入经济办或社事办，这是近年来乡镇机构改革产生的形式。[2] 就全国而言多是第一种情况，即在乡镇设置村镇建设管理所或者村镇建设管理站（以下简称村建所）统一进行乡村规划和建设的管理。但是《城乡规划法》颁布之后，这种管理机制也面临一些问题。依照国务院《村镇规划建设条例》，对于村镇的规划和建设都由建设行政管理部门集中进行管理。《城乡规划法》实施以后，村镇规划的内容统一由规划部门进行管理，建设部门不再行使相关职能。原来统一行使村镇规划和建设管理职能的村建所应当由哪个部门直接监管更为妥当就产生了疑问。由于国家层面的法律法规没有对县级以下的地方政府建设管理专职机构设立和管理职权划分作出明确规定，致使镇乡级管理机构职能条块分割、责权利不统一，在规划、土地、建设等关系村镇发展的关键问题上，自主权不大、上报程序复杂、审批环节多、周期长，办事效率低下。乡村建设管理部门在从事具体的建设管理工作中没有明确的法律规定和政策许可，没有相应的法定执法、监督管理职能，无法对违规建设行为进行及时处罚。此外虽然区（县）建设管理部门要对村镇的违规建设行为进行监管、处罚，但区（县）建设管理部门普遍人员较少，既要监管城市规划区，又要进行村镇的执法工作，难以覆盖乡村建设。

就重庆市而言，村建所主要有建设部门管理或者由乡镇人民政府管理两种方式。乡镇村建所的机构和人员由区县城乡建设行政主管部门管理的，其管理力度较大。村建所的机构和人员由乡镇人民政府管理的，由于乡镇建管机构大多属于事业性质，都有明确的收费任务。近几年为了减轻农民负担，村建所有的项目收费均予取消，包括为农房办证的工本费。为增加收入，部分乡镇建管部门甚至故意放任村民的违法建设，再以罚款手段处理后予以补办建房许可，不仅使违法建设难以有效控制，也让乡村建设的管理形同虚设。

（二）专业管理人员的缺乏

其一，乡镇政府由于承担大量的中心工作任务，区县政府对乡镇的考核指又绝大部分在经济发展和城镇规划建设上，因此，其工作落实的重心不在乡村的规划建设与管理上。当管理人员面临中心工作和日常工作产生冲突时，还不得不牺牲日常工作去保证中心任务的完成。

其二，在许多地方，村镇建设管理机构性质上为事业编制，有的甚至无编制，管理队伍人员较少。以重庆市为例，平均每万民农村居民不到一个专职管理人员，人员抽调、更换频繁，人员稳定性很低，且大多数管理人员是“半路出家”，缺乏技术。机构、人员和技术成为提高村镇建设管理水平的重要制约因素。

（三）乡村公共设施建设资金保障不足

这一问题尤其在中西部地区较为明显。由于村镇财力有限，除中心镇能够得到较为充分的资助外，其余乡镇主要依靠自己解决资金问题。由于资金限制，村镇的市政建设、维护、环卫等工作普遍运转艰难，无法满足建设管理的投入需要。此外，虽然《村镇规划建设条例》第 30 条规定：

---

[1] 在乡镇机构的设置中多数只有建设办这样的机构，而且有些乡镇机构改革后已经没有建设管理的单独机构。

[2] 参见杨玲：《加强重庆市村镇建设管理之我见》，载《经济论坛》2007 年第 5 期。

"从集镇收取的城市维护建设税，应当用于集镇公共设施的维护和建设，不得挪作他用。"但在实际工作中，许多地方是先上缴后按比例返还，由于政策执行不力，挪用的现象时有发生。

（四）乡村建设的设计问题

虽然《村镇规划建设管理条例》第21条规定了两层以上的住宅，必须由取得相应的设计资质证书的单位进行设计，或者选用通用设计、标准设计，但许多乡村企业、乡村公共设施和公益事业的建筑工程有设计图纸，但由于造价限制，设计质量普遍不高，不符合设计规范要求。虽然政府无偿提供了很多标准图集，但受用地条件和生活习惯的影响，图集的推广实施工作并不理想，大部分都是仅采用了图集中的建筑物设计外观，并未采用图集中的建筑结构构造和设计。

（五）缺乏有效的质量安全监管

其一，现行《中华人民共和国建筑法》（以下简称《建筑法》）明确将农民自建低层住宅（两层以下）等部分建设体量较小的工程安全管理排除在外，不适用其规定，因此限额以下建设工程的质量安全几乎没有监督管理。无论东部经济较发达地区还是中西部地区，村民住宅基本都是交给"包工头"，由其组织泥瓦匠等人员组成施工队来完成建设。一些乡镇虽然有建筑公司，但实际上也多是和乡镇官员关系紧密的包工头组建，在企业资质积累到一定程度后往往都向城镇转移，以至于许多地方实际上难以找到正规的建筑公司。

其二，村民由于收入不高，会尽量选用较便宜的建筑材料，水泥、钢材等主要材料多从个体经营者手中购买，虽然价格便宜，但在产品检测检验等方面一般都没有严格执行国家规定的标准，质量无法得到保证。

（六）对农房建设缺乏监督

在村镇建设管理过程中，较大规模的建设和国家投资的工程基本能按照基本建设程序进行，工程建设质量安全基本能够得到保障。但是农房建设的随意性很大，《建设工程安全生产管理条例》《建设工程质量管理条例》明确规定，农民自建低层住宅的建设活动，不适用条例，但又无其他具体规定。农房建设主要以简单的自行建设或工匠建设为主，项目不仅无选址、无设计，且大部分只需办理国土用地手续就可开工建设，竣工完成后也不需要进行竣工验收就可以办理房产证，农房建设方面基本没有任何监督和约束。

（七）垃圾处理面临困难

乡村垃圾的收集处理设施建设需要投入大量资金，但目前中西部地方普遍存在的情况是：乡财政困难，镇、村压力较大，规划编制经费和垃圾收集处理设施建设资金难以落实。再加上村庄规模小，分布不规律，部分地区农民的环保意识和卫生习惯也还没有很好地建立起来，这都为村镇的垃圾处理增加了难度。农村乱堆、乱放、乱倒垃圾的现象还普遍存在，村镇垃圾收集、中转和处理设施建设滞后，农村垃圾治理长效机制建立难。

总之，在乡村建设的管理工作中，普遍存在管理机构有名无实、管理人员专业知识不足、建设行为不规范、违法建设查处不力等一系列问题。因此，需要使村镇建设管理有法可依、管理权责分明，以有效解决村镇建设管理中的突出问题。

四、乡村建设法律制度的完善

随着《城乡规划法》《中华人民共和国物权法》的颁行以及《中华人民共和国土地管理法》《建筑法》等相关法律的修改，《村镇规划建设条例》亟待全面修订，国务院也已经将《村镇规划建设条例》列入2009年的立法计划。但该行政法规由于争议较多和调整内容复杂，虽经多次调研，至今没有制定出成熟的修订草案。以此为契机，本文将结合《村镇规划建设条例》的修订，提出一些有关乡村建设法律制度的完善建议。

（一）法规名称的变更

自2008年1月1日《城乡规划法》施行以后，国务院1993年颁布的《村镇规划建设条例》中有关规划的内容已经完全纳入《城乡规划法》中。与此同时，原来乡村规划建设管理一体化的体制也被打破。因为依照《村镇规划建设条例》，村镇的规划和建设本来都由建设行政管理部门统一进行管理，但是依照《城乡规划法》，村镇规划的内容统一由规划部门进行管理，建设部门不再行使相关职能。笔者认为，为了保持和《城乡规划法》的一致，同时配合“社会主义新农村建设”的政策推进，《村庄与集镇规划建设管理条例》应当更名为乡村建设管理条例，有关乡村规划的具体实施问题如有必要也可以另行制定“实施办法”。[1]

（二）理顺乡村建设管理的机构设置

由于《城乡规划法》实施以后，乡村规划和乡村建设分属于规划部门和建设部门主管，因此需要明确乡村规划管理和乡村建设管理两者之间的区分与联系及各自的职责范畴，避免管理上的重合和空白，以利于工作的协调与配合。尤其在规划主管部门和建设主管部门作为两个同级机关设置的地方，这一问题就更加复杂，牵涉规划部门、建设部门以及乡镇人民政府三个单位之间的权限问题。对此，应当明确和细化市、县（区）、镇（乡）、街道在乡村建设管理工作中各自的职能职责及应承担的法律责任，尤其是明确建立独立的乡村建设管理机构及其对应的管理权责和实施重点，形成事、责、权、利相统一的管理体制。笔者认为，乡村规划和建设的管理作为专业性的执法活动，既需要城乡统筹的全盘筹措，也需要技术和档案管理的支持。规划建设主管部门在这方面更具备技术能力，而乡镇人民政府更能紧密联系分散各处的村落，二者各有优势，需要相互配合支持。

从重庆市的实践来看，乡村规划和乡村建设的管理多是由村建所在具体执行，但是村建所由乡镇人民政府直接管理，执法效果并不好，因此近年来由城乡建设行政主管部门直接管理，这样更能保障人员、技术和资金需求。重庆市的许多区县建委已将乡镇建管所机构和人员上收直管，如大足、渝北、涪陵等，但上收的方式不同：大足采取成立12个乡村建设管理所中心所，人员由区城乡建委统管；渝北则成立了区乡村建设管理处，统管各镇乡的村建管理人员；有的区县则将各镇乡乡村建设管理所的人、财、物上收至区县城乡建委直管。

村建所应该由哪个单位直接管理应当根据各地的具体情况来安排，不宜在行政法规中“一刀

---

〔1〕 在这个意义上说，《城市房地产开发经营管理条例》也应当更名为城镇房地产开发经营管理条例。

切”地作出规定,可以授权各地方政府制定地方性法规或者政府规章来进行细化。主管部门有责任安排乡镇建设管理机构的经费,落实和解决基层乡村建设管理“无机构、无人员、无经费”的问题。一方面,规划部门和建设部门应当对管理人员进行技术知识、法律知识的常规化培训,以适应乡村建设行政执法业务性强的特点。另一方面,应当对乡村建设工作实行目标管理,并考核验收。直辖市、省级人民政府或者自治区人民政府相关职能部门制定具体的考核办法,考核验收结果作为各区县年度经济建设和社会发展实绩考核的依据,以此促进乡村建设工作的积极有效开展,并带动特色村镇的建设与发展。

(三)乡村公共设施建设的财政保障

目前各地乡村建设中存在的普遍问题是资金和专业人员得不到保障。地方政府对于乡村建设的资金问题有三种方式,第一种方式是主要依靠乡村社会经济的发展来自行解决,比如《四川省村镇规划建设管理条例》(第33条)和《重庆市村镇规划建设管理条例》(第32条)都规定:“村镇市政公用基础设施建设、维护资金,主要依靠村镇发展经济解决。鼓励企业、集体、个人投资兴建自来水、燃气、文化娱乐等公用设施。村镇自筹资金修建的市政公用基础设施由村镇负责管理,可实行有偿使用。具体办法由县级以上人民政府制定。”第二种方式是将有限的财政拨款尽量投入重点村镇的建设中,比如《河南省村庄与集镇规划与建设管理条例》第24条规定:“各级人民政府应当根据财力,每年安排一定资金用于扶持革命老区、贫困地区和重点村镇公共设施建设。集镇规划确定的公共设施建设项目,应当列入当地经济社会发展计划,并组织实施。从集镇收取的城市维护建设税应当用于集镇公共设施的维护和建设,不得挪作他用。”第三种方式是建立专项基础设施配套费来支持乡村公共设施的建设,比如《江苏省村镇规划建设管理条例》第25条规定:“在建制镇、集镇范围内进行各类建设的单位和个人,应当缴纳基础设施配套费。但农民在集体土地上建住宅的,应当免收基础设施配套费,中小学校和幼儿园教室、民政福利事业设施、市政公用设施应当减免基础设施配套费。基础设施配套费专项用于村镇基础设施的建设,不得挪作他用。”在法律制度上可以明确乡村公共设施建设资金的主要来源,使财政支持常规化、法制化,鼓励多形式、多渠道筹集建设资金,建立多元化的新农村建设投入机制,同时加强对专项资金的监督检查。

另外实践中还存在城市带动农村的发展方式,即通过制定区域供水供气、城乡垃圾污水处理、城际交通等区域性基础设施规划,实现重大区域基础设施的城乡全覆盖,促进城市公共服务向农村的延伸。

(四)完善乡村建设行政许可制度

对于乡村公共设施或者乡镇企业厂房等较大规模的建设项目应当建立健全建设项目施工许可制度与竣工验收制度,保证乡村建设的安全规范;设立施工企业资质备案制度,确保施工企业在规定的经营范围承建工程,防止无证或越级承建工程,鼓励具有正规建筑施工资质的施工单位承建乡村建设工程;建立健全乡村建设档案管理制度,集中统一管理相关文件及档案,维护档案的完整与安全,便于利用。明确规定组织竣工验收的主体是建设单位,并提出工程验收须具备的条件,明确不符合竣工标准的建设项目的处理方法。

对于建设体量较小的村民自建住房或者抢险救灾及其他临时性房屋建筑,则没有必要通过建设行政许可制度来进行监管。因为村民居住分散,主要依靠当地泥瓦匠或者帮工建筑房屋,材料大多自己购买,依靠熟人社会的信任关系和地方性知识基本上可以保障住房质量。据笔者了解,在沿海地区许多渔民自建住房可以抵御台风的侵袭,而内陆地区因地震倒塌的村民住宅(非地震中心地带)也多为危旧房屋。如果对这部分房屋建筑强行进行监管,既非必要,也不具有可行性。因为对所有的农房建设进行行政许可管理,意味着需要大量的专业技术人员和建筑公司,村民为此也将支付额外的施工费用,这样的结果与中央倡导的社会主义新农村建设的大政方针不相符合。

(五)规范农村工匠的管理制度

专业施工资质的建设队伍往往参与三层以上或公共建筑等较为复杂的工程建设项目,在设计和施工企业不愿进入乡村建设项目特别是农房建设市场的情况下,广大农村的农房建设任务仍然由乡村个体建筑工匠承担。《村镇规划建设管理条例》第 23 条规定:“承担村庄、集镇规划区内建筑工程施工任务的单位,必须具有相应的施工资质等级证书或者资质审查证书,并按照规定的经营范围承担施工任务。在村庄、集镇规划内从事建筑施工的个体工匠,除承担房屋修缮外,须按有关规定办理施工资质审批手续。”原建设部也于 1996 年出台了《村镇建筑工匠从业资格管理办法》。但是该办法已于 2004 年被废止,目前没有新的管理办法,以后还需不需要对农村建设技术工人进行管理,目前法律法规在这个领域的规定是空白的。建议未来的《乡村建设管理条例》中增加政府组织个体建筑工匠培训的内容,以实现对个体建筑工匠的统一管理、统一培训、统一考核、统一发证,有条件的地方还可以建立工匠个人信息档案,实施工程备案制度。

(六)加大违法建设惩处力度

为维护农村居民的合法权益,建议未来的《乡村建设管理条例》加大对严重违法建设行为的查处力度,对建设单位无证施工、设计单位和施工单位越级承担工程、在建设过程中不按照设计施工,使用不合格材料及设备等违法行为提高处罚标准,增加违法成本,同时严格防止以罚代管的现象。

(七)强化乡村建设的服务和指导

在乡村建设中,政府一方面应当加强对违法建设的管理,禁止非法占用耕地,另一方面必须顾及农村的实际情况,不能以管制性思维解决一切问题。政府应当有所为有所不为,管好该管的事务,不去插手村民能够自我解决的问题,否则就会造成不该管的乱管而该管得又管不好。从我国农村的实际情况出发,我们认为应当强化政府的服务和指导色彩,弱化行政管理的直接介入。正如原建设部《关于加强村镇建设工程质量安全管理的若干意见》中所指出的:“各地建设行政主管部门应结合本地区实际情况,充分考虑当地的建材及习惯做法,因地制宜,并通过必要的试验,组织编制、修订本行政区域内建制镇、集镇规划区内的居民和村庄建设规划范围内的农民自建住宅标准、通用设计图或标准设计图集。住宅通用设计图或标准设计图集应符合国家现行技术标准中有关工程质量安全的规定,并向村庄建设规划范围内的建房农民无偿提供。建筑设计应注意对当地民居建筑风格的继承和保持,方案应多样化,以适应不同层次的需求。”“对于村庄建设规划范围内的农民自建两层(含两层)以下住宅(以下简称农民自建低层住宅)的建设活动,县级建设行政主管部门的管理以为农民提供技术服务和指导作为主要工作方式。”

1. 强化村建所的服务职能

政府部门可以依托村建所的机构设点以及专业人员，为乡村公共设施建设、乡镇企业建设，尤其是村民住房建设提供免费的技术指导，以提升建筑物或构筑物的安全性能和功能品质。对于深入的技术指导，在自愿的前提下可以收取恰当的服务费。在有条件的地区可以成立乡村建设服务中心，为乡村建设提供更高层面的技术服务。

2. 规范建材市场

与此同时，规范乡镇建材市场，加强对进入乡村建设项目施工现场的建筑材料、构配件的监督检查，防止假冒伪劣建材使用在乡村建设工程中。大力发展减量化、再利用、可循环的低碳经济模式，降低能源消耗以及加强环境保护，实现农村可持续发展。

3. 免费提供标准设计图

落实建设行政管理部门编制、修订、提供本行政区域农民自建住宅标准、通用设计图集的职责。鼓励农村居民采用标准图集建房，形成设计机构定向为乡村建设提供支持服务的机制，加强引导村镇形成体现地方文化特色的建筑风貌。

（八）乡村建设中的垃圾处理

在乡村建设中，应当建立投资、经营、回收的良性循环发展机制，村级配置垃圾桶，组建村级环卫保洁和垃圾清运。鼓励和推广市政、污水和垃圾处理、绿化养护、环卫设施建设和作业市场化运作。农村垃圾清扫、运输、集中处理工作逐步走向制度化、规范化。在垃圾清运处理模式上，城乡接合部可以实行“村收集、镇中转、区县处理”的垃圾处理模式。地理单元相对独立的山区，可以采用“村收集、乡镇处理”的模式。边远山区等交通不便的农村，可以采用“统一收集，就地分类，综合处理”的运作模式。

五、结语

在城乡统筹发展的背景下，乡村建设与城镇建设应当统筹规划，齐头并进。然而长期以来受到城乡分治格局的影响，各方面的人力、物力和财力都向城市集中，乡村建设一直处于自发状态，这带来了许多问题。随着社会经济的进步，乡村建设中的这些问题也逐渐成为城镇化发展的瓶颈。要解决这些问题，一方面要保障农村的民主法治建设，另一方面要重视科学技术的支持。乡村建设绝不仅仅是工程设施的建设，更在于村民能够通过公平有序的机制分享改革发展的成果，扩大能够实际支配的财产性权益。因此，乡村建设要尤其重视政府的服务和指导功能，同时要加强违法占地的监管，让社会主义新农村建设成为协调城乡一体化发展的有效纽带。本文的建议还只是初步的思考，笔者也希望借由这个起点，长期而深入地思考其中的问题。

论家庭农场发展的法律促进机制

赵庆峰*

目　次

一、家庭农场的起源、法律属性及其法律促进机制完善的意义

“家庭农场是以农户家庭为基本组织单位,以市场为导向,以利润最大化为目标,专业从事适度规模的农业的生产、加工和销售,并经过工商注册,实行自主经营、自负盈亏的农业经营主体。”〔1〕家庭农场既是新型农业经营主体,也是现代农业的重要推动力量。

(一)家庭农场的起源

家庭农场最早出现于欧美国家,早在16世纪英国农民就以土地租赁的方式办起了大量的家庭农场,美国于1862年确立了将公有土地以低价出售给农户建立家庭农场的农业经济制度。我国于20世纪80年代出现了家庭农场的雏形。苏南地区出现适度的规模经营,即“种粮大户”和“专业种植大户”,其实就是小型的家庭农场。随着家庭承包经营制度的普遍推行,家庭农场率先在一些较发达的省市建立起来。如山西和浙江在家庭承包经营制度实施后不久就建起家庭农场。据统计,至1985年,山西省共有438个家庭农场,承包和经营14 hm^2 以上的有64户,占农场总数的15%;至1986年,浙江平阳共有家庭农场41个,场均面积1.5 hm^2。〔2〕尽管我国家庭农场发展起步较晚,但随着经济体制改革以及政府对农村经济的逐渐重视,家庭农场的发展劲头会愈趋明显。〔3〕

---

* 安顺学院政法学院讲师,法律硕士。

〔1〕 凌永建等:《家庭农场发展亟待多方扶持——浙江宁波家庭农场发展情况调研》,载《农村经营管理》2012年第11期。

〔2〕 黎东升、曾令香、查金祥:《我国家庭农场发展的现状与对策》,载《福建农业大学学报》(社会科学版)2000年第7期。

〔3〕 陈光金:《中国乡村现代化的回顾和前瞻》,湖南出版社1996年版,第191页。

（二）家庭农场法律属性

家庭农场是在全球经济一体化的背景下产生的，它立足国内并面向世界。作为一种独立的现代化农业经营主体，家庭农场具有自身的法律属性。一是家庭农场应具有独立的法人资格，并经过法定登记程序获得独立的法人地位，承担独立的法律责任。二是家庭农场需要依法进行登记。国家应新设"家庭农场"类经营主体登记，通过立法规定其名称、经营规模等成立要件，并且在准入条件的设置上要明显低于个体工商户、个人独资企业，通过降低注册登记门槛促进家庭农场的发展。因此，应当赋予家庭农场法律上的人格，使其具有独立的法律主体地位，享有法定的权利，履行法定的义务并独立承担法律责任。只有权责明确，才能激发家庭农场生产经营的潜能和活力，使其真正具备参与市场竞争的能力。

（三）家庭农场发展法律促进机制完善的意义

1. 有利于发展我国农业生产力

我国是一个农业大国，中华人民共和国成立以来，党和政府在各个时期均高度重视"三农"问题，关注农民切身利益，并通过颁布各项政策规章，大力倡导发展农业、繁荣农村经济。2013年中央"一号文件"明确提出："创造良好的政策和法律环境，采取奖励补助等多种办法，扶持联户经营、专业大户、家庭农场。"〔1〕习近平总书记在中国共产党第十九次全国代表大会上的报告中指出："构建现代农业产业体系、生产体系、经营体系，完善农业支持保护制度，发展多种形式适度规模经营，培育新型农业经营主体，健全农业社会化服务体系，实现小农户和现代农业发展有机衔接。"〔2〕党和政府从政策层面提出发展家庭农场，并规定充分利用各种资源，通过给予政府补贴和提供贷款支持家庭农场的发展。但仅有政策支持远远不够，我们应当建立健全法律法规，通过法律机制激励家庭农场的发展，实现规模经营，从而大力发展我国农业生产力。

2. 有助于构建新型农业经营体系

我国拥有13亿多人口，近年来，随着城市化的快速转型，耕地占用面积不断增加，耕地总面积不断减少，这使得我国人多地少的矛盾更加突出。要解决我国人多地少的矛盾，转变我国传统农业经营方式势在必行。家庭农场作为适度规模化经营的现代农业经营形式，它具有以市场为导向、以追求利润最大化为目标的企业特征。它建立在家庭承包责任制的基础上，又是对家庭承包责任制的进一步完善和发展。因此，构建家庭农场发展的法律促进机制，有利于着力构建规模化、组织化与专业化相结合的新型农业经营体系，解放和发展农村生产力，增加农民收入。

---

〔1〕 参见《中共中央国务院关于加快发展现代农业进一步增强农村发展活力的若干意见》（中发〔2013〕1号），2012年12月31日。

〔2〕 参见习近平：《决胜全面建成小康社会夺取新时代中国特色社会主义伟大胜利——在中国共产党第十九次全国代表大会上的报告》，2017年10月18日。

二、我国家庭农场发展法律促进机制的现状和问题

(一)我国家庭农场发展法律促进机制的现状

1. 建立了促进家庭农场发展的财政法律制度

我国历来重视农业和农村工作,到目前为止,“中央一号文件”已经连续14年聚焦“三农”。新中国成立以来,国家出台了一系列法律法规,从各个方面促进和保障家庭农场的发展。在家庭农场的财政支持方面,出台了一系列规章和文件。主要有农业部、财政部共同制定的《农业资源及生态保护补助资金管理办法》《农业生产发展资金管理办法》,2014年“中央一号文件”等。这些规章或文件规定了强农惠农的相关制度,“适度规模经营支出主要用于支持农业信贷担保体系建设运营、农业生产社会化服务等方面”,[1]“农业资源及生态保护补助资金是中央财政公共预算安排用于农业资源养护、生态保护及利益补偿等的专项转移支付资金”。[2] 2014年“中央一号文件”明确规定,完善财政支农政策,增加“三农”支出,公共财政要坚持把“三农”作为支出重点,中央基建投资继续向“三农”倾斜,优先保证“三农”投入稳定增长。不仅如此,财政部、农业部也联合发布了一些强农惠农政策。

2. 建立了促进家庭农场发展的税收法律制度

2006年我国全面取消了农业税,但涉及家庭农场的税种还有增值税、营业税、关税以及企业所得税等。目前关于家庭农场的税收优惠政策主要有:一是对农业生产资料的生产销售或进口实行增值税减免政策;二是调高销售农产品及以销售农产品为主的个体工商户的增值税起征点,对粮食、食用植物油按较低的按13%的增值税税率征收,对从事农业生产的单位和个人销售自产的农产品免税,对出口农产品适用退税率为5%,小麦粉、玉米粉、分割鸭、分割兔等部分农产品出口退税率为13%。这些优惠政策主要规定在行政法规或部门规章中,如《中华人民共和国增值税暂行条例》第2条规定,纳税人销售或者进口粮食、食用植物油、词料、化肥、农药、农机、农膜等货物,税率为13%;《中华人民共和国增值税暂行条例实施细则》对相关免税项目作了界定,另外《农业产品征税范围注释》《农产品增值税进项税额核定扣除试点实施办法》(财税〔2012〕38号)等都对农业税收的优惠作了相关规定。

3. 建立了促进家庭农场发展的金融法律制度

根据经济学原理,新兴产业组织发展初始通常需要大量资金。作为新型农业经营主体,家庭农场的发展离不开金融的支持。我国促进家庭农场发展金融支持的制度主要集中在以下几方面:一是在农业保险方面,《中华人民共和国农业法》(以下简称《农业法》)、《中华人民共和国保险法》(以下简称《保险法》)、《中华人民共和国物权法》(以下简称《物权法》)、《中华人民共和国担保法》等从原则上规定了国家建立并鼓励发展农业保险制度。2013年开始实施的《农业保险条例》对农业保险作了基础性规定,实践操作主要以地方性法规、地方政府规章等为准则,我国无专业的农业保险立法。二是在农村金融组织方面,大多以文件形式规定农村金融支持家庭农场

〔1〕 参见《农业生产发展资金管理办法》第6条。

〔2〕 参见《中共中央关于印发〈关于全面深化农村改革加快推进农业现代化的若干意见〉》,2014年1月。

的发展,缺乏具体的法律保障。三是在农业贷款方面,规定了一些政策性银行对家庭农场的倾斜支持,但国家对其扶持力度不够,且缺乏有效的监管措施。

4. 建立了促进家庭农场发展的土地流转法律制度

自我国土地承包制度实施以来,农村出现了大量剩余劳动力。他们把自己的承包地转包给其他农户,自己外出务工。长期以来,承包地大量转让现象越发突出,从而实现适度规模经营,家庭农场应运而生。家庭农场具有典型的规模经营特征,为更好地发展家庭农场,必须建立合理的土地流转制度,使土地适当集中。我国相关法律法规为土地流转提供了法律保障,为家庭农场的规模经营奠定了法律基础。根据《中华人民共和国农村土地承包法》(以下简称《农村土地承包法》)第32条的规定,以家庭承包方式取得的土地承包经营权可以流转。[1] 除《农村土地承包法》外,我国政府还出台了《农村土地承包经营权流转管理办法》等法规,对农村土地使用权流转制度进行细化,这在一定程度上解决了家庭农场规模经营的土地分块问题。

5. 建立了家庭农场发展的社会化服务法律制度

家庭农场的持续健康发展离不开社会化服务体系的支撑。目前我国家庭农场发展的社会化服务体系主要是农机部口为农民提供技术培训、技术咨询和技术推广,农业合作社提供生产资料和信息服务。[2] 2013年实施的《中华人民共和国农业技术推广法》规定了农业技术推广的目的、体系、具体措施以及法律责任,为农业科学技术应用于家庭农场的生产作了制度安排。不仅如此,为鼓励、扶持农民和农业生产经营组织使用先进的农业机械,促进农业机械化,我国于2004年制定了《中华人民共和国农业机械化促进法》,该法于第5章第21条明文规定:"农民、农业机械作业组织可以按照双方自愿、平等协商的原则,为本地或者外地的农民和农业生产经营组织提供各项有偿农业机械作业服务。"[3] 可见,为适应新形势下现代农业的发展,在家庭农场的社会化服务方面,我国制定了相关的法律法规。

(二)我国家庭农场发展法律促进机制的问题

1. 我国家庭农场发展的财政法律制度不健全

(1)家庭农场的财政补贴法律制度不健全。国家出台了一系列政策,如2016年"中央一号文件"《关于落实发展新理念加快农业现代化实现全面小康目标的若干意见》第24条提出"推动金融资源更多向农村倾斜"。尽管如此,有关家庭农场支持与补贴的规定很少,法律层面更是缺位,这严重制约了家庭农场的发展。

(2)家庭农场发展的财政支持制度不完善。虽然我国政府财政支农资金投入的增长幅度呈上升趋势,但与我国农业的重要地位和发展要求相比,政府对农业的支持总量仍然很低,这源于财政支持制度不完善。由于家庭农场的起步较晚,又没有制度的充分保障,政府部门对它的财政投入实际上并不明确,这导致财政对家庭农场的投入总量明显不足。

---

[1] 参见《农村土地承包法》第32条规定:"通过家庭承包取得的土地承包经营权可以依法采取转包、出租、互换、转让或者其他方式流转。"

[2] 许倩倩:《我国家庭农场发展问题探索》,福建师范大学2015年硕士学位论文,第31页。

[3] 参见《中华人民共和国农业机械化促进法》第5章第21条。

2. 我国家庭农场发展的税收法律制度不健全

（1）家庭农场所得税法律制度不健全。2008 年《中华人民共和国企业所得税法》规定对小微型企业有所优惠，但是对家庭农场乃至农业的税收优惠并未提及。法律的缺失导致我国家庭农场在生产、加工、销售等经营过程中涉及的企业所得税、个人所得税负担过重。

（2）家庭农场税收优惠制度缺乏系统性。目前农业税收优惠政策比较分散，主要规定在各级政府文件和决定中。其内部缺乏条理性，逻辑联系差，不利于促进农业结构调整和农业产业化，并且这些规定也没有直接涉及家庭农场的发展方面。面对家庭农场发展税收优惠制度的缺失，我国只有通过建立成套的家庭农场税收支持法律制度，才能有效解决。

3. 我国家庭农场发展的金融法律制度不健全

（1）农村金融基本法律缺失。自 20 世纪 90 年代以来，伴随着改革深化和金融体制改革全面展开，我国农村金融和农村经济发展越来越不协调，表现为农村金融脱离农村经济发展，农村经济发展缺乏金融支持等。究其原因，在于我国缺乏专门规制农村金融和农村经济的基本法律。

（2）农业保险法律制度滞后。我国农业保险法律滞后，缺乏专门的农业保险法，关于农业保险的规定仅散见于个别法条之中。《农业法》第 46 条仅规定国家建立农业保险制度的宗旨和原则，2009 年最新修订的《保险法》也只规定我国鼓励发展有关农业的保险制度。农业保险的很多制度都是依照《保险法》中对商业保险的规定，忽略了农业保险的特点。由于缺乏农业保险的专门立法规定，致使农业保险缺乏规范化、制度化，这导致农业保险中的主体地位模糊，影响政府在农业保险中主体地位的发挥。[1]

4. 我国家庭农场发展的土地流转法律制度不健全

（1）我国农村土地流转制度的法律法规欠缺。目前，有关我国农村土地流转的法律法规主要有《农村土地承包法》、《中华人民共和国土地管理法》（以下简称《土地管理法》）和《农村土地承包经营权流转管理办法》（以下简称《管理办法》）。它们或多或少都存在一些问题。首先，《农村土地承包法》和《土地管理法》对农村土地流转的规定具有原则性，实践中不具有可操作性。其次，虽然《管理办法》对农村土地承包经营权流转的主体、方式、流转合同以及流转管理等进行具体可行的规定，但由于它属于农业部门规章，效力层次低，有待提升至法律层面。

（2）我国农村土地权利存在制度缺陷。原来的农村土地承包经营权未区分所有权与承包权、经营权，导致农村土地流转面临一些主要问题，最根本的问题就是农民的主体地位缺失。不管农地怎么流转，农民不可能享有土地所有权，而承包经营权的权能实质上很小，农民不可以承包经营权向银行抵押贷款等。家庭农场的发展需要大量资金资助，仅靠自身的经营不可能发展壮大。因此，现实的紧迫情况呼吁农村土地权能重构，于是“三权分置”出台了。

5. 我国家庭农场发展社会化服务法律制度不健全

（1）我国家庭农场发展的社会化服务法律不全面。通过上文分析我们得知，目前家庭农场发展社会化服务方面的法律仅有《中华人民共和国农业技术推广法》和《中华人民共和国农业机械化促进法》，它们仅涉及家庭农场发展的技术推广和机械化促进方面。我国对家庭农场的投资

---

〔1〕 刘仁武：《新农村建设中的金融问题》，中国金融出版社 2006 年版，第 222～223 页。

方面无法律规定，更没有农业行业协会方面的法律。法律的不完善导致我国家庭农场的社会化服务缺乏系统支持，实力弱，服务单一，无法满足现代家庭农场经营的综合需求。

(2)《中华人民共和国农业专业合作社法》的规定粗糙。农民合作社是家庭农场的经营性服务组织，它同专业服务公司、农民经纪人、涉农企业等为家庭农场生产经营提供低成本、便利化、全方位的服务。由于法律规定的粗糙，使我国农民合作社并未真正为家庭农场提供产前、产中和产后的服务体系，由此导致产前的调研、技术服务及产后的销售、运输和包装并不完善，合同履约率低，纠纷过多，使生产成本提高。

三、健全我国家庭农场发展法律促进机制的具体途径

(一)健全促进家庭农场发展的财政支持法律制度

1. 健全促进家庭农场发展财政投入法律制度

(1)加大家庭农场发展的财政投入力度。一是完善相关农业基础立法，把政府对家庭农场的财政投入规定在农业基本法中，并规定逐年增加财政投入力度，这方面可以借鉴美国的农业立法。美国除农业基本法、农业部门法外，尚有农业特别法。二是制定地方性法规和政府规章，具体规定家庭农场的财政投入方向、投入对象、投入额度和具体措施。三是出台地方指导性意见，大力倡导发展家庭农场，通过奖励、补贴等方式激励家庭农场的发展。

(2)合理规范财政支出主体的地位和作用。我国的财政投入主体由中央财政和地方财政构成，中央财政对农业基本建设和基础设施上的投入应相应倾斜，这是因为基本建设项目往往是大型项目，需要大量的资金、人力、物力，中央政府在这方面比地方政府有优势，能够协调好各个部门之间的关系，取得较好的效果。相反地，地方财政应该投入具有地域性特色的家庭农场生产经营。具体表现为对家庭农场主直接投放资金，帮助其解决化肥、种子、农地等生产资料问题。与中央相比，地方政府比较了解本地方家庭农场的生产经营状况，能够因地制宜地投放资金，做到有的放矢。

(3)完善家庭农场的财政支出项目结构。目前财政支农项目仍存在不合理之处，应该通过法律规定进一步使之合理化。一是扩大农村基础设施建设的支出规模，提升农村基础设施水平；二是扩大农业科技三项费用的支出比例，促进农业科技建设；三是建立农村救济费用支出体制；四是压缩农业事业费用支出比重，扩大生产性支出比重，提升资金使用效率。

2. 健全促进家庭农场发展财政补贴法律制度

财政补贴对发展家庭农场具有重要的意义。虽然我国政府以文件的形式规定加大对农业的补贴力度，如"……继续增加农业补贴资金规模，新增补贴向主产区和优势产区集中，向专业大户、家庭农场、农民合作社等新型生产经营主体倾斜"。[1] 但这只是从宏观层面规定对农业的财政投入，并且只是笼统地提到"家庭农场"等新型生产经营主体，我国应当尽早建立促进家庭农场发展的财政补贴法律制度。对此，我们可以考虑以下三个方面。

---

[1] 参见《中共中央、国务院印发〈关于加快发展现代农业，进一步增强农村发展活力的若干意见〉》，2012 年 12 月。

(1)进一步完善《农业法》相关条款。把中央财政对家庭农场的补贴作为具体条款明确规定在《农业法》中。《农业法》可以在第2章"农业生产经营体制"中增加规定国家鼓励农民在家庭承包经营的基础上成立家庭农场,并对家庭农场的概念、注册标准、权利义务以及财政补贴等作出明确规定。[1]

(2)出台财政补贴相关部门法律或地方性法规。国家通过制定部门法或者地方性法规,对发展家庭农场的财政补贴对象、方式和范围明确加以规定。如通过立法的形式规定,每年政府给予具有一定规模并经过法定登记的家庭农场多大额度的资金补贴等。

(3)制定财政补贴地方政府规章或指导性意见。地方政府规章或指导意见的制定程序简便,且更切合实际,可适应家庭农场的发展变化。我国可以有步骤地进行法律法规制定,先通过制定地方政府规章或指导性意见,根据本省市实际状况,加大对边远山区家庭农场的财政投入力度。这样对家庭农场的财政补贴制度形成一系列科学的法律体系,具有可操作性,实用性强。

3. 健全促进家庭农场发展投入资金管理法律制度

由于受传统"重工业、轻农业"思想影响,我国农业发展比较落后。党的十六大以来,我国制定了工业反哺农业、城市支持农村的政策,把"三农"问题确立为全党工作的重中之重。国家逐步加大对农业的财政投入力度,但要保证这些投入资金真正落到实处,为发展家庭农场添砖加瓦,就需要我们进一步建立家庭农场发展投入资金管理法律制度。

(1)完善财政资金投入方向规划机制。中央财政资金投入方面,应当统筹规划,明确中央财政资金主要投入发展家庭农场所需的基本建设和基础设施中,并向比较贫困的西部省市倾斜。地方财政资金则应投入具体的农业生产项目,比如培育新型家庭农场主、建设家庭农场气象服务、农业技术推广等。

(2)建立健全投入资金法律监督体系。我国的财政支农资金存在严重缺口,主要体现在政府对农业的财政支出没有完全投入农业生产项目,资金更多是流向社会事业费用方面。这是由多方面原因造成的,如财政支农行政机构设置过多,支农资金用于行政人员福利费用过高而用于农业生产建设的费用减少等。因此,在落实财政资金资助家庭农场发展的过程中,我国有必要建立一整套法律监督管理体系,充分发挥立法监督、行政监督、司法监督以及社会舆论的广泛监督作用。

(二)健全促进家庭农场发展的税收支持法律制度

1. 健全家庭农场初级产品的税收优惠法律制度

(1)建立初级农产品的认定标准。国家对家庭农场初级产品实行税收减免政策,有助于带动家庭农场的生产、经营积极性,增加农民收入。但是根据《中华人民共和国增值税暂行条例》及其实施细则的规定,从事农业生产的单位和个人自产自销的初级农业产品免征增值税。我国初级农产品的范围十分有限,仅指通过简单的晒干、腌制、切片等粗略的方式制成的农业产品。因此,有必要建立一套科学的初级农产品认定标准,适当增加初级农产品的范围。建议可以综合

[1] 胡光志、陈雪:《以家庭农场发展我国生态农业的法律对策探讨》,载《中国软科学》2015年第2期。

考虑以下标准:"原生物标准,直接从土地或水中获得标准,不可直接食用或使用标准,手工加工标准,非添加辅助原料标准,只发生物理变化标准,低加工增值率标准,尊重客观规律标准。"[1] 同时逐步完善我国的《农业产品征税范围注释》(财税字[1995]52号),在合理的范围内增加享受农产品增值税税收优惠的农业产品范围,包括初级农产品、深加工农产品等。通过建立一套科学合理的初级农产品认定标准,扩大初级农产品的范围,让家庭农场享受更多税收优惠政策,增强家庭农场自身的经营能力。

(2)完善农产品进项税额核定扣除制度。农产品增值税进项税额核定扣除具有重大意义,它能够完善农产品生产和流通环节增值税抵扣机制,变"凭票抵扣",变"自开自抵"为"核定扣除",从源头上消除纳税人虚开农产品收购发票的动机,解决收购发票管理难、抵扣难、偷税漏税等问题,为家庭农场的税收优惠保驾护航。但目前我国正在试行的增值税进项税额核定扣除办法仅仅限于液体乳及乳制品、酒及酒精、植物油三个行业,[2] 范围比较狭窄,我们应当将增值税进项税额核定扣除的范围扩大到更多农产品上,比如蔬菜、粮食以及其他初级农产品上,使我国的农产品增值税税收优惠政策更加完善。条件成熟时,可以制定相关的法律法规,保障我国农产品进项税额核定扣除制度更加科学合理,使家庭农场享受更大的税收优惠政策。[3]

2. 健全家庭农场产业化经营的税收优惠法律制度

(1)扩大免征增值税农业生产资料的范围。虽然现行的税收优惠政策包含纳税人经营的农业生产资料(主要是农膜、种子、化肥、饲料、种苗、农药、农机等)实行免税,但由于现行税收政策对农产品及部分农业生产资料免征增值税系采取正列举的方式,导致其范围受限,与日益发展的农业经济不吻合。因此,我们应当完善增值税实施条例,修订关于经营农业生产资料享受税收优惠的相关条款,扩大免除增值税的农业生产资料范围。

(2)增加农业产业化税收优惠的环节。目前税收优惠主要集中在农业生产环节,没有涉及农业产业化的其他方面。农业产业化包括一条从种(养)植、收购、初加工、深加工直至营销的链条。因此,我们应当出台从生产到收购、加工再到销售的税收优惠激励机制,真正减轻农业企业的税负,大力促进家庭农场的发展。

(3)提高农产品出口退税率以发展外向型家庭农场。目前我国规定的农产品出口优惠政策有:出口农产品适用退税率为5%,小麦粉、玉米粉、分割鸭、分割兔等部分农产品出口退税率为13%。相较国内其他出口行业平均15%的退税率,出口农产品5%或15%的退税率明显偏低。[4] 因此,我国应当完善增值税退税率制度,相应提高农产品出口退税率,鼓励家庭农场向外拓展,大力支持发展外向型家庭农场。

---

[1] 孙福栋:《我国农产品增值税税收优惠政策研究》,山东大学2013年硕士学位论文,第33页。

[2] 参见《农产品增值税进项税额核定扣除试点实施办法》(财税[2012]38号),2012年4月。

[3] 唐波岐、李琼:《初级农产品加工企业税收征管的难点及对策》,载《新西部》(下旬刊)2016年第12期。

[4] 李玉杰:《农业产业化中的税收政策研究》,西北农业科技大学2012年硕士学位论文,第17页。

(三)健全促进家庭农场发展的金融支持法律制度

1.健全促进家庭农场发展的信贷激励法律制度

(1)加强农村金融组织机构改革。一是完善农村合作金融制度。农村合作金融的优越性表现为,提高农村金融的合作经济效益、降低农村金融的交易成本、有效利用和合理配置农村金融资源等。[1] 2015年2月"中央一号文件"指出"积极探索新型农村合作金融发展的有效途径",鉴于农村合作金融的优势及党中央对我国农村合作金融的重视,我国家庭农场可以从农村合作金融中获得金融资助。但由于农村合作金融缺乏专门的保障,导致我国农村金融改革形成了以商业金融为主体的农村金融机构体系,政策金融严重不足,从规模上来讲合作金融几乎消失。[2] 因此我国应当建立农村合作金融法,具体规定农村合作金融组织的法律地位、组织机构、运行制度及监管模式,并规定政府给予合作金融财政支持和税收支持。二是完善新型农村金融组织。新型农村金融组织主要包括村镇银行和小额借贷公司。关于村镇银行,其目标是服务"三农",但实践中村镇银行的设立与服务宗旨有失偏颇,首先表现在村镇银行的设置没有扎根农村,其次部分村镇银行的涉农贷款存在非农化倾向。因此,我国需要通过立法规范村镇银行的发展,保障其独立金融机构地位,同时加强对农业贷款的监管,防止村镇银行贷款非农化。关于小额贷款公司,由于其不得向公众融资,且具有"小额性",因此,首先,规定中国人民银行和银监会允许小额贷款公司从人民银行获得支农再贷款,并给予再贷款利率优惠。其次,允许小额贷款公司适当扩大单个借贷主体的资金,以满足家庭农场资金需求量大的特点。最后,鼓励民间资本进入小额贷款公司,增强小额贷款公司的资金基础。[3]

(2)大力推进农村信用社产权制度改革。国家通过推进农村信用社产权制度改革,不断完善其法人治理结构,转换经营机制,提高其对家庭农场贷款的比例。一是明确农村信用社产权主体。"信用社集体作为虚化的产权主体不能成立,需要通过设立信用社发展基金量化所有者权益中历年积累的产权,依法划分财产所有权和经营权、使用权等产权归属,明确各类产权主体行使权利的财产范围及管理权限,实现产权主体人格化。"[4] 二是合理调整产权结构。合理的产权结构既体现互助合作关系,又体现权利与义务对等、风险与收益对称的市场经济关系。最为直接有效的途径就是将利润按业务交易量向社员进行返还,实现社员初始入股增值的目的,鼓励社员参与合作经济组织的业务经营。信用社盈利的一部分要用于积累,形成归成员集体所有的公积金,为合作金融组织的长期发展提供一定的物质基础。在股权结构上,坚持均股原则,但允许股份差异,规定单个社员的最高持股比例不能超过信用社股本总额的一定比例。

(3)加大对政策性银行的扶持力度。国家通过投入一定的资金,重点扶持政策性银行,并鼓

[1] 席建松:《农村合作金融的经济效率及立法选择分析》,载《河南师范大学学报》(哲学社会科学版)2011年第6期。

[2] 植凤寅:《农村合作金融再出发》,载《中国金融》2014年第7期。

[3] 韩力:《我国家庭农场融资法律问题研究》,西南政法大学2015年硕士学位论文,第43页、第46页。

[4] 李飞跃:《农村信用社管理体制与产权制度改革法律问题研究》,西南财经大学2006年硕士学位论文,第38页。

励其向家庭农场贷款实行倾斜制度。一是对农业发展银行进行贴息补助。农业发展银行通过市场发债的融资成本已经高于其以基准利率投放贷款的收益,利率倒挂情况越来越多,建议财政部对农业发展银行给予贴息或费用补助,弥补亏损,降低农业发展银行的筹资成本,实现资金良性循环。二是实行减免税收优惠政策。近年来,国家对县域以下的一些金融机构营业收入以及银行对农民的小额贷款利息收入给予税收优惠,按比例减计应纳税所得额和降低营业税税率。农业发展银行作为政策性银行,在税收上却没有得到更多的实惠。建议国家对农业发展银行支持粮、棉、油政策性购、储、销业务和支持"三农"基本建设等业务实行优惠,减免税收。三是增加农业发展银行的资本金。国外政策性银行资本充足率一般都高于商业银行为,基本在10% ~15%。我国农业发展银行的资本充足率应达到20%,建议由国家直接增加资本金,增强农业发展银行资金实力,加大对农业的投入。

2. 健全促进家庭农场发展的小额信贷法律制度

(1)制定专门的农村小额信贷法律。目前,我国对于小额信贷的相关规定层次低,未上升到法律层面。建立小额信贷法律的主要目的是为农民提供融资便利,促进家庭农场的健康发展。国家对小额信贷的立法,首先要明确小额信用贷款的发放对象,它应该包括家庭农场主等需要救助的社会弱势群体。[1] 其次要依法明确承办小额信贷业务的存款及非存款金融机构,在我国境内的商业性和政策性金融机构均能获取此项业务的经营权,并且在有条件的地区组建风险投资公司,让其对需要救助的农户投入创业资金,帮助广大的家庭农场主及早符合申请小额信贷的法定条件。[2] 最后,通过立法完善农村小额信贷的法律监管制度。农村小额信贷公司不同于其他银行机构,其营业方式差异很大,因此其监管主体央行和银监会须完善相关制度并通过以发放文件的方式予以监管,保障其正常的金融秩序。

(2)完善农村小额信贷的利率制度。目前,不同银行的小额信贷利率各不相同,国家也没有明确具体的规定。存款有利率限制的规定,也是以基准利率为标准的,并且利率只能上浮,绝不下沉。2010年国家有关部门提议取消贷款利率的上限。无论何种信贷银行,皆以盈利为宗旨。只要使其在放贷上风险可控,则不管企业大小,都可以进行小额信贷。因此,必须完善农村小额信贷的利率限制,规范资金来源、信贷程序,鼓励家庭农场积极进行小额贷款,使家庭农场发展所需的资金得以保障。[3]

(3)完善农村小额信贷的法律监管制度。国家在加大农村经济发展的同时,要落实政府扶贫补助政策,农村小额信贷机构由此应运而生。农村小额信贷公司不同于其他银行机构,其营业方式差异很大,因此其监管主体央行和银监会须完善相关制度并通过以发放文件的方式予以监管,保障其正常的金融秩序。贷款资金的用途必须符合文件的规定。否则,用途不良不仅会引发高利贷、赌博等不良社会现象,而且还会引发公司收贷亏损,扰乱金融市场秩序。同时,国家应当制定法律法规,促使农村小额信贷的经营有法可依,保障农村小额信贷机构的合法权益。

---

[1] 王箭平:《我国农村小额信贷法律制度的完善》,湖南大学2008年硕士学位论文,第28~29页。

[2] 余传奇、祝军:《我国农村小额信贷发展亟待解决的问题及对策》,载《中国集体经济》2007年第9期。

[3] 刘沫茹:《我国发展农村小额信贷的法律思考》,载《兰州学刊》2009年第4期。

3. 健全促进家庭农场发展的农业保险法律制度

（1）健全农业保险法律法规。一是制定农业保险基本法——农业保险法。[1] 目前我国涉及农业保险的法律法规较少，基本法仅有《农业法》和《保险法》，其他有关农业保险的规定体现在《农业保险条例》及地方部门规章中，其效力低、稳定性差。放眼世界，不管总统制还是议会制国家，政府在农业保险立法中均非常重视。如美国有《联邦农作物保险法》，法国有《农业保险法》等。[2] 我国农业保险基本法的缺位已成为家庭农场发展的桎梏。因此，我国应当建立农业保险法，明确农业保险的调整对象、农业保险法律关系的权利义务关系等。二是完善农业保险的相关法律法规。有关农业保险的法律法规之间存在冲突，《农业法》和《农业保险条例》将农业保险分为政策性保险和商业性保险，但《保险法》并未把农业保险列入其中。因此，应当适时修订《保险法》，将商业性农业保险纳入其中，规定商业性农业保险的经营规则、保险合同制度、保险经营者的进入和退出机制、法律责任等。同时修改《农业法》和《农业保险条例》，明确农业保险的政策属性并完善农业保险法律责任制度，在行政责任和刑事责任之外增加民事责任。

（2）健全农业保险的相关配套制度。家庭农场在生产、加工、销售等环节均存在较大风险，为消除农场主在发展家庭农场中存在的种种顾虑，有必要建立健全农业保险的相关制度。一是建立农业保险合同制度。首先，该制度明确农业保险合同双方平等的法律地位及合同的订立原则。其次，规定合同双方的权利义务关系。最后，根据农民及其他农业生产者的具体情况和各地农业生产的客观事实，规定农业保险合同的生效、变更、解除及终止等情形。二是建立农业保险准入和退出制度。市场准入制度是事前监管的一种有效措施。《农业保险条例》包括总则、保险合同、经营规则、法律责任和附则五个部分，但未规定农业保险机构的设置条件。《保险法》中规定商业性农业保险公司的设立条件，但对于从事政策性农业保险业务的专业农业保险公司及农业保险互助组织并无规定。因此，农业保险法应当对以上两个保险机构规定设立条件和注册资本。此外，设立保险机构的退出机制可以确保农业保险活动健康持续发展。当保险公司出现经营危机时，可规定一定观察期，其农业保险业务交由专业性农业保险公司接管。在此期间，如果经营、财务状况改善可不进入破产程序；如果状况继续恶化，可进入破产清算程序。三是完善农业保险监管制度。目前，《农业法》仅提到我国的农业金融监管，尽管《保险法》《农业保险条例》明确了农业保险的监管机构，但它们较分散。鉴于农业保险的复杂性，可以考虑设置专门的农业保险管理局，具体负责农业保险经营机构的监督管理，其组成人员可由保监会、农业行政部门等组成。[3]

（四）健全促进家庭农场发展的土地流转法律制度

农村土地的合理流转是家庭农场适度规模经营的前提。近年来，土地的稀缺效应不断体现，土地流出农户逐渐减少，造成流转土地减少，土地难以扩大经营规模，必然制约家庭农场的发展。日本农地适度规模经营改革成功的关键之一就是通过修改和发布日本《农地法》《农促法》《有关

〔1〕 李友艺：《农用地确权流转与家庭农场适度规模经营研究》，山东财经大学2016年硕士学位论文，第46页。

〔2〕 李小红：《我国农业保险法律制度的演进、检讨与构建》，载《现代经济探讨》2015年第5期。

〔3〕 万灵娟：《我国农业保险法律制度研究》，载《市场研究》2016年第3期。

农业委员会的法律》《半岛振兴法》《山区振兴法》等法律建立了多项配套制度促进农地流转。我国台湾地区也建立了庞大的农政架构及农民组织体系促进农地适度规模经营。[1] 在土地流转法律制度方面,我们可以借鉴日本和我国台湾地区的经验。

1. 健全农村土地流转的相关法律法规

(1)尽快出台农村集体经济组织法。目前规定农村土地流转的法律主要是《农村土地承包法》、《土地管理法》和《农村土地承包经营权流转管理办法》,但前两部法律对农村土地流转的规定都是原则性的,实践中可操作性不强,后者为农业部规章,效力层次低,直接造成家庭农场发展的土地流转不顺畅。因此我国需要通过出台农村集体经济组织法,规定农村集体土地使用权流转办法,具体规定土地流转的主体、方式、程序和权责等,为农村土地使用权规范、有序、顺畅流转提供法律支撑。同时规定建立农村土地流转市场,为农村土地流转提供政策指导、合同签订、过户登记、信息咨询等服务,保证土地流转的公平公正、规范合法。我国还需要培育农村土地流转中介组织,特别是发展农村土地价格评估机构,为流转双方的公平交易提供价格咨询,搭建完善的土地流转信息平台,为土地的流入方和流出方提供开放的土地市场信息。

(2)完善《农村土地承包法》的相关法律制度。《农村土地承包法》第 20 条规定,耕地的承包期为 30 年;第 26 条规定,在承包期内,发包方不得收回承包地;第 27 条规定,不得调整承包地。但在现实中这些规定并未得到真正落实。党的十九大报告明确指出:"巩固和完善农村基本经营制度,深化农村土地制度改革,完善承包地'三权'分置制度。保持土地承包关系稳定并长久不变,第二轮土地承包到期后再延长三十年。"[2] 这只是从政策层面为农村土地的长期流转作出规定,还必须修订《农村土地承包法》,增加规定农村土地承包权延长后的期限,保障承包地的流转持续、稳定、长久,从源头上解决家庭农场发展的土地问题。[3]

2. 健全农村土地"三权分置"法律制度

(1)"三权分置"制度的提出。"三权分置"指农村土地的所有权、经营权与承包权相分离。近年来,我国不断鼓励发展新型农业经营主体,大力支持家庭农场发展,逐步推出系列支持家庭农场发展的政策方针。在土地流转方面,2015 年国家强调规范和引导农村土地经营权的依法有序流转,2017 年进一步发展土地经营权的合法流转,增加规定了合作、入股、代耕代种、委托管理等多种流转方式。"三权分置"制度是在党的十八大以来提出的。

(2)"三权分置"政策法治化。从家庭承包经营制度到所有权、承包权和经营权"三权分置"制度的设计,我国已经逐步形成了农村土地改革的制度体系,在政策层面上比较完善,并在实践逐步推行,但在法律层面尚未形成完整的法律规范体系。[4] 我国现行的《农村土地承包法》《物权法》《土地管理法》等尚未明确农村土地所有权、承包权、经营权"三权"的权利内容、权能边界、权利主体。建议完善《物权法》,增加规定农村土地所有权、承包权、经营权三项权能;完善《土地

---

[1] 孙代尧、陈曦:《台湾土地改革的政治经济分析》,载《北京行政学院学报》2014 年第 1 期。

[2] 参见《中国共产党第十九次全国代表大会报告》,2017 年 10 月。

[3] 吕洪果:《浅论家庭农场的土地法律问题》,载《法制博览》2016 年第 2 期。

[4] 朱玉龙:《中国农村土地流转问题研究》,中国社会科学院 2017 年博士学位论文,第 78 页。

管理法》,明确"三权"的权利内容、权利主体;完善《农村土地承包法》,明确规定承包权与经营权、所有权的权能边界。只有通过立法规定"三权分置",才能充分保障农村土地的有序流转,保证家庭农场的持续发展。

(五)健全促进家庭农场发展的社会化服务法律制度

1. 制定家庭农场社会化服务相关法律法规

(1)制定农业投资法、农业补贴法、农村公共投资法、农村财政转移支付法等投资法律。家庭农场的发展离不开政府的投资,也需要民间的投资。建立农业投资法、农村公共投资法,具体规定投资主体、对象、范围以及投资力度。对民间投资机构给予大力扶持,从财政、税收、金融等领域实施优惠,鼓励企业等民间机构向家庭农场投资,加强社会化的服务力度。

(2)制定农业行业协会法。农业行业协会是农业中实行行业自我管理的非营利组织,是介于农业市场与政府间的一种中介组织。农业行业协会不直接参与市场竞争,其根本任务是代表、维护本行业农业经营者的权益。许多发达国家和发展中国家的实践证明,农业协会在家庭农场发展中具有重大的作用。我们应通过专门制定农业行业协会法确认农业协会的合法地位,鼓励我国家庭农场加入农业协会,让家庭农场主在农业实践中有自己的代言人,使家庭农场的发展有一个坚强的组织保证体。[1]

2. 完善家庭农场社会化服务相关法律法规

(1)进一步完善《中华人民共和国农民专业合作社法》(以下简称《农民专业合作社法》)以培育家庭农场经营性服务组织。农民专业合作社是家庭农场的互助性经济组织,它为我国农业生产资料的购买,农产品的销售、加工、运输、贮藏以及与农业生产经营有关的技术、信息等提供服务。但实践中农民合作社存在各种问题:农民参与度低,组织规模较小,行业发展不均衡,发展资金不足,管理机制欠缺,治理结构不健全等。因此,有必要完善《农民专业合作社法》,规范健全农民专业合作社的主体、组织机构、管理制度以及法定治理结构等。

(2)完善农业技术推广和农业机械化促进方面的法律。农业技术是现代农业发展的中坚力量,它为家庭农场提供产前、产中、产后的系列服务,能有效防止农业病虫害,提升种子品种、化肥质量,并能解决农产品销售环节的运输等问题。农业机械化有助于扩大农业规模经营、提高农业生产力,它是现代家庭农场发展的趋势。我们应当继续完善《中华人民共和国农业技术推广法》和《中华人民共和国农业机械化促进法》,不断扩大农业技术推广的范围,极力促进农业机械化发展,大力发展家庭农场。

---

[1] 岳正华、杨建利:《我国发展家庭农场的现状和问题及政策建议》,载《农业现代化研究》2013年第7期。

重庆市发展家庭农场的模式及路径选择

邵桦毅*

目　次

2013年中央"一号文件"三提"家庭农场"为家庭农场的发展开启了大门,党的十八届三中全会提出了"家庭农场在我国还处于起步阶段"。目前重庆家庭农场的发展关键在于因地制宜,选择适合各地的发展模式和路径,进一步设计一套完善的家庭农场设立制度、扶持政策和监管制度。

一、家庭农场的概念剖析

最早提到"家庭农场"的中央文件是1984年的《中共中央关于一九八四年农村工作的通知》:"国营农场应继续进行改革,实行联产承包责任制,办好家庭农场。"显然,这时的"家庭农场"仅仅指对国营农场实行家庭联产承包责任制后,以家庭为经营单位的小农场。2008年中央"一号文件"再次提到家庭农场。学者对家庭农场的定义主要有三种:"农户企业说""新型经济组织说""农业生产单位说"。农户企业说认为:"所谓家庭农场,就是适应现有生产力水平与市场要求进行专业化生产,进而形成适度规模经营的农业种养的农户企业。"[1]新型经济组织说认为:"家庭农场是我国农地经营体制创新而实现适度规模经营的一种新型经济组织形式。"[2]农业生产单位说认为:"家庭农场是指由家庭成员自己经营(而非雇佣劳动工人经营)的有一定规模、一定面积、一定技术含量的农业生产单位。"[3]农业部基本上采用了新型经济组织说:家庭农

---

* 重庆大学文理学部,经济法学硕士。

〔1〕 房慧玲:《发展家庭农场是中国农业走向现代化的最现实选择》,载《南方农村》1999年第4期。

〔2〕 朱博文:《美法日家庭农场发展的经验与启示》,载《农场经济管理》2004年第11期。

〔3〕 黄廷廷:《家庭农场优势与农地规模化的路径选择》,载《重庆社会科学》2010年第5期。

场是指以家庭成员为主要劳动力，从事农业规模化集约化商品化生产经营，并以农业收入为家庭主要收入来源的新型农业经营主体。美国对家庭农场的一般定义是："农场业务的所有权和控制权是由一个有血缘，婚姻或收养关系的家族所拥有或者其中一个家庭单位保持多数的控制权和所有权的农场。但是，只要不是合作社组织，企业的多数股东没有血缘、婚姻、收养关系或者采用雇工经理经营的农场都可以认为是家庭农场。"〔1〕

家庭农场包含的"家庭"和"农场"两个概念还需要进一步界定。瞿同祖认为："中国家应指同居的营共同生活的亲属团体（亲属关系只从父亲方面来计算，母亲方面的亲属是被忽略的）。"〔2〕这里的"家"也就是指中国传统的"农村家庭"，一般包括祖父母、已婚的儿子和未婚的孙子女。社会学中家庭的经典概念是"家庭是相互影响的人所组成的团体或群体"。〔3〕农村中除了传统家庭、核心家庭，还有单亲家庭、包括外祖父母的家庭、没有子女的家庭等形态，"家庭"的概念应当采用广义的概念，同居的经营共同生活的通过血缘、婚姻或收养形成的团体或者群体。该定义突破了传统的"亲属"和"家族"概念的狭隘性，基本上可以包含农村的各种家庭形态。美国认为："任何一块年产或者通常能够年产和销售1000美元以上农产品的土地经营单位都是农场。"〔4〕"中国的'农场'强调一定的规模、一定的面积、一定的技术含量。"〔5〕我国各地的自然条件差异很大，如果单纯以规模、面积来定义农场，难以兼顾各地的差异，因此，以年产量或者收入为标准来界定农场，不失为一个不错的选择。

二、我国各地家庭农场发展模式和路径的实证分析

1984年以后国营农场中发展的家庭农场，可以说是我国现代家庭农场的雏形，"它一方面是联产承包合作经济的一个经营层次，另一方面是独立核算、自负盈亏、商品性生产的家庭经营"。〔6〕我国现代家庭农场是从2007年开始试点的，浙江宁波、上海松江、湖北武汉、安徽郎溪、吉林延边等地的家庭农场初具规模。另外，自2013年以来，还出现了四川仁寿的合伙家庭农场、山东胶州的超大家庭农场、重庆的微型企业家庭农场等家庭农场形式。

（一）家庭农场的发展模式

1. 家庭农场的规模及确立标准

农业部进行家庭农场调查时，对于种植家庭农场的规模限定在50亩以上（一年两熟制）和100亩以上（一年一熟制）。但是，各省市根据本地区的特点采用了不同的标准。

浙江宁波采用农场面积、收入与土地流转期限相结合的标准确立农场规模，规定从事粮油的家庭农场规模在200亩以上，从事露地蔬菜瓜果种植的家庭农场规模在100亩以上，设施蔬菜瓜

〔1〕 See http://www.ers.usda.gov/topics/farm-economy/farm-household-well-being/glossary.aspx#familyfarm.

〔2〕 瞿同祖：《中国与中国社会》，商务印书馆2010年版，第3页。

〔3〕 白凯、符国群：《"家"的观念：概念、视角与分析维度》，载《思想战线》2013年第1期。

〔4〕 See http://www.ers.usda.gov/topics/farm-economy/farm-household-well-being/glossary.aspx#familyfarm.

〔5〕 黄延廷：《家庭农场优势与农地规模化的路径选择》，载《重庆社会科学》2010年第5期。

〔6〕 黄涵荪：《从湛江国营农场的改革谈家庭农场的性质和作用》，载《南方经济》1985年第1期。

果种植的家庭农场规模在50亩以上，并且要求土地流转年限不低于5年，年均纯收益在10万元以上。上海松江家庭农场采用对劳动力人数与农场面积相结合的标准界定家庭农场的规模，必须有2名以上家庭成员常年从事农业生产，农地面积控制在80～150亩。湖北武汉根据家庭农场的经营范围不同，采用面积、技术、设施等多重标准界定家庭农场的规模，从事粮油种植的家庭农场在100亩以上，从事蔬菜水果种植的家庭农场面积在50亩以上，从事设施栽培的家庭农场面积在10亩以上，水产家庭农场要求有标准精养鱼池60亩以上。武汉还要求土地流转年限在10年以上。山东济南规定从事大田种植的，土地租期或承包期在5年以上，面积在100亩以上；从事设施种养或种养结合的，面积在30亩以上。山东诸城也采用农场面积与收入相结合的标准，种植类家庭农场的面积在100亩以上，年收入在20万元以上，土地流转期限不低于5年。

2. 家庭农场的组织形式

目前家庭农场的组织形式主要有合伙企业、个人独资企业、个体工商户。其中四川成立了我国第一家合伙企业形式的家庭农场，山东家庭农场采用个体工商户、个人独资企业组织形式，有条件的地区也可以采用公司制、合伙企业、农民专业合作社的组织形式。福建漳州放宽家庭农场的准入标准，允许家庭农场采用个体工商户、个人独资企业、普通合伙企业和有限责任公司形式组织设立。但是，实践中全国各地还是以个体工商户和个人独资企业组织形式设立的家庭农场为主。

3. 家庭农场的登记制度和退出机制

目前我国家庭农场处于发展初期，各地对家庭农场的登记主要采取低门槛原则，专业大户只要自愿都可以登记为家庭农场。而采用个人独资企业组织形式设立的家庭农场还是要符合个人独资企业的登记标准才能办理登记。合肥市规定，设立有限责任公司的注册资本首次货币出资允许零首付；在经营范围上，则减少不必要的前置审批，法无禁止即可进入。关于家庭农场的退出机制，济南市首次对家庭农场禁止从事的活动作了规定，但是并没有规定相应的退出机制。上海松江采用对家庭农场经营者进行资格考核的方式确立退出机制，新进家庭农场经营者试用一年，年度考核不合格的，自动终止家庭农场的承包经营协议；考核合格的，成为正式家庭农场经营者。

（二）家庭农场的发展路径

1. 促进土地的流转和劳动力转移

我国家庭农场的定义有“适度规模经营”内涵，因此，家庭农场的建设必然要建立在土地流转的基础之上。而农村土地流转的前提是农村劳动力的转移，因此加强土地的流转和农村劳动力的转移是发展家庭农场的前提。相关统计资料显示，“吉林延边2011年流转土地5.8万公顷，转移劳动力1万人，城镇化达到了67.04%”。[1] 上海松江则以规范土地流转价格的方式促进土地流转和家庭农场的建设。

2. 试点经营到普遍发展

早起发展家庭农场的几个地区主要是以试点的方式探索家庭农场的经营方式，建立示范家

---

〔1〕 吉林人民政府：《延边“家庭农场”推动了土地流转和农村劳动力转移》，载 http://www.jl.gov.cn/gsms/cjjy/jyfw/201211/t20121123_1318438.html，最后访问日期：2018年6月2日。

庭农场,如安徽慈溪建立了20个市级示范家庭农场,山东济南规划到“十二五”末,建设市级示范性家庭农场100家。浙江省以宁波为试点,进而向瑞安、建德等市发展家庭农场。

3. 加强财政扶持

发展家庭农场最紧缺的就是资金问题,各地都出台了相关的财政扶持政策。延边采取农业银行支持家庭农场的建设,对于达到一定标准的家庭农场给予银行贷款利息补贴。安徽郎溪每年安排专项资金扶持家庭农场的发展。武汉市对家庭农场采取“先建后补”的政策。

4. 制定相关政策法规

自中央“一号文件”发布以后,全国各地纷纷出台鼓励和扶持家庭农场发展的政策法规,主要涉及家庭农场的准入标准、组织形式、退出机制、申报办法、登记办法、监督考核办法、补贴办法等。其中,山东省出台了家庭农场登记办法指导全省的家庭农场登记工作,而济南市、诸城市等地根据该办法制定了该市的家庭农场登记办法和其他政策。

(三)我国家庭农场发展中存在的问题

1. 家庭农场的概念不清晰

目前对于家庭农场还没有明晰的概念,无论是农业部的定义还是学者的解释都过于笼统抽象,家庭农场的特征不清导致各地对家庭农场的界定、组织形式千差万别。已经注册的家庭农场有的实际上就是“屋顶农场”“阳台农场”,有的是农场,但是实际上是农业公司;有的地区认为家庭农场也可以采用农业合作社的组织形式,这些问题都是由于家庭农场的概念不清,从而导致各地对家庭农场的认识混乱,盲目跟风,不求甚解。

2. 高额地租难以消解

随着各地的财政补贴办法陆续土台,家庭农场收益不断增加,土地流转的成本和地租也越来越高。有些土地的整理成本很高,所以初期土地成本低,但是一旦土地整治成功,家庭农场开始盈利那么地租上涨成为必然趋势。上海松江已经开始注重的对地租的控制和土地承包经营合同规范化的管理。

3. 融资困难

家庭农场发展的最大障碍是资金短缺。过去的小农经济导致农民的自我积累不足,少量的贷款无法解决根本问题,农业资产抵押贷款面临法律障碍。家庭农场的组织形式多是个体工商户和个人独资企业,这种组织形式不利于吸收社会闲散资金。

4. 成片土地获取难

目前试点地区的家庭农场的土地流转多是政府出面整治成连片土地再发包给家庭农场,但是政府的干预应是适度干预。我国农村土地产权模糊,许多农户不愿长期出租土地,致使家庭农场难以自主地流转到成片土地。有些地区已经出现拼凑农场,假农场现象。

5. 监管制度不健全

家庭农场作为新型的农村经营主体,监管和考核制度是保证家庭农场正确发展方向必不可少的。但是多数地区只注重对家庭农场设立的鼓励和扶持政策的建设,而忽略和监管制度的完善,盲目降低家庭农场准入标准,从而出现了假家庭农场、不合规的家庭农场、拼凑家庭农场。

三、重庆市发展家庭农场的模式选择

(一)重庆发展家庭农场的优势

自2007年重庆作为全国统筹城乡综合改革配套试验区以来,其推行的农村土地利用制度的系列创新、户籍改革和金融体系改革,为发展家庭农场奠定了良好基础。

1. 农村土地产权制度逐渐完善。重庆市通过全市范围内农村土地的确权登记工作,将承包地、宅基地、林地确权到户,农村土地及房屋权属登记制度不断完善,明晰了农民产权的权利边界。重庆市推进土地承包经营权、农村房屋、林权"三权"抵押贷款制度,使农村土地产权的功能逐步完整化。这些制度改革都为家庭农场的进行土地流转、通过抵押贷款融资提供了法律依据和制度基础。

2. 土地权利流通市场逐渐完善。重庆市还积极探索土地权利流通市场的建立和完善,促进农村土地流转。农村土地交易所的建立为土地权利实现自由流通提供了有益的中介,进一步促进了农村土地便利有效的流转集中。

3. 农村富余劳动力转移制度形成。重庆市已基本形成农村富余劳动力有序转入城镇的政策制度和统筹城乡的社会保障制度。户籍改革政策实行以来,重庆市累计转户360万人,其中245万名转户居民参加了各类养老保险。重庆市启动了大规模公租住房建设,引导农民自愿退出土地使用权,促进土地的流转和规模化经营,为家庭农场的建设提供了前提和基础。同时,重庆将转户农民纳入城镇社会保障体系范畴,这就使农民不会因失去土地而流离失所,影响社会稳定。

4. 金融服务体系改革支持家庭农场。重庆市基本上形成了以农村"三权"抵押融资为核心的农村金融服务制度和促进公共服务城乡均衡的公共财政制度。2013年,重庆市继续加强农村"三权"抵押融资工作,建立健全融资抵押物处置机制。家庭农场发展可以依托重庆金融服务制度和公共财政制度改革获得更好的支持。

5. 现代农业示范区为发展家庭农场提供经验。至2012年,重庆已经建立潼南县和南川区两个国家级现代农业示范区。潼南通过健全县、镇(街道)、村三级农村土地承包经营流转服务机构和农村土地流转市场加快农村土地向农业基地、产业大户、专业合作组织集中,积极推行基地+专业合作社+农户、"土地出租,大户经营,务工增收"、"土地入股,集中经营,赢利分红"三种模式。通过创新农业担保方式和农村"三权"抵押贷款制度完善了农业投融资体制。现代农业示范区在推动土地集约化经营和农业融资方面的建设经验对重庆市发展家庭农场有重要的借鉴意义。

(二)重庆发展家庭农场的模式选择

在借鉴全国各地家庭农场的模式之后,重庆市应当在深度剖析家庭农场的概念、性质和特点的基础上选择适合重庆自然和社会特点的家庭农场模式。

1. 家庭农场的规模选择。重庆市是山城,拥有大量的山地,与家庭农场已初见成效的江浙、延边地区有很大的区别,山地更适合发展粮油、蔬菜、名优水果、茶叶等以种植业为主的特色产业。重庆应因地制宜选择家庭农场的产业类型,根据产业类型和农村可流转土地的规模分类确定农场的规模和准入标准。《微型企业初审工作指导意见(试行)》对农林牧渔类微型企业规模规定:"……(2)种植林木的面积在30亩以上,种植苗木、花卉的面积在10亩以上,蘑菇种植的面积在500平方米以上,其他项目的种植面积在20亩以上。(3)鱼类养殖的鱼塘面积在5亩以上。"相对于其他地区来说,这个标准偏低,该规定是否适合作为重庆家庭农场的规模界定,可能还有待研究。

2. 家庭农场组织形式。目前,家庭农场处于起步阶段,因此对家庭农场的组织形式各地千差万别,有的过于僵化,有的过于随意。从理论上分析,家庭农场可以采用个体工商户、有限责任公司、个人独资企业、合伙企业的组织形式,但是一人有限责任公司、农业合作社组织形式则不利于家庭农场的管理,或者与家庭农场的本质特征相悖,不易采用。《重庆市人民政府关于大力发展微型企业的若干意见》规定:"微型企业可以采用个人独资企业、合伙企业、有限责任公司等多种组织形式。"家庭农场和微型企业有很多相似之处,但是其内涵和性质与微型企业有很大区别。应当制定专门的发展家庭农场的政策和制度,明确家庭农场的组织形式、准入标准及相关制度。

(三)家庭农场的登记制度和退出机制选择

家庭农场的登记制度原则上应当按照家庭农场的组织形式适用相应组织的登记办法,但是当前应当采用宽松的登记原则,同时通过对家庭农场的退出机制和监管考核制度的制度和实施,加强对家庭农场的规范。宽松的登记原则有利于促进家庭农场的发展,尤其是有利于专业大户向家庭农场转型;退出机制和监管考核制度的完善则有利于对家庭农场发展模式的监管和改进。一般企业的退出机制,主要有破产和解散,但是家庭农场作为一种新型的农业经营形式,除具有商品化和企业化的特征外,还有社会保障的作用,不是解散或者破产就可以解决问题的。对家庭农场可以采取级别管理,对不符合一定级别的考核标准可以进行降级处理,对不具有经营资格的经营者可以强制培训或者更换。从此点的分析来看,家庭农场与微型企业还是有所区别的。

四、重庆市发展家庭农场的路径

重庆市发展家庭农场应当与全国统筹城乡综合改革配套试验区的相关政策相适应和衔接,必须继续加强农村土地制度的产权改制度改革和户籍制度改革,促进土地向家庭农场流转,推进适度规模经营,进一步完善农村金融体系改革,依靠"三权"抵押贷款和财政政策支持家庭农场的发展。

(一)加快家庭农场制度建设

虽然家庭农场与微型企业有很多相似之处,但是家庭农场还是与企业在性质上有很多不同,所以应当加快出台家庭农场发展指导意见、家庭农场登记办法、家庭农场补贴办法等相关法律制度,明确家庭农场的定义,准入标准、组织形式、登记办法、退出机制、监管考核制度、利益分配、补贴扶持政策等一系列的制度安排,使家庭农场的发展有法可依,规范发展。

(二)加强对家庭农场的金融支持

应当继续增加农业补贴资金规模,新增补贴应当向家庭农场这一新型农业经营主体倾斜。对不同规模和类型的家庭农场实行分级补贴办法,直接财政补贴与贷款利息补贴相结合。同时政府应加强对农村基础设施的资金投入。

（三）重视对现代家庭农场主的培育

家庭农场经营者的素质应当是家庭农场监管和考核的重要内容，家庭农场是职业农民的依托，职业农民是家庭农场专业化、集约化、商业化发展的内在要求。发展家庭农场必须加强对家庭农场经营者的培育，实行持证上岗、定期考核、集中培训与专项培训相结合。一方面通过政府、学校、科研单位、农业培训网，开展普通教育、职业教育、成人教育等多种形式对农民进行培训；另一方面鼓励科研机构、农协深入农村农场对家庭农场进行一对一的科技辅导，使农场主能够接受多层次、多形式、多内容的培训和科技服务，为家庭农场的科学经营打下坚实的基础。

（四）以现代农业示范区以为依托试点发展家庭农场

重庆家庭农场的建设也是处在探索阶段，从试点经营到普遍发展是一般的发展路径。重庆市级示范家庭农场可以以现代农业示范区为依托，整合农业区已有的土地产权制度创新、土地流转的经验、基础设施、科技资源、金融服务优势，鼓励专业大户向专业家庭农场转型，支持新建家庭农场。同时，协调农业服务公司、农业合作社与家庭农场的关系。农业服务公司可以参与到家庭农场的产前、产中、产后服务中，拓展市场和销售渠道，家庭农场也可以成为农民专业合作社的成员，分享农民专业合作社的信息、技术资源。

论我国科教兴农战略的法律保障

曲君宇*

目　　次

一、我国科教兴农战略实施中存在的问题

(一)农业科教职能部门效率低下

我国科教兴农战略的职能部门效率低下。一方面,职能部门间关系松散,相互之间只有分工,没有协作,缺乏统一的工作规划,也没有统筹协调的人、财、物调配,导致职能部门间相互冲突,内耗严重,大大提高了行政管理成本。尽管许多县、区为了改变这种状况已经设置了相应的协调机构,但是并未从根本上解决令出多门的问题。另一方面,由于没有完善的监管和追责机制,有的职能部门在履行职责过程中自由散漫,缺乏敬畏之心,出现行政命令因人而异、朝令夕改,科教补贴被截留或改作他用,有的管理人员消极怠工、人浮于事等现象,拉低了管理的效率。

(二)科教兴农资金不足

我国在实施科教兴农战略中投入的资金常年不足。根据资料显示,2012 年,我国农业投资强度为 0.77%,国际平均水平为 1%;而联合国粮农组织认为该比重应达到 2% 左右,才能使农业与其他经济部门协调发展。[1]我国对农业的财政投入始终维持在一个较低水平。在整体农业财政投入匮乏的情况下,对科教兴农战略的财政支持力度可想而知。另外,由于科教兴农战略所涉及的都是投入大回报慢的产业,企业在缺少有效激励的情况下根本不愿涉足,导致我国科教兴农战略实施过程中来自私人的投资寥寥无几。科教兴农战略的资金不足直接导致了我国农业科研设施落后、农业科研和推广人员人才流失、农业教育工作无力开展,严重阻碍了我国农业现代化

---

* 贵州财经大学商务学院助教,法学硕士。

〔1〕 黄佩红、徐兰君、戴家欢:《经济新常态背景下加强我国农业科技创新的思考》,载《南方农业》2017 年第 11 期。

发展的脚步。[1]

(三)农业科研体制僵化

我国的农业科研机构大多是事业单位,采用行政体制进行管理,科研资金则主要依靠财政投入,这种僵化的农业科研管理体制已经很难适应当下我国农业科研发展的需要。一方面,由于管理人员掌握着项目审批、职称评定等重要权力,却不具备与之匹配的专业素养,"外行领导内行"的现象时有发生,严重影响了科研人员的积极性。另一方面,由于是国家拨款维持科研,农业科研机构往往会忽视科研的经济效益及对农业生产的转化问题。除此之外,由于科研机构分属不同行政机关领导,各个农业科研机构之间往往缺乏有效的合作和交流,科研项目间很容易发生"撞车",造成科研资源的浪费。[2]

(四)农业技术推广方式落后

我国的农业技术推广方式比较落后,在过去的农业技术推广实践中,有的地方政府为了提高推广速度以增加政绩,使用不规范的推广方式,或多或少地存在不当干预行为,有的通过强制的方式要求农民应用新技术,有的则在推广宣传过程中欺骗农民,夸大甚至虚构新技术的优势。虽然2012年新修订的《中华人民共和国农业技术推广法》(以下简称《农业技术推广法》)关注了这个问题,增加了管理机构不当推广的法律责任,但一些地方政府仍然我行我素,情况并未得到根本的改善。

(五)农业教育不到位

农业和教育都是我国发展中的薄弱环节,身兼二者属性的农业教育就更是弱中之弱。不仅农村基础教育远远滞后于城市,导致农民缺乏最基本的人文社会科学的教育,综合素质无法提升。而且农业职业技术教育发展缓慢,以至于农业生产技术人员存在大量缺口,农民得不到有效指导,在生产中依靠经验多过依靠科学。另外,农业高等教育中也存在人才培养方面与科研和实践双脱节的现象,培养出的部分学生既不能适应农业科研的最新趋势,也贴近不了农业生产生活,无法走向农业生产的一线。

二、我国科教兴农战略法律保障的现状及其不足

科教兴农战略在我国的实施中之所以存在如此多问题,根本原因在于我国对科教兴农战略的法律保障不足。总体而言,目前我国科教兴农法律体系由基本法、一般法和特别法三部分构成。其中《中华人民共和国农业法》(以下简称《农业法》)是我国科教兴农法律体系中的基本法,因为其在总则中将科教兴农战略规定为我国农业长期坚持的方针,并在分则中单列"农业科技与农业教育"一章,对我国科教兴农战略的法治建设作了整体规定。《农业技术推广法》、《中华人民共和国农业机械化促进法》(以下简称《农业机械化促进法》)、《中华人民共和国科学技术进步法》(以下简称《科学技术进步法》)等法律是我国科教兴农法律体系中的一般法,这些法律法规

---

〔1〕 李浩、赵予新:《我国农业科技发展现状及存在问题分析》,载《科技经济市场》2016年第7期。

〔2〕 于战平:《科教兴农战略纵深推进:经验、障碍与对策》,载《农业科技管理》2004年第2期。

通过规定科教兴农战略的职能部门、实施范围、实施手段和奖惩办法等内容，为我国科教兴农战略提供了具体的法律保障。《中华人民共和国义务教育法》（以下简称《义务教育法》）、《中华人民共和国节约能源法》（以下简称《节约能源法》）、《中华人民共和国农药管理条例》等相关的法律法规则是我国科教兴农法律体系中的特别法，这些法律法规虽然没有对科教兴农战略进行专门规定，但是都有部分内容与科教兴农战略相关，间接对科教兴农战略的实施提供了保障。虽然我国已经初步构建了科教兴农战略的法律体系，但是该体系并不完善，仍存在诸多不足之处。

（一）科教兴农战略的法治化程度不高

作为国家调整、管理社会的两种基本手段，法律和政策具有不同的优势。法律较明确、稳定，政策则相对灵活、变通。通常而言，对二者的适用应该根据我国科教兴农战略的具体发展阶段进行选择，在最初发展时可以多适用政策，而在发展到一定阶段后则应该逐步改为适用法律。然而，如今我国农业现代化建设已经取得了一定成就，政策却仍是科教兴农战略的主要实施手段，在相关的诸多领域仍未进行立法；另外一些领域虽然进行了立法，但是规定过于简单，在实践中仍需要依赖政策进行操作，许多政策已适用长达数十年。这种长期运用政策代替法律的状况使我国科教兴农战略的法治化程度不高，在实施中缺乏权威、稳定的保障。

（二）科教兴农战略的管理体制不协调

完善的管理体制是科教新农战略顺利实施的基础，因此需要依靠法律对其进行顶层设计。然而我国现有立法对科教兴农战略的管理体制的规定不合理，职能部门间缺乏统一的法律规制，导致协调性不强，具体表现为：一是在农业科研领域，职能部门通过出台相关规章，在各自领域设立农业科研机构并对其直接领导，以至于农业科研机构分别隶属于不同的职能部门，科研力量难以集中。二是在农业技术推广领域，虽然《农业技术推广法》第10条规定了由国家农业技术推广机构与农业科研单位、有关学校、农业专业合作社、涉农企业、群众性科技组织、农民技术人员等相结合进行农业技术推广，但并未明确由谁主导，也未对具体的职能进行分配，导致在实践中缺乏配合。三是在农业教育领域，农业高校缺乏明确的法律定位，与科研机构、技术推广机构间的关系混乱，并因此产生了职能交叉的问题。

（三）科教兴农立法的人文关怀欠缺

弗兰克说过："人不是为法律而创的，而法律却是由人并为了人而创造的。"因此，法律应当是人性发展的产物，其中应当蕴含着丰富的人文关怀。然而我国现有科教兴农立法中的人文关怀欠缺，具体表现为：一是缺少对农业自治组织的立法扶持，农业自治组织既可以帮助农民向政府传递自身的利益诉求，又可以帮助政府向农民普及法律及政策，对信息传递有不可忽视的作用，是国家与农民沟通的纽带。然而我国并没有相关立法对其发展进行扶持，导致科教兴农战略实施中的信息沟通不顺畅，农民权益缺乏保障。二是基层的农业科研、技术推广和教育人员的待遇缺乏法律保障，导致其工作积极性不高，对社会中的优秀人才也缺乏吸引力。三是法律对职业教育和继续教育文凭的认可度不高，相关受教育者在社会中缺乏必要的尊重，阻碍了农业职业教育的发展和农业技术人才的培养。

（四）科教兴农立法的市场考量不足

在当今世界的经济全球化浪下，农业生产不仅受到自然规律的影响，更受到市场规律的支配。因此,科教兴农立法必须遵守经济规律,让市场经济在农业科研、技术推广和农业教育中发挥决定性作用。然而我国现有的科教兴农立法中蕴含的计划和指令因素过多,对市场因素的考量则明显不足,具体表现为:一是在农业科研方面,我国缺乏对农业科研方向的市场化调研,也没有具体的法律对未来国家农业研究的重点方向提供指引,导致我国农业科研缺乏对市场形势的预判,只能跟随发达国家的研究步伐。二是在农业技术推广方面,我国新修订的《农业技术推广法》虽然规定了农业劳动者和农业生产经营组织根据自愿的原则应用农业技术,任何单位或者个人不得强迫,并规定了政府不当干预的法律责任,但对推广程序的规定仍不具体,也未明确规定应当通过市场化的手段进行推广,导致推广机构缺乏竞争机制,农民缺乏激励。三是在农业教育方面,由于缺乏相应的立法约束,农业院校在专业设置和课程设置上不按市场经济的要求进行安排,学科设置的比重不合理,农业管理、农业加工专业所占比例过小,课程结构单一,过于强调基础教育,难以满足现代农业生产的要求。

(五)科教兴农投入立法不具体

由于科教兴农战略涉及的产业存在投入高、回报小的问题,以利润最大化为目的的市场主体都不愿涉足其中,市场机制在其中严重失灵,因此亟须国家通过立法对科教兴农战略的投入进行宏观干预。然而我国现有的科教兴农投入立法具体性不足,无法有效解决市场失灵的问题,存在的缺陷如下:一是《农业法》未对科教兴农战略的央地财政投入作具体划分,仅笼统地规定了各级政府在财政预算内进行农业投入的项目范围,而未对财政投入中央地各自承担的份额作规定,缺乏现实的指导性和可操作性,使国家对科教兴农战略的财政投入难以落实。二是《农业法》对社会投入的制度激励不足,仅宽泛地规定国家鼓励社会资金投向农业,却没有具体的激励措施,难以吸引社会资金投向农业领域。三是《农业法》对外商投资的限制过多,其中虽然规定了国家采取措施,促进农业扩大引用外资,却没有规定具体的措施和办法,相反还设置了更严格的准入限制和监管措施,以至于外商投资对我国的农业领域敬而远之。

(六)科教兴农补贴立法缺失

随着我国经济水平的逐步提高,工业反哺农业已成国家未来发展的必然选择。农业财政补贴作为反哺的重要手段,《农业法》却未对其作出任何规定,其他相关立法也没有与 WTO 农业协定有效衔接,未能充分利用其中有关农业科研、推广和教育补贴的国内支持规则,导致科教兴农补贴力度不足。另外,我国相关立法中有关财政补贴的内容多为原则性规定,未对补贴的资金来源、补贴的方式、补贴的对象、补贴的额度、补贴的范围、补贴的程序、管理体制和监督的程序以及责任追究制度等内容作具体规定,[1] 可操作性不强,以至于现实中我国仍在以支农政策作为财政补贴的依据,违背了依法治农的基本理念。

---

[1] 王新枝:《WTO 下我国农业科研、推广和教育财政支持法律体系研究》,郑州大学 2011 年硕士学位论文,第 5~7 页。

三、域外科教兴农战略法律保障的借鉴

(一)域外科教兴农战略法治化的借鉴

从域外国家的经验来看,农业现代化的水平与科教兴农战略法治化的程度呈现正相关关系。农业越是发达的国家,越是强调运用法律手段推动农业科教战略的发展,而淡化政策的作用。但是,作为发达国家,其科教兴农战略法治化的路径也不完全一致,有两种路径可供选择借鉴。[1]一种是美国的政策法律化模式,美国农业领域的立法十分丰富,自1933年通过了第一个农业法案后,每隔几年都会颁布一部新的农业法案,之所以如此频繁地颁布新法案,主要原因在于美国是通过立法对农业政策进行调整,立法必须与时俱进。除此之外,美国《农业调整法》干脆由"一揽子"农业政策融合而成。因此,可以说美国的科教兴农政策在很大程度上都是通过法律化的形式体现的。另一种是日本的完全依赖法律,即不用或尽量少用政策的模式。日本政府一直高度重视对科教兴农战略的法律保障,期望以此实现农业的现代化。为此,日本不仅颁布了《农业基本法》《农业现代化资金助成法》《农业改良助成法》《农业机械化促进法》等一系列调整科教兴农基础关系的法律,甚至对农业技术推广普及人员的资格都有具体的法律进行规定。这些法律囊括了科教兴农相关领域的方方面面,客观上排斥了政策的适用。针对我国的基本国情,笔者认为美国模式对我国更有借鉴意义,理由如下:一是法律与政策都有其独特的作用,而政策法律化可以兼具二者之作用。二是对法律或政策适用的选择应当与本国科教兴农战略的发展水平相适应,我国现阶段还未达到可以大范围放弃适用政策的程度,许多领域适用法律的时机还不成熟。三是我国现有的科教兴农政策过多,难以完全摒弃适用。因此,选择政策法治化的模式,将较为成熟的政策转化为法律固定下来,更符合我国的现实情况。

(二)域外科教兴农战略管理体制的借鉴

由于法治化程度较高的原因,发达国家科教兴农战略的管理体制都是基于法律规定构建而成,职能部门间的协调性较强,其中又以美国最为典型。美国科教兴农战略的管理体制是通过《莫雷尔法案》《哈奇法案》《斯密斯－来沃方案》三部法律构建而成,其中《莫雷尔法案》立足于农业教育领域,促成了农工学院的创建。《哈奇法案》面向农业科研领域,确认了由农业试验站作为农业科研的职能部门。《斯密斯－来沃方案》则针对农业技术推广领域,建立了农业技术推广站。在这一管理体制中,农工学院是其中的核心,农业试验站和农业技术推广站都是依托农工学院才得以建立的,因此形成的是以教育为主导,科研和技术推广相配合的管理模式。[2]这一模式有几大优势:一是该模式中确立了科教兴农战略实施的主导职能部门,即农工学院,而且明确了不同职能部门的具体职责,有利于职能部门间的合作,避免了职能交叉。二是由于农工学院中的学科设置丰富,可以涵盖科教兴农战略涉及的绝大部分学科,因此以农工学院作为管理体制的核心能从根本上杜绝了与学科相关的不同政府部门间的权力博弈。三是以农工学院为核心的管

---

〔1〕 王有强、董红:《国外农业立法的启示和借鉴》,载《西北农林科技大学学报》(社会科学版)2003年第3期。

〔2〕 续润华、李建强:《美国科教兴农政策的历史嬗变及其启示》,载《教育理论与实践》2005年第13期。

理体制，强化了农业教育的实践性，使农业教育更好地与农业科研、农业技术推广相接轨，培养出更多符合科教兴农战略需求的人才。因此，我国可以借鉴美国的管理体制模式，构建符合我国科教兴农战略实际发展需要的管理体制。

（三）域外科教兴农立法中的人文关怀借鉴

发达国家都比较重视在科教兴农立法中体现人文关怀。具体而言：一是在自治组织建设方面，日本有先进的经验。日本在1947年就颁布了《农业协同组合法》，在各地建立了农业协会，并于1961年又颁布了《农业基本法》和《农业协同组合合并助成法》，对农业协会进行大规模合并强化其功能。日本的农业协会受到政府的大力扶持，每年除了接受财政补贴外还享受诸多优惠政策，因此在科教兴农战略的实施中发挥的作用很大，不仅在农业生产、加工、销售等环节为农民提供服务外，还与政府的农业技术推广人员协作配合，为农民提供技术指导。二是在保障科教兴农工作人员的待遇方面，日本也同样经验丰富。2005年日本颁布了新的《农业改良助成法》，在其中规定要保障农业技术推广人员的岗位津贴，并取消了对津贴上限的限制，各地政府可根据本地区的实际情况自主确定津贴比例，鼓励给予农业技术推广人员优厚的待遇，以促进其工作的积极性。[1]三是在尊重职业教育方面，法国值得我国学习，1971年法国颁布了《技术教育指导法》，在其中确认了职业技术教育文凭具有和普通教育文凭同等的效力，大大提高了职业技术教育的社会地位。1984年法国又颁布了《高等教育法》，该法提出高等教育包括全部中等教育以后的教育，强调职业技术教育和继续教育也应属于高等教育，再次加强了社会对职业技术教育的重视和认可。除此之外，法国还鼓励农民参加在职农业培训，仅法国政府每年开办的各式各样的农业培训就高达6000次以上，以此来提升农民的整体职业技术素质和职业认同感。上述两国在科教兴农立法中充分体现了人文关怀，将科教兴农战略涉及的群体和个人作为立法的重要考量因素，做到了以人为本，值得我国学习和借鉴。

（四）域外科教兴农立法的市场考量借鉴

发达国家基于其资本主义的性质，在科教兴农立法中都很重视考量市场因素，甚至可以说其立法就是以市场为导向的。以美国为例，美国的科教兴农立法以实用著称，制定的每一部法律都与当时的美国国内外形势及市场需求密切对应。具体而言：一是在农业科研方面，美国一般会根据对未来市场需求的预测，通过立法调整农业科研的主要研究方向。比如，其从1977年起连续制定了三部农业法，对农业研究的领域进行调整，将研究重心从生产发展与质量转向了改进人类健康和营养以及改进农村社区服务和环境。1990年美国又通过了《食品、农业、资源保护和贸易法》，成立了农业科学技术评审委员会，为农业和环境科学问题提供咨询，以此引导农业科研与市场需求向适应。二是在农业技术推广方面，美国通过法律保护农业技术推广的市场化运作，只对农业科教进行基础性、公益性的引导，推广手段多为激励性手段，如2014年的新农业法案中提出了对生物质能源进行政府采购的数量必须达到一定目标，增加了高附加值农产品市场开发赠款，对发展特种农产品和有机农产品的农户进行财政补贴等措施，通过市场化而非强制的方式及手

---

[1] 王学忠：《美国、日本农业技术推广体系立法的经验与借鉴》，载《科技与法律》2009年第2期。

段引导和激励农民使用农业新技术和新成果。三是在农业教育方面，由于农学院是美国科教兴农体系的核心，担负着引导农业科研和农业技术推广的重任，因此市场化程度很高。农学院的教育形式多种多样，既有各种层次的中等农业教育和高等农业教育，也有各种类型的短期、长期培训和面向全社会的农业推广教育。[1]农学院的课程设置也十分灵活，除开设与农业科学知识相关的专业课程外，还根据当地农业的特点及发展情况和未来的经济结构开设各类相关课程，以充分适应农业生产的需要。美国这种以市场为导向的科教兴农立法模式对我国有借鉴意义，是我国未来进行科教兴农立法的前进方向。

（五）域外科教兴农投入立法的借鉴

域外国家都对科教兴农投入立法非常重视，各自制定了符合本国国情的相应法律，并在实施中取得了良好的效果。具体而言：一是在央地财政划分方面，美国于1977颁布了《食品和农业法案》，确定了美国农业部是负责农业科研、推广和教育项目的联邦一级的主要机构，并为这些项目提供稳定的经费。又于1994年颁布了《农业研究、推广和教育法案》，进一步增加了美国农业部对农业科研、推广和教育领域的投入。这种由中央负责科教兴农的主要财政投入的方式比较与我国现在央地财政的实际情况相似。二是在吸引社会投入方面，法国积极引导社会资本进入农业领域，除运用税收优惠激励社会资本外，还专门设立“科学研究活动地方奖金”，规定若私立农业科研机构的投资额超过1000万法郎，即可申请获占设备投资额约15%～25%的该项奖金。三是在处理外商投资方面，新加坡采取的立法模式是不对外国投资农业的项目和方式作强制性规定，只通过概括性的规定表明外资进入农业生产经营应遵循的原则，即鼓励带有技术性的投资以及向技术密集型项目投资，并对这类投资给予税收优惠。韩国的立法模式则是具体规定外商投资农业生产经营的项目或区域。[2]笔者认为，新加坡和韩国的这两种模式各有利弊，新加坡模式对外商投资的吸引力更大，韩国模式则对本国农业的安全保障性更强。我国应当综合二者的做法，采取概括加列举的方式对外资进入我国农业产业进行规定，并规定具体的激励措施，以明确表达国家支持外商投资的态度。

（六）域外科教兴农补贴立法的借鉴

农业补贴是世界各国进入“工业反哺农业”阶段后普遍实施的保护、支持农业发展的重要手段，因此各国都非常重视相关法律制度的构建。以日本为例，日本自签订WTO农业协定后，即按照协定的要求开始逐步削减适用与农产品生产直接挂钩的“黄箱政策”，并加大对“绿箱政策”的适用。由于科教兴农领域的财政补贴属于“绿箱政策”的范围，因此日本在1999年通过的《食品、农业、农村基本法》中以保障农业可持续发展为目标，对农业补贴政策进行了相应调整，提出对农业科研、推广、教育等进行重点补贴的原则性规定，具体的补贴内容则由其他专门性或综合性的农业立法加以规定。比如日本《农业机械化促进法》中规定了对于为促进农业机械化而进行的科研、推广、培训所进行的活动，政府应当给予财政补贴，并具体规定了补贴内容。在日本《私立学校振兴助成法》中则对负责私立学校进行补助的职能部门以及补助的方式、范围、额度、

[1] 曾雅丽、李敏、张木明：《国外农民培训模式及对我国新型农民培养的启示》，载《职业时空》2012年第6期。

[2] 黄河、李军波：《修改与完善〈农业法〉若干法律制度的思考》，载《河北法学》2007年第2期。

条件等内容作了具体的规定。日本这种由农业基本法对财政补贴的依据、目的、理念、一般政府职责以及制度框架等基础内容进行原则性规定，再由其他农业综合立法或专门立法对不同财政补贴项目的补贴方式、范围、额度以及条件等内容作具体规定的体系化立法模式我国可以学习借鉴。

四、完善我国科教兴农战略法律保障的建议

（一）促进科教兴农战略的政策法治化

实践证明，任何政策只有上升为法律才能得到更好的保障和实施，科教兴农政策也不例外。在我国法治建设如火如荼的当下，立法机关应当顺应大形势，正视科教兴农政策易变化、惩罚力度不强等缺陷，转变之前重结果不重过程的错误理念，坚持依法治农，力求实现政策的法治化。对此，我国可以将科教兴农政策用法律形式表现。具体方式如下：一是立法机关应当考察、检验我国现有的科教兴农政策，将与现行法律相矛盾的、违反法治理念的政策废除，避免法律与政策之间的冲突。将在实践中适用效果良好、发育成熟的政策转变为法律固定下来，以增强权威性和连续性，保证其稳定适用。比如，我国现有的教育分流政策既可以有效弥补我国农业技术人员的缺口，又可以缓解我国高等教育资源紧缺和职业教育招生难之间的矛盾，还能减轻大学生的就业压力，然而这样一举多得的政策在实施中却由于种种原因受到抵制，因此正需要将其纳入教育法中以保证其顺利实施。二是针对我国每年发布的“中央一号文件”中有关科教兴农战略的部分以及其他科教兴农战略的相关政策，我国可以根据时代发展的需要，每几年对其考察一次，并制定科教兴农调整法将其纳入其中统一适用。三是有些领域暂时不具备制定法律的条件而必须制定政策的，应当在政策中规定其适用期限，适用期限结束后，根据其适用效果决定是否将其转化为法律。

（二）构建以农业高校为核心的科教兴农战略管理体制

党的十九大工作报告中指出，我国要继续坚持全面深化改革，不断推进国家治理体系和治理能力现代化，坚决破除一切不合时宜的思想观念和体制机制弊端，突破利益固化的藩篱，吸收人类文明有益成果，构建系统完备、科学规范、运行有效的制度体系，充分发挥我国社会主义制度优越性。[1]鉴于此，我国应当改革当前不合理的科教兴农战略管理体制，充分重视科教兴农战略职能部门间的协调性，借鉴美国科教兴农战略管理体制之经验，通过立法构建以农业高校为核心的，科研、技术推广和教育相配合的新型管理体制。具体方式如下：一是我国应当在《农业法》中规定农业高校在科教兴农战略中占主导地位，以此确保农业科研、技术推广和教育工作围绕农业高校进行。二是政府部门应当简政放权，修改与本部门科研相关的部门规章，逐步取消对下辖科研机构的直接管理，避免农业科研的多头领导，并将科研机构与农业高校对接，加强二者间的沟通，防止二者职能交叉。三是我国应当修改《农业技术推广法》之规定，明确不同农业技术推广机构的职责，规定由农业高校对农业技术推广作方向性和技术性的指导，由国家农业技术推广机

---

〔1〕 载新浪网：http://news.sina.com.cn/o/2017-10-18/doc-ifymyyxw3516456.shtml，最后访问日期：2018年6月18日。

构负责具体实施，其他技术推广机构负责补充配合的农业技术推广管理体制。四是农业高校应当将自身定位成农业人才培养的“大本营”，加强与农业科研机构和农业技术推广机构的联系，主动参与农业科研与技术推广工作，了解工作中的实际需要，并制订符合实际需要的人才培养计划，为科教兴农战略培养大批高层次应用型人才。

（三）加强科教兴农立法中的人文关怀

党的十九大报告中再次重申了我党坚持以人民为中心的执政理念，因此，我国立法机关应当将人作为科教兴农立法的价值核心，坚持以人为本的立法理念，加强科教兴农立法中的人文关怀，把农民、受教育者和科教兴农工作人员的现实诉求作为立法的重要考量因素。我国可以借鉴日本与法国之先进经验，结合我国国情，在科教兴农立法中体现我国独特的人文关怀。具体方式如下：一是我国应当重视农业自治组织的建设，制定专门的农业协会法，在其中规定农业协会的组织形式、资金来源、自治权利与职责的范围等内容，自治权利与职责主要包括：第一，以村为单位建立信息沟通机制，对农民的诉求进行收集和反馈，并负责向农民传达科教兴农的相关法律及政策。第二，在农业生产、加工、销售等环节为农民提供基本的咨询服务和必要的帮助。第三，与政府的农业技术推广人员协作配合，为农民提供技术指导，并协助农民申请助农贷款和财政补贴。第四，协助职能部门对农村基础教育工作进行监督，主要负责对违法者的情况进行摸底及劝诫。通过以上措施，实现农民的自我管理，在维护农民权益的同时降低行政管理成本。二是我国应当通过立法保障科教兴农战略工作人员的待遇，具体包括：第一，对乡村教师的情况进行统计，并对其转正条件给予照顾，杜绝乡村教师长期代课的现象。第二，增加专门的农村基层财政补贴，并将财政补贴发放给乡村教师及基层农业技术推广人员。第三，提高薪资标准，吸引高校毕业生进入科教兴农领域工作。第四，多开展针对农民的职业培训，以增强其技术水平和职业认同感。通过以上措施，提高科教兴农战略工作人员的积极性，避免人才流失。三是我国应当修改《中华人民共和国职业教育法》之规定，通过立法提高职业教育和继续教育文凭的效力，禁止对职业教育和继续教育的就业歧视，提高社会对职业教育和继续教育的认可度，吸引大众接受职业教育和继续教育，以确保我国农业职业教育的发展和农业技术人才的培养。

（四）确立科教兴农立法的市场导向

在市场经济的大趋势下，为了应对国内外的激烈竞争，我国应当遵照党的十九大报告之要求，加快完善社会主义市场经济体制，充分重视市场因素，借鉴美国之经验，确立科教兴农立法的市场导向，通过法律引导我国农业科教兴农战略与市场需求相对应。具体而言：一是在农业科研方面，我国应当建立产学研深度融合的技术创新体系，将科研与市场接轨，进行广泛的市场调研，对市场需求进行分析，并以此为根据对农业研究的未来发展方向进行预判，之后通过立法将其明确，并通过调整财政资助领域的方式引导科研机构依照法律要求的方向进行研究。除此之外，我国还应当建立由专家、学者组成的农业科研委员会，并构建科研绩效测评测机制，由委员会通过市场调研、调研成本收益分析等方式对科研项目进行审批和评测，以确保与市场接轨，提高科研成果的市场转化率，增加科研的经济效益。二是在农业技术推广方面，我国政府要积极转变干预理念，认清自身干预的局限性，严格遵守《农业技术推广法》，依据法定程序进行农业技术推广，对违法的不当干预行为要按法律规定对责任单位及责任人进行严肃处理。此外,政府在推广时要以间接手段为主、直接手段为辅。只要农民在生产中不触犯法律法规,就不能采取强制措施对其行为予以制止,职能部门可以采取税收优惠、财政补贴、贷款优惠以及政府采购等市场化的手段,鼓励和引导农民使用农业新技术和新成果,确保技术推广的自愿性和市场化。三是在农业教育方面,我国要加大教育改革力度,从农业院校的自身实际出发,设定合理的绩效考核办法,通过立法杜绝农业院校与综合性院校的盲目攀比。农业院校在专业设置和课程设置时应当加强灵活性,按照市场需求随时对教学内容进行更新和调整,〔1〕确保专业和课程设置与市场需求相匹配,另外,农业院校还应当强化实践性教学环节,给学生安排一定的农业实践、实习,提前培养学生的适应能力,使学生能真正做到学以致用。

(五)完善科教兴农投入立法

为了响应乡村振兴战略的实施,弥补农业科教产业的弱质性,确保我国产业结构的协调发展,我国应当制定专门的农业投入法,以建立和完善国家对科教兴农战略的长期稳定投入机制。农业投入法应当明确以下内容:一是在央地财政投入划分方面,基于科教兴农战略的整体性和公益性特征,以及现在我国地方财政收入匮乏的现状,笔者认为应当将农业科研和农业技术推广领域的投入划入中央财政的投入范围,农业教育则仍然根据规定的划分执行,但中央财政应当给予地方财政以支持。二是在吸引社会投入方面,农业投入法中应明确规定国家鼓励市场主体对农业科研和推广、农民职业教育等领域进行投入,并规定具体的贷款优惠、税收优惠措施,〔2〕还可以通过设立科研和推广奖金、设立 PPP 项目等方式,吸引社会资本对科教兴农战略相关领域进行投入。三是在外商投资方面,农业投入法应当采取概括加列举的方式对外资进入我国农业产业进行规定。对于限制和禁止外商进入的领域应以负面清单的方式加以明确,尽量避免原则性规定。对于鼓励外资进入的领域则可以作概括的原则性规定,即在不违反上述禁止性规定,且有利于我国农业科技发展、教育进步的领域均可。同时,立法还应当明确相应的激励措施。激励措施主要包括税收优惠和贷款优惠,税收优惠应根据各项目的领域明确相应的税种和额度,贷款优惠则应根据各项目的具体情况设置贷款比例和利率优惠幅度,以此促进我国科教兴农战略的发展。

(六)完善科教兴农补贴立法

发达国家的经验告诉我们,农业财政补贴是促进本国农业发展的重要手段,因此我国应当重视财政补贴的作用,完善科教兴农补贴立法。我国可以借鉴日本的农业补贴立法模式,在农业法中将“农业补贴”单独列为一章,并在该章中对农业财政补贴的基本原理和内涵进行原则性规定,该章还应当充分利用 WTO 农业协定中“绿箱政策”的相关规则,将农业科研、技术推广和教育明确地规定为财政补贴的重点,以加大对这些领域的财政补贴力度。同时,我国还应当将现有支农财政补贴政策分类,针对不同的财政补贴项目对其分别立法,立法内容应当包括补贴的资金来源、补贴的方式、补贴的对象、补贴的额度、补贴的范围、补贴的程序、管理体制和监督的程序以及责任追究制度等项目。其中应当注意的是,根据 WTO 农业协定之规则,补贴的资金来源应当

〔1〕 杨静、花亚纯:《美国高等农业教育的特点及启示高等农业教育》,载《高等农业教育》2007 年第 11 期。

〔2〕 李浩、赵予新:《我国农业科技发展现状及存在问题分析》,载《科技经济市场》2016 年第 7 期。

主要来自国家税收。补贴的方式应以直接支付为主,但也要包含农业机械、良种等先进生产资料的补贴。补贴的对象除农民外,还应当包含农业生产企业、农业合作社以及农业协会。补贴的标准则应当根据项目技术含量的不同有所区别。综上所述,我国应通过构建完善的立法体系,确保农业财政补贴对科教兴农战略的实施发挥积极作用。

图书在版编目(CIP)数据

深化农村改革法律问题研究 / 胡元聪主编. -- 北京:
法律出版社, 2018
(中国农村法治论坛 ; 第4卷)
ISBN 978-7-5197-2861-8

Ⅰ. ①深… Ⅱ. ①胡… Ⅲ. ①农村经济发展-农业法-研究-中国 Ⅳ. ①D922.44

中国版本图书馆CIP数据核字(2018)第250904号

深化农村改革法律问题研究
SHENHUA NONGCUN GAIGE FALÜ WENTI YANJIU

胡元聪 主编

策划编辑 陈 妮
责任编辑 陈 妮
装帧设计 汪奇峰

出版 法律出版社
总发行 中国法律图书有限公司
经销 新华书店
印刷 北京虎彩文化传播有限公司
责任校对 王晓萍
责任印制 吕亚莉

编辑统筹 财经法治出版分社
开本 787毫米×1092毫米 1/16
印张 13.5
字数 310千
版本 2018年12月第1版
印次 2018年12月第1次印刷

法律出版社/北京市丰台区莲花池西里7号(100073)
网址/www.lawpress.com.cn
投稿邮箱/info@lawpress.com.cn
举报维权邮箱/jbwq@lawpress.com.cn
销售热线/010-83938336
咨询电话/010-63939796

中国法律图书有限公司/北京市丰台区莲花池西里7号(100073)
全国各地中法图分、子公司销售电话:
统一销售客服/400-660-6393
第一法律书店/010-83938334/8335
西安分公司/029-85330678
重庆分公司/023-67453036
上海分公司/021-62071639/1636
深圳分公司/0755-83072995

书号:ISBN 978-7-5197-2861-8
定价:68.00元
(如有缺页或倒装,中国法律图书有限公司负责退换)